AMENOFIS

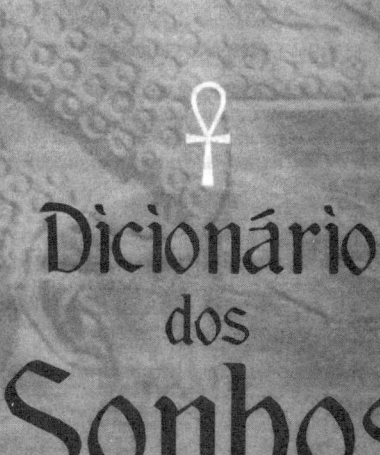

☥

Dicionário dos Sonhos

☥

Da Obra Imortal de Amenofis
O Livro Geral dos Sonhos

19ª edição
7ª reimpressão

PALLAS

Rio de Janeiro

Impresso no Brasil

Copyright©2005
Pallas Editora

Produção editorial
Pallas Editora

Revisão
Maria do Rosário Marinho

Diagramação
Vera Barros

Capa
Leonardo Carvalho

Ilustrações de capa
Hemera Collection (objetos menores)
Aménofis III, baixo-relevo em calcário, XVIII Dinastia (1400-1362 a.C.)
Museu da Antigüidade de Berlim (fundo)

Todos os direitos reservados à Pallas Editora e Distribuidora Ltda. É vetada a reprodução por qualquer meio mecânico, eletrônico, xerográfico etc., sem a permissão por escrito da editora, de parte ou totalidade do material escrito.

CIP-BRASIL. CATALOGAÇÃO-NA-FONTE.
SINDICATO NACIONAL DOS EDITORES DE LIVROS, RJ.

A534m	Aménofis O mais antigo dicionário dos sonhos / Aménofis – 19ª ed. – Rio de Janeiro: Pallas, 2006. Inclui bibliografia. ISBN 85-347-0341-8 I. Sonhos – dicionário. I. Título.
96-0095	CDD 135.303 CDU 159.963.3(03)

Pallas Editora e Distribuidora Ltda
Rua Frederico de Albuquerque, 56 – Higienópolis
CEP 21050-840 – Rio de Janeiro – Rj
Tel/fax: (021) 2270-0186
www.pallaseditora.com.br
pallas@pallaseditora.com.br

Sumário

Apresentação...........................7
A..9
B..51
C..70
D..113
E..122
F...134
G..146
H..154
I..157
J...162
K..166
L...167
M...177
N..194
O..200
P...205
Q..222
R..225
S...235
T...248
U..258
V..261
X...268
Z...270

Apresentação

Desde a mais remota antigüidade, os sonhos foram objeto da sabedoria sacerdotal. Na Mesopotâmia, a ciência dos Magos constituiu-se em fundamento de toda a oniromancia na Ásia. Os judeus, segundo o depoimento da Bíblia, deram provas do seu conhecimento dos mistérios dos sonhos, sendo um exemplo clássico desse conhecimento a interpretação dada por José, ao Faraó, do sonho das sete vacas magras e das sete vacas gordas.

No Egito e na Grécia, os templos dispunham de áreas reservadas aos visitantes que desejassem obter, enquanto dormiam, sonhos a respeito dos seus problemas, os quais eram posteriormente interpretados pelos sacerdotes. O mesmo ocorria na Pérsia, na Índia e na China. Pouco antes do início da Era Cristã, os Evangelhos referem sonhos proféticos, como os do sacerdote Zacarias, de São José e até mesmo da esposa de Pilatos, que advertiu o marido acerca de um sonho que tivera a respeito de Jesus.

A Era Moderna abriu mais amplos horizontes à interpretação dos sonhos, que tornaram-se objeto de estudo da psicologia; a psicanálise veio precisar o funcionamento do psiquismo humano em relação aos sonhos que, segundo Freud, não são uma ilusão, mas uma realidade psicológica. Atualmente é sabido que os sonhos são uma atividade psíquica, com muitos significados e várias causas, que pode ocorrer em uma camada profunda do inconsciente ou em áreas próximas da consciência comum.

Enquanto Freud limitou-se a analisar a mente individual, Jung, seu discípulo e fundador da Escola de Psicologia Analítica, foi mais longe na interpretação, considerando os sonhos como a expressão Ele conteúdos psíquicos comuns a toda a humanidade; dessa forma, ao sonhar, o indivíduo estaria vivenciando os mitos e utilizando os símbolos universais da psique humana.

É por esse motivo que pode-se construir um dicionário com significados de sonhos; afinal, existem imagens e roteiros cujo significado será aproximadamente o mesmo para qualquer pessoa, desde que sejam levadas em conta as variações culturais de época e lugar que poderão dar uma roupagem diferente a um conteúdo essencialmente igual. A mesma argumentação serve para explicar a presença, nesta obra, de referências a objetos, veículos e estabelecimentos obsoletos nos dias de hoje: como, muitas vezes, os sonhos ultrapassam a barreira da experiência pessoal e trazem à mente formas antigas (conhecidas através de narrativas, leituras etc.), convém estabelecer um paralelo entre essas formas e as experiências atuais, para compreender seu significado.

Neste livro, apresentamos um resumo dos conhecimentos da oniromancia, combinando a sabedoria tradicional e a ciência moderna. Supomos que nosso compêndio será útil a todos quantos dão importância ao sonho, em sua realidade psicológica e em sua função premonitória.

Amenófis

A primeira letra do alfabeto simboliza o início de algo. Vê-la em sonhos anuncia notícias ou surpresas; sonhar que está a escrevê-la indica preocupações. A aparição da letra, pintada sobre uma parede ou porta, lembra o "Mane, Thecel, Pharés" bíblico: uma dívida será cobrada. Já a letra brilhando no céu lembra o "Eu sou o Alfa e o Ômega": Deus está presente e promete tranqüilidade.
    G. 15, 16, 18. D. 60, 64, 72. C. 160, 872, 962. M. 3860.

ABACATE Esse fruto combina uma casca grossa e resistente, uma polpa carnuda e saborosa, e um caroço grande e duro. Por isso, sonhar que se come um abacate indica alegrias; mas sonhar apenas com o caroço sugere intrigas. Um abacate verde sugere a existência de obstáculos; maduro, indica que os planos são realizáveis. Um monte de abacates simboliza amor inútil. Ver Fruta.
    G. 01, 08, 24. D. 02, 30, 94. C. 301, 796, 829. M. 8732.

ABACAXI A casca e as folhas duras e espinhentas dessa fruta são um obstáculo para quem quer saboreá-la; por isso, na linguagem popular, "ter um abacaxi nas mãos" ou "ter que descascar um abacaxi" indica que a pessoa está às voltas com um grande problema. Sonhar que se está comendo ou comprando um abacaxi anuncia contrariedades; mas vender a fruta simboliza passar o problema para alguém. O abacaxi verde (ácido) anuncia uma desilusão. Ver Fruta.
    G. 08, 23, 25. D. 31, 91, 97. C. 729, 989, 999. M. 1031.

ABADE Um bom abade mantém a sua comunidade religiosa em boas condições; entretanto, para as pessoas comuns, a presença inesperada de um religioso costuma anunciar um caso de morte iminente, principalmente se ele estiver com os trajes nas cores de luto. Por isso, sonhar com um abade, especialmente se estiver de preto, anuncia má notícia e tristeza familiar. Entretanto, sonhar com vários, em especial com batina branca, indica boa situação, prosperidade e dinheiro. Ver Bispo, Frade, Padre.
    G. 06, 14, 21. D. 23, 54, 81. C. 124, 356, 481. M. 3154.

ABADESSA Tem significados parecidos com os do abade: encontrar uma abadessa na rua anuncia saúde; já encontrá-la na igreja sugere infelicidade. Sonhar que fala com uma indica situação favorável. Ver Freira.
G. 09, 17, 24. D. 34, 67, 94. C. 294, 666, 736. M. 1335.

ABADIA Uma abadia é tradicionalmente um local próspero e protetor. Assim, quando a pessoa sonha que está dentro de uma abadia, tem um anúncio de que ficará em boa situação econômica. Ver uma abadia é um bom presságio para negócios e amor. Ver Igreja, Catedral.
G. 12, 19, 25. D. 46, 75, 98. C. 876, 897, 945. M. 3675.

ABAFAMENTO A sensação de estar "abafado", ou seja, com falta de ar, surge sempre em situações de estresse; por isso, quando aparece em sonhos, anuncia doença ou dificuldades.
G. 04, 14, 21. D. 15, 56, 81. C. 456, 813, 981. M. 7954.

ABAJUR O abajur, com sua luz suave e discreta, é o protetor tradicional dos encontros íntimos; sua aparição nos sonhos relaciona-se sempre com o amor e a sensualidade. Assim, sonhar com um abajur aceso sugere sexualidade ativa; vê-lo quebrado denuncia insatisfação amorosa, grande desejo de amor. Na mesinha de cabeceira pressagia mudança de namoro. Um abajur cor-de-rosa sugere amizade entre mulheres; já um vermelho promete aventura arriscada.
G. 10, 23, 25. D. 38, 89, 98. C. 237, 598, 989. M. 2438.

ABANDONO O sonho com o abandono da própria casa traz à tona a consciência de uma infelicidade; entretanto, sonhar que foi abandonado(a) é um bom presságio, pois indica uma mudança de situação, em que algo vai ser perdido para que algo novo surja.
G. 04, 17, 22. D. 14, 67, 87. C. 116, 586, 765. M. 1765.

ABANO O abano (leque) cria grande agitação em coisas impalpáveis (o ar); por isso, sonhar com um deles denuncia falsas amizades e posição insegura. Ver Leque.
G. 12, 17, 22. D. 46, 67, 87. C. 348, 487, 865. M. 7865.

ABATIMENTO Muitas vezes o sonho nos torna conscientes de algo que ainda não havíamos conseguido ver, através de um sentimento ou sensação que se destaca do contexto. Assim, sentir-se abatido durante um sonho indica possível doença ou incerteza sobre uma situação.
G. 03, 12, 17. D. 09, 48, 66. C. 245, 365, 410. M. 8765.

ABDICAR O sonho muitas vezes projeta em outro personagem algum sentimento que não queremos admitir. Assim, sonhar que se vê alguém abdicar ou desistir de sua posição ou cargo denuncia nossas próprias desconfianças e incertezas em relação aos nossos projetos ou planos.
G. 22, 23. 25. D. 86, 92, 97. C. 187, 698, 791. M. 6186.

ABELHA(S) Desde a antigüidade, abelhas são associadas aos deuses e à boa fortuna, por causa do mel dourado e doce que produzem. Assim, sonhar com abelhas vivas sempre tem bom significado: se for apenas uma, anuncia uma surpresa; se forem muitas, chegada de dinheiro. Se a pessoa sonhar que pega a abelha, terá saúde. Se a abelha estiver dentro de casa, indica boa reputação; se estiver voejando sobre flores, uma herança. Matar abelhas pressagia prejuízo moral ou financeiro.
G. 02, 04, 17. D. 07, 14, 67. C. 314, 367, 905. M. 3016.

ABERTURA Uma abertura representa uma saída, um caminho para a solução de um problema. Desta forma, sonhar com uma abertura em uma parede anuncia uma mudança de situação, que se pode realizar; mas se a passagem for muito estreita, o plano é irrealizável. Sonhar que se passa por uma abertura pressagia êxito ou dinheiro; ver abrirem uma sugere que um esforço será recompensado.
G. 19, 22, 23. D. 76, 85, 90. C. 076, 587, 690. M. 2176.

ABISMO O abismo é uma das situações mais aterrorizantes dos pesadelos: indica alguma situação muito difícil e sem saída. Ver um abismo em sonhos sugere a existência de inimigos; voar sobre um é sinal de incertezas e possibilidade de doença. Se a pessoa sonha que cai em um abismo, o anúncio é de doença ou morte de parente; mas se é outra pessoa que cai, o indício é de boa solução para uma dificuldade. Se a pessoa sonha que sai de um abismo, idéia é de êxito pessoal; se sonha que tira alguém de um, deverá ter tranqüilidade pessoal.

G. 11, 15, 16. D. 44, 57, 63. C. 143, 658, 862. M. 7064.

ABJURAR Abjurar significa mudar de sentimentos ou de idéias. Quando uma pessoa sonha que está abjurando alguma de suas convicções, deverá ocorrer uma grande mudança de situação, com possível melhoria de vida.

G. 01, 16, 17. D. 04, 61, 67. C. 465, 703, 761. M. 3567.

ABLUÇÃO O ato de lavar-se está sempre relacionado com a limpeza (ou não) dos problemas da vida. Assim, sonhar que se fazem abluções no rosto, com água pura, é um bom presságio de solução de problemas; lavar as mãos anuncia que uma dificuldade será resolvida. Lavar-se com água aromatizada pressagia vitória; mas, se a água estiver turva, anuncia sofrimentos.

G. 07, 08, 09. D. 25, 31, 36. C. 432, 435, 828. M. 0032.

ABÓBORA A abóbora é classicamente ligada à fecundidade, ao espírito, aos sentimentos, ao tempo que passa e à segurança. Assim, sonhar que se vê uma abóbora anuncia uma velhice feliz. Se ela estiver madura, o presságio é de casamento, herança, recompensa moral ou financeira; mas, se estiver verde, denuncia pensamentos falsos. Uma abóbora cozida sugere que uma doença é sem gravidade; comer a abóbora anuncia uma boa notícia. Sonhar com as sementes prenuncia aumento de propriedade imobiliária; um sonho com um monte de abóboras fala de desconfianças sem fundamento.

G. 05, 13, 20. D. 20, 52, 79. C. 379, 652, 920. M. 4652.

ABORRECIMENTO O simbolismo desse sonho é óbvio. Sonhar que se está aborrecido ou que se vê alguém aborrecido anuncia desentendimentos com pessoas conhecidas ou estranhas. Entretanto, se a pessoa tiver comumente sonhos com simbolismo inverso (se o sonho significa o contrário do que ocorre nele), este pode anunciar lucro em negócios.

G. 04, 05, 11. D. 16, 17, 41. C. 119, 215, 541. M. 8117.

ABORTO Essa é uma das piores situações em que uma mulher pode ver-se colocada. Assim, se a mulher sonha com um, está tendo um aviso sobre sua má situação pessoal. Para qualquer pessoa, sonhar que vê um aborto indica sorte adversa.
G. 18, 19, 20. D. 19, 71, 74. C. 077, 571, 816. M. 2379.

ABOTOADURA Esse adereço, embora antiquado, sugere elegância e formalidade. Assim, sonhar que se vêem abotoaduras em uma vitrina anuncia contato e conversa com pessoas inteligentes. Sonhar que as usa nos punhos pressagia a chegada de um convite para festa; entretanto, se a abotoadura estiver quebrada, anuncia desilusão e, se estiver no chão, desejo não realizado.
G. 03, 06, 09. D. 11, 24, 36. C. 124, 435, 510. M. 5212.

ABOTOAR Abotoar a roupa (juntar casa e botão, fechar uma abertura) simboliza união e segurança; sonhar com esse ato anuncia casamento. Por outro lado, se a pessoa sonha que está com a roupa desabotoada ou sem botões, deve ver-se logo em situação difícil.
C. 13, 20, 22. D. 50, 80, 86. C. 287, 349, 678. M. 3651.

ABRAÇO Para entender o que significa sonhar com um abraço, o mais importante é observar quem é a pessoa que abraça. Se for um desconhecido, sugere auxílio inesperado; se forem amigos, pressagia morte na família; se for um religioso, indica descrença; se for alguém indigno de confiança, anuncia traição.
G. 02, 06, 18. D. 06, 24, 69. C. 005, 022, 872. M. 5472.

ABRICÓ O sonho com abricó é pouco favorável; na tradicional linguagem das flores, esse fruto simboliza a dúvida sobre os sentimentos. Sonhar que se tiram abricós do pé anuncia casamento; entretanto, sonhar que se comem esses frutos denuncia amor vulgar; e sonhar que se recebe um abricó diz que o amor é prejudicial. Ver Fruta.
G. 03. 16, 21. D. 09, 62, 90. C. 362, 791, 910. M. 2392.

ABRIGO Esse sonho tem um simbolismo óbvio. Procurar um abrigo sugere a existência de aborrecimentos e a necessidade de precaver-se contra eles; oferecer abrigo a alguém anuncia recompensa sob

a forma de bens inesperados. Com simbolismo inverso, estar sob um abrigo indica doença e problemas. Ver Estalagem.
G. 01, 14, 21. D. 01, 56, 82. C. 384, 401, 754. M. 1356.

ABRIR O sonho com a abertura de passagens e objetos tem significado óbvio. Abrir um portão (uma barreira) simboliza uma dificuldade anulada. Abrir uma porta (uma passagem franca) é um bom presságio; já abrir uma janela (uma passagem inesperada) anuncia traição. Abrir um envelope pressagia êxito em negócios; abrir uma gaveta indica vinda de dinheiro inesperado. Abrir uma garrafa é anúncio de festa; já abrir uma lata de doce denuncia elogios falsos.
G. 08, 17, 18. D. 31, 67, 71. C. 129, 267, 871. M. 5770.

ABSINTO O absinto é uma bebida muito forte e amarga, que já foi considerada o último estágio de vício dos alcoólatras e símbolo dos sofrimentos a serem tragados como "uma taça de absinto". Quem sonha que bebe absinto estará em breve às voltas com aborrecimentos; comprar a bebida indica perigo de doença; ver alguém bebê-la anuncia tristezas.
G. 12, 19, 23. D. 47, 76, 91. C. 146, 290, 876. M. 1176.

ABSOLVIÇÃO Em religião ou na justiça, a absolvição é a recompensa da inocência, a salvação e a felicidade. Assim, a pessoa que sonha que recebe absolvição deve ter sorte em todos os assuntos. Sonhar com a absolvição de alguém sugere a necessidade de prestar auxílio a outra pessoa.
C. 19, 20, 24. D. 73, 78, 96. C. 276, 378, 593. M. 1678.

ABUTRE Como todas as aves de rapina, o abutre é um símbolo de maus presságios. Sonhar com um deles anuncia doença demorada; com muitos, pressagia doença na família. O vôo de vários abutres anuncia chuva forte, temporal.
G. 15, 16, 19. D. 58, 61, 76. C. 176, 357, 562. M. 1763.

ACÁCIA Na tradicional linguagem das flores, a acácia simboliza o amor e a amizade. O sonho com o ato de cheirar flores de acácia sugere afeto e satisfação. Para quem sonha que abate uma acácia, é iminente um acontecimento fatal.
G. 02, 08, 11. D. 07, 30, 41. C. 130, 141,205. M. 1108.

ACADEMIA Uma academia é uma instituição formal e maçante para a maioria das pessoas. Assim, sonhar que se é membro de uma indica aborrecimentos. Assistir a uma reunião acadêmica anuncia embaraços na vida.
G. 05, 07, 09. D. 25, 29, 35. C. 136, 225, 231. M. 4631.

AÇAFRÃO Na linguagem das flores, esse tempero excitante é símbolo dos excessos e dos abusos. Quem sonha que come açafrão tem um anúncio de desgostos, que podem ter essa origem; quem sonha que vê um pé de açafrão recebe um aviso sobre a deslealdade de alguém.
G. 01, 06, 08. D. 01, 21, 31. C. 121, 201, 431. M. 5421.

ACALMAR Acalmar pessoas que discutem anuncia a chegada de novos amigos úteis.
G. 15, 18, 22. D. 57, 70, 87. C. 258, 371, 485. M. 1987.

ACAMADO Ver Cama e Doença.

ACAMPAMENTO O acampamento é uma situação informal e muitas vezes difícil; exige habilidade, solidariedade e organização. Sonhar que se está em um acampamento indica uma situação embaraçosa. Fugir de um, sugere desejo de evitar compromissos.
G. 05, 13, 24. D. 19, 49, 93. C. 095, 351, 517. M. 4517.

ACANHAMENTO Uma pessoa se sente acanhada ou envergonhada quando se considera inferior às demais. Por isso, sonhar que se sente acanhamento sugere situação financeira precária.
G. 05, 23, 24. D. 18, 91, 96. C. 419, 891, 993. M. 2319.

ACARICIAR O ato de acariciar pode significar carinho, consolo ou desejo de acalmar suspeitas. Assim, sonhar que se acaricia alguém sugere falsidade de alguma pessoa; entretanto, acariciar crianças indica tranqüilidade no lar. Ser acariciado anuncia boa sorte; mas ser acariciado por pessoas falecidas anuncia desilusões.
G. 05, 10, 21. D. 19, 38, 82. C. 040, 517, 681. M. 5619.

ACATAMENTO Sonhar que é acatado (respeitado) é sempre um bom augúrio. De modo geral, anuncia boas amizades. Se a pessoa sonha que é acatada por parentes próximos, terá vida normal.
G. 04, 17, 18. D. 13, 67, 69. C. 067, 114, 469. M. 8114.

ACENDER Fogo e luz representam quase sempre coisas boas. Sonhar que se acendem fósforos anuncia prosperidade financeira; acender o fogão indica bons negócios; uma lâmpada, felicidade no amor; colocar fogo em papéis, boas notícias; e em cartas de baralho, boa sorte no jogo. Entretanto, sonhar que se acende um cigarro ou charuto anuncia luto na família; acender uma vela, desgostos.
G. 04, 07, 23. D. 16, 25, 90. C. 025, 190, 316. M. 4014.

ACESSO Um acesso é um ataque repentino de um quadro doentio. Quem sonha que tem um acesso de tosse, deve estar em contato com uma pessoa indiscreta; um ataque de loucura sugere ingratidão de alguém; um ataque de febre, projeto não realizado. Ver Febre, Louco, Tosse.
G. 04, 08, 19. D. 14, 30, 74. C. 015, 232, 675. M. 1016.

ACIDENTE Um acidente é sempre uma situação inesperada e prejudicial. Assim, sonhar que um amigo ou parente foi vítima de um acidente anuncia deslealdade de alguém. Ver Contrariedades.
G. 05, 11, 21. D. 19, 41, 84. C. 042, 281, 320. M. 3919.

ACIDEZ O simbolismo desse sonho é óbvio: indica doença e, mais especificamente, indisposição gástrica.
G. 01, 04, 10. D. 02, 14, 37. C. 115, 138, 201. M. 2438.

AÇO O aço é um material sólido e resistente; por isso, sonhar que se negocia com barras ou objetos de aço anuncia bons negócios. Entretanto, sonhar com peças de aço quebradas denuncia relação com pessoas desonestas. Se o aço está fundido, indica prejuízos; e limar um pedaço de aço sugere perda de dinheiro.
G. 21, 23, 24. D. 83, 90, 93. C. 181, 792, 894. M. 6781.

AÇOITE Esse sonho tem significado óbvio. Sonhar que se vê um açoite anuncia desgostos. Ver Chicote.
G. 18, 21, 25. D. 71, 81, 98. C. 072, 481, 897. M. 3169

ACONSELHAR Ver Conselho.

ACORDEÃO (Harmônica) O acordeão é um instrumento típico da música folclórica do Sul; lembra família e vida simples do interior. Sonhar que toca um acordeão sugere que a pessoa tem a vida bem encaminhada; entretanto, sonhar que ouve o som de um anuncia preocupações.
G. 07, 09, 10. D. 28, 34, 39. C. 128, 236, 238. M. 1325.

AÇOUGUE Os sonhos com açougue costumam ser desfavoráveis ou, pelo menos, ligados a sentimentos agressivos. Comprar carne em açougue anuncia doença. Entrar em um, simboliza presenciar um crime; ver um somente pelo lado de fora, indica desavença. Abrir a porta de um, denuncia desejo sexual.
G. 04, 09, 14. D. 16, 36, 54. C. 213, 236, 456. M. 8654.

ACROBATA O acrobata combina habilidade com vigor físico. Sonhar que vê um acrobata parado no trapézio indica boa saúde; já ver o acrobata soltando-se do trapézio e caindo anuncia libertação de uma situação limitante: a cura de uma doença, a realização de bons negócios. Ver acrobatas exibindo-se nos trapézios é sinal de movimento, de uma viagem.
G. 03, 07, 14. D. 10, 25, 54. C. 156, 227, 411. M. 7654.

AÇÚCAR O açúcar já representou riqueza para nações inteiras.
Na alimentação, embora seja dispensável, é apreciado por seu sabor doce, que esconde o amargo de outros produtos. Por isso, sonhar que se compra açúcar simboliza alegria e comê-lo sugere êxito financeiro, enquanto derramá-lo avisa sobre perigo de doença. Fabricar açúcar anuncia viagem; já receber pacotes de açúcar indica encontro com pessoa hipócrita.
G. 07, 08, 09. D. 26, 29, 36. C. 427, 430, 436. M. 3532.

AÇUCAREIRO Sonhar com um açucareiro simboliza prosperidade; mas, se ele estiver vazio anuncia doenças e embaraços; se estiver quebrado, é sinal de doença. Esvaziar um açucareiro simboliza fazer um negócio ruim; enchê-lo anuncia viagem.
G. 07, 13, 25. D. 27, 51, 99. C. 197, 451, 626. M. 9125.

AÇUCENA (Amarílis) Na linguagem das flores, a açucena simboliza beleza e sedução. Sonhar com um ramalhete dessas flores indica desavenças e intrigas; entretanto, se elas forem recebidas de alguém, simbolizam que os rivais foram afastados. Açucenas adornando um altar anunciam casamento; nas mãos de uma senhora, gravidez; e, nas mãos de uma mulher idosa, perigo de morte.
G. 02, 14, 20. D. 07, 56, 78. C. 053, 078, 208. M. 9054.

AÇUDE O açude, como o lago, tem relação com o simbolismo da água. Ver um açude em sonhos representa tranqüilidade. Pescar em um, pouco dinheiro, nadar nele, bom presságio.
G. 13, 16, 17. D. 51, 63, 67. C. 362, 467, 652. M. 1567.

ACUSAÇÃO O sonho com uma situação de acusação representa a preocupação com o risco de acontecer algo semelhante na vida real, justificadamente ou não. Acusar alguém em sonhos simboliza a possibilidade de praticar uma ação má por engano; já ver-se acusado por alguém avisa a respeito de inimigos desonestos.
G. 03, 09, 11. D. 12, 35, 41. C. 134, 412, 843. M. 6012.

ADEGA No simbolismo dos sonhos, a casa representa o corpo, do qual a adega seria o subterrâneo, o local de armazenamento das reservas. Assim, ver uma adega cheia de barris simboliza boa sorte; mas, se ela estiver vazia, anuncia pouco dinheiro. Ver-se em uma adega avisa sobre uma situação ruim, que pode ser uma doença; sair de uma anuncia uma mudança de situação.
G. 01, 05, 07. D. 04, 17, 26. C. 017, 328, 901. M. 2625.

ADEUS O gesto de adeus pode representar partida ou chegada. Dar adeus a alguém em sonhos anuncia uma visita inesperada; já ver alguém dar adeus a outrem é um mau presságio.
G. 13, 16, 17. D. 49, 61, 67. C. 152, 163, 367. M. 5651.

ADMINISTRAÇÃO O significado de um sonho em que a pessoa se vê administrando um lugar depende do tipo de instituição específica. Se for uma fábrica, simboliza insegurança nos negócios; se for um hospital, anuncia um bom emprego; se for uma prisão, boa reputação.
G. 05, 10, 19. D. 18, 38, 75. C. 138, 318, 876. M. 3518.

ADMIRAÇÃO Admirar-se diante de um espelho simboliza desejo não realizado. Admirar o corpo de uma pessoa do sexo oposto despida indica ligação amorosa sem satisfação. Ser admirado por outrem anuncia felicidade. Admirar alguém pressagia desgosto na família. Admirar uma obra de arte prediz sorte.
G. 07, 08, 21. D. 27, 32, 82. C. 181, 425, 432. M. 6481.

ADORAÇÃO Ver-se em sonho a adorar a Deus simboliza um estado de felicidade. Adorar uma imagem de santo anuncia um bom início de negócio.
G. 08, 09, 12. D. 29, 34, 45. C. 045, 231, 634. M. 1548.

ADUBO O adubo é o que faz algo brotar e crescer. Adubar um terreno em sonhos simboliza a realização de um desejo; mas adubar um terreno alheio sugere que o sonhador terá apenas uma pequena vantagem em um negócio. Ver adubo sem usá-lo representa uma oportunidade perdida.
G. 06, 08, 09. D. 22, 32, 35. C. 021, 135, 831. M. 1035.

ADULAÇÃO Esse sonho tem significados óbvios. Adular alguém avisa contra perda de emprego (necessidade de adular um chefe). Ser adulado denuncia a deslealdade e a falsidade de parente ou pessoa conhecida.
G. 02, 03, 14. D. 06, 11, 54. C. 054, 105, 109. M. 1356.

ADULTÉRIO O adultério é uma má surpresa para o traído e uma fonte de sustos para o traidor. Assim, sonhar que se comete adultério pressagia contrariedades. Ver o cônjuge (marido ou mulher) cometer adultério previne acerca de imprevistos na vida.
G. 02, 03, 04. D. 05, 10, 15. C. 009, 406, 914. M. 3605.

ADVERSÁRIO Sonhos com adversários têm simbolismo óbvio. Lutar com um adversário diz que seu trabalho será mal recompensado. Vencê-lo anuncia futuro promissor; matá-lo, ganho de uma causa judicial. Ser alvejado por um adversário alerta contra uma situação perigosa; ser morto por ele, perda de causa judicial. Receber o abraço de um adversário denuncia risco de traição; abraçá-lo indica desejo de conciliação.
G. 05, 12, 15. D. 17, 48. 58. C. 048, 159, 418. M. 2345

ADVERSIDADE Sentir no sonho que está em má situação simboliza que seus desejos não serão satisfeitos.
G. 04, 05, 15. D. 16, 18, 60. C. 115, 119, 160. M. 2713.

ADVOGADO Em geral, os sonhos com advogados não têm bom significado. Falar com um deles anuncia más notícias. Ver um avisa contra prejuízos.
G. 16, 17, 20. D. 62, 65, 78. C. 167, 278, 961. M. 0978.

AEROPLANO Ver-se em sonhos a voar em um pequeno aeroplano denuncia negócios inseguros (longe do chão e em aparelho instável ou desejos sexuais insatisfeitos (desejo de voar mais alto). Ver um aeroplano voando simboliza perda de documentos (que se vão pelos ares). Ver um aeroplano levantar vôo pressagia ganho de dinheiro por herança ou jogo, ou ainda uma conquista amorosa. Ver um aeroplano descendo avisa sobre prejuízos. Ver Avião.
G. 01, 19, 25. D. 01, 76, 97. C. 002, 198, 476. M. 2001.

AEROPORTO Ver-se em sonhos entrando em um aeroporto denuncia um projeto de viagem ou a vontade de livrar-se de dificuldades, de fugir. Estar em avião e descer em um aeroporto anuncia visitas. Ver o choque de aviões em um aeroporto simboliza a existência de desavenças na família. Ver Aeroplano, Avião.
G. 06, 13, 19. D. 21, 52, 76. C. 021, 150, 875. M. 8274.

AFAGO(S) Do ponto de vista psicanalítico, sonhar com afagos, para o homem ou a mulher, simboliza carência, falta de liberdade o de prática da função genital; mas existem interpretações diferentes para esse sonho. Ver-se a afagar uma criança anuncia a vinda de boa notícias; afagar uma pessoa do sexo oposto denuncia falsidade. Receber afagos de uma pessoa feia pressagia sorte no jogo; de uma pessoa bonita, contrariedades; de um jovem, noivado ou casamento; de um velho, dinheiro; de um parente, prosperidade. Receber afagos enquanto está na cama prediz doenças leves.
G. 03, 10, 11. D. 10, 38, 41. C. 712, 837, 841. M. 6438.

AFEMINADO Ver em sonhos um tipo afeminado simboliza um afeto não correspondido. Falar com ele pressagia uma mudança na vida.
G. 07, 10, 22. D. 26, 38, 87. C. 187, 526, 837. M. 1285.

AFIADOR (de facas) Um instrumento afiado simboliza a competência para realizar projetos e resolver situações. Assim, ver-se em sonhos com um afiador na mão é um bom presságio para dinheiro, amor e saúde. Vê-lo na mão de um barbeiro anuncia mudança de situação para melhor.
G. 03, 17, 19. D. 09, 67, 76. C. 465, 575, 610. M. 5310.

AFIAR Os sonhos em que se afiam instrumentos cortantes são indícios de melhoria na situação e de sorte no amor. Ver-se a afiar uma navalha anuncia uma mudança de vida para melhor.
G. 06, 11, 25. D. 23, 44, 98. C. 198, 643, 824 M. 0721.

AFILHADO Ser padrinho significa estabelecer um laço de paternidade espiritual com alguém; é uma situação abençoada e benéfica. Assim, ver em sonhos seu afilhado é um bom presságio. Abençoá-lo anuncia prosperidade nos negócios. Abraçá-lo pressagia casamento na família.
G. 07, 08, 17. D. 28, 29, 67. C. 230, 265, 928. M. 0025.

AFINADOR (de instrumento de música) Afinar um instrumento musical é uma atividade minuciosa, delicada e que exige muito treino, sensibilidade e paciência. Assim, ver um afinador (sem trabalhar) pressagia demora na solução de um assunto. Vê-lo afinando um instrumento avisa que haverá uma boa solução para um caso complicado.
G. 05, 21, 23. D. 19, 81, 91. C. 018, 191, 781. M. 8592.

AFINAR Os sonhos com instrumentos musicais têm significados relacionados com as situações tradicionalmente associadas a cada diferente instrumento; afinar o instrumento simboliza preparar-se para a situação que ele representa. Assim, o piano (tocado pelas moças prendadas das gerações passadas) simboliza uma mulher idosa apaixonada por um moço. O violino (o solista das músicas românticas) sugere ligação amorosa. A viola (o instrumento das serenatas) denuncia paixão de mulher casada. O violão (que acompanha as modinhas melancólicas) avisa sobre uma conquista amorosa difícil. O bandolim (das serestas alegres em grupos) simboliza rapaz ou moça apaixonados. O acordeão (das danças tradicionais) significa recordação amorosa.
G. 06, 09, 14. D. 23, 35, 54. C. 134, 156, 421. M. 1754.

AFLIÇÃO Sentir-se aflito pressagia, por inversão, felicidade próxima. Ver alguém aflito sugere aborrecimentos domésticos.
G. 19, 23, 24. D. 74, 90, 93. C. 198, 791, 874. M. 8175.

AFOGAMENTO Esse tipo de sonho tem significados óbvios. Ver alguém se afogando prediz uma complicação com dinheiro. Ver a si mesmo se afogando avisa sobre um grande perigo. Ver um afogado levado para a margem de um rio ou praia pressagia uma doença ou o perigo de cair na pobreza. Tentar afogar alguém denuncia insensatez prejudicial.
G. 05, 12, 22. D. 17, 48, 88. C. 118, 287, 645. M. 2387.

AFRONTA Ser alvo da afronta de outrem, em um sonho, é um bom presságio, pois simboliza que o sonhador está em situação de causar inveja. Dirigir uma afronta a alguém, entretanto, anuncia aborrecimentos em família ou com pessoa conhecida. Ver Insulto.
G. 01, 14, 18. D. 01, 54, 70. C. 856, 871, 902. M. 7603.

AGARRAR Este é um tipo de sonho que denuncia agressividade. Agarrar alguém avisa acerca da possibilidade de sofrer uma traição; ser agarrado por alguém denuncia uma situação incerta. Ver outras pessoas a se agarrarem alerta sobre a participação em briga de outros.
G. 13, 14, 19. D. 51, 54, 76. C. 176, 253, 751. M. 6752.

AGASALHO Esse tipo de sonho tem simbolismo óbvio. Agasalhar alguém pressagia tranqüilidade para quem sonha. Ser agasalhado por outrem denuncia necessidade de afeição. Receber um agasalho de presente prediz felicidade no amor. Dar um agasalho de presente a outrem anuncia a realização de um desejo.
G. 08, 18, 23. D. 31, 71, 91. C. 371, 391, 831. M. 4532.

ÁGATA Diz-se que quem encontra uma pedra, ou sente-se atraído por uma e a compra, está necessitando de seus efeitos curativos específicos. A ágata atua sobre a mente e o corpo, aliviando a depressão, estimulando a digestão e a circulação, dando equilíbrio e autoconfiança. Encontrar em sonhos uma ágata avisa a respeito de desafetos ativos. Comprar uma pressagia doença; vendê-la denuncia dificuldades. Ver Pedra Preciosa.
G. 02, 03, 04. D. 05, 11, 14. C. 106, 716, 810. M. 2115.

AGÊNCIA (de empregos) Esse sonho tem simbolismo óbvio. Instalar em sonho uma agência de empregos alerta contra obstáculos na profissão. Entrar em uma agência denuncia irresolução.
G. 18, 19, 20. D. 72, 73, 80. C. 678, 871, 876. M. 6370.

AGILIDADE Ver em sonhos uma pessoa ágil pressagia participação em uma reunião alegre. Sonhar que se é ágil nos movimentos anuncia boa sorte. Estar em companhia de pessoas ágeis denuncia a possibilidade de sofrer um prejuízo.
G. 06, 24, 25. D. 23, 93, 00. C. 195, 597, 821. M. 4624.

AGITAÇÃO Ver em sonhos agitação na rua simboliza desordem em casa. Ver-se a agitar uma garrafa ou um frasco pressagia doença. Ver alguém mover-se agitado, inquieto, significa que a ordem pública está ameaçada de desordem.
G. 09, 11, 17. D. 34, 42, 65. C. 165, 541, 936. M. 3465.

AGRESSÃO Agredir alguém em sonhos alerta contra uma questão judicial. Ser agredido é um bom presságio: sugere que o sonhador provoca inveja com seu sucesso. Ser agredido por alguém do sexo oposto denuncia alguém que sente ciúme do sonhador.
G. 04, 08, 20. D. 15, 31, 80. C. 230, 678, 815. M. 0615.

AGRIÃO O agrião é uma das ervas amargas que lembram os sofrimentos do povo hebreu no exílio; mas também é um tradicional remédio purificador do organismo e um alimento popular, pois nasce facilmente e pode ser cultivado até em casa. Por isso, tem significados aparentemente conflitivos nos sonhos. Ver em sonhos o plantio de agrião representa felicidade doméstica. Ver a si mesmo plantando agrião pressagia bons negócios; vendê-lo prediz lucros. Já comprar agrião anuncia aborrecimentos com a família e comê-lo alerta para uma doença leve.
G. 04, 19, 20. D. 13, 73, 77. C. 378, 415, 876. M. 0276.

ÁGUA A água tem seu simbolismo ligado ao mundo dos sentimentos e emoções. Seu significado específico em um sonho dependerá de seu aspecto. Se for a água corrente de um rio, denuncia o desejo de viajar. A água de um lago, limpa, anuncia sossego; se estiver turva, des-

gostos. Água de açude simboliza uma vida tranqüila; de cachoeira, projetos favoráveis; de poço, tristeza. Água gelada simboliza prazer; fria, desafetos disfarçados; quente, maus negócios; morna, vida sossegada. Água escura, quase negra, pressagia doença grave, perigo de morte em pessoa da família. Água vermelha anuncia amor violento, perigoso. Beber muita água sugere doença séria. Beber água sem exagero, recebimento de dinheiro. Ver Banho, Fonte, Lago, Lagoa, Mar, Nadar, Rio.
    G. 01, 05, 10. D. 02, 17, 37. C. 237, 502, 918. M. 1018.

AGUACEIRO A chuva forte pode representar a invasão da vida por acontecimentos incontroláveis ou a explosão de emoções fortes. Estar sob um aguaceiro, em sonhos, pressagia a morte de um inimigo; ver outra pessoa debaixo de um aguaceiro prediz a morte de um parente. Aguaceiro com ventania anuncia o nascimento de um filho ou o casamento de uma filha. Aguaceiro com trovões previne contra prejuízos. Afastar-se de um aguaceiro pressagia um casamento na família. O fim de um aguaceiro sugere que um caso difícil será solucionado. Ver Chuva, Tempestade.
    G. 05, 07, 21. D. 17, 27, 83. C. 018, 125, 781. M. 4381.

AGUARDENTE A bebida alcoólica é um vício para quem a toma e uma fonte de riqueza para quem a vende; esses significados aparecem nos sonhos. Sonhar que se está bebendo pressagia uma doença grave ou o rompimento de uma amizade. Derramar aguardente no chão denuncia vício de bebida. Quebrar garrafa de aguardente indica o desejo de mudar de hábitos. Ver alguém beber anuncia brigas. Comprar aguardente simboliza preocupações e aborrecimentos. Ver aguardente saindo de um alambique, entretanto, anuncia bons negócios; engarrafar a bebida avisa sobre uma boa notícia; vendê-la sugere que um negócio terá uma boa solução.
    G. 09, 12, 22. D. 36, 46, 88. C. 145, 187, 534. M. 2146.

ÁGUIA Essa perigosa ave de rapina, com sua visão aguçada, seu ataque preciso e seu porte majestoso, é símbolo de poder e sucesso em muitos países. Ver em sonhos uma águia empoleirada em uma árvore representa felicidade; vê-la voando, bom êxito nas iniciativas. Se ela estiver voando com uma presa, anuncia a chegada de uma notícia triste;

se estiver devorando a presa, perigo de agressão. Uma águia caindo é um mau presságio; uma águia morta anuncia doenças. Um emblema com o desenho de uma águia em ouro simboliza prestígio pessoal; em prata, melhoria de posição. Ver-se como uma águia avisa sobre a existência de amigos falsos.

G. 02, 03, 19. D. 08, 09, 76. C. 076, 207, 611. M. 8076.

AGULHA A agulha é um importante instrumento de trabalho, mas pode ferir quem a manipula. Comprar agulhas em sonhos anuncia um negócio lucrativo; vendê-las, prosperidade. Achar uma agulha avisa contra maledicência. Ver-se enfiando uma agulha pressagia uma doença leve ou intrigas. Picar o dedo em uma agulha prediz sorte; mas agulhas enferrujadas ou sujas previnem contra uma situação perigosa.

G. 01, 08, 23. D. 04, 29, 90. C. 191, 202, 531. M. 5602.

AIPIM O aipim é o cultivo mais antigo e rústico do Brasil, sendo o alimento dos pobres. Sonhar que se come aipim cru simboliza pobreza. Ver-se plantando aipim denuncia inércia mental; já colhê-lo prediz uma vida calma. Vender aipim sugere negócios pouco lucrativos. Ver Macaxeira.

G. 13, 15, 24. D. 49, 58, 95. C. 457, 851, 894. M. 9850.

AL.IMBIQUE A produção artesanal de bebidas destiladas é uma atividade típica de pequenas comunidades rurais pouco prósperas; o alambique, como instrumento dessa atividade, tem assim significados desfavoráveis nos sonhos. Ver um alambique pressagia a chegada de notícias desagradáveis. Trabalhar com um anuncia contrariedades. Sonhar que se compra um alambique avisa sobre prejuízos; já vendê-lo sugere melhoria de situação.

G. 10, 12, 14. D. 40, 48, 56. C. 146, 537, 953. M. 2247.

ALBERGUE Ver Estalagem.

ALCACHOFRA O significado dessa hortaliça nos sonhos não está relacionado com suas propriedades, mas com sua cor escura e triste. Ver alcachofras em sonhos anuncia prejuízos; ver-se comendo alcachofras pressagia tristezas.

G. 06, 10, 15. D. 24, 37, 58. C. 021, 057, 237. M. 3657.

ÁLCOOL O álcool puro pode ser associado com seus usos médicos ou com outras propriedades. Comprar em sonhos uma garrafa de álcool anuncia doenças. Vender álcool engarrafado (um produto muito barato) denuncia um emprego mal remunerado. Beber álcool puro (o que é muito difícil e desagradável) sugere dificuldades nos negócios. Derramar álcool (desperdiçá-lo) anuncia vida difícil, mudança de profissão ou de emprego. Ver uma chama de álcool (que se acende facilmente, mas se apaga rapidamente) denuncia um entusiasmo transitório. Ver Beber.
G. 11, 18, 22. D. 43, 69, 86. C. 287, 541, 871. M. 0042.

ALCOVA Nas casas antigas, a alcova era um recanto do dormitório, geralmente fechado por cortinas, onde ficava a cama. Por extensão, o termo é usado para designar o quarto de dormir, tendo seus significados relacionados com a intimidade que sugere. Assim, entrar em sonhos em uma alcova denuncia a deslealdade de uma pessoa amiga; sair dela anuncia aborrecimentos. Uma alcova aberta (devassada) prediz contrariedades; fechada, felicidade amorosa. Uma alcova escura avisa sobre uma situação complicada, talvez perigosa; mas, se estiver clara, é um bom presságio para o amor. Estar com alguém dentro de uma alcova significa enfrentar uma briga perigosa.
G. 03, 06, 13. D. 12, 22, 50. C. 151, 312, 421. M. 7312.

ALDEIA A vida de aldeia evoca ao mesmo tempo tranqüilidade e estagnação, prisão e união familiar. Ver em sonhos uma aldeia anuncia um casamento. Ver-se morando em uma avisa sobre a necessidade de repouso. Fugir de uma aldeia denuncia desavenças domésticas. Entrar em uma sugere o desejo de mudar de vida.
G. 15, 20, 22. D. 58, 78, 85. C. 058, 178, 187. M. 6758.

ALECRIM Na linguagem das flores, o alecrim simboliza memórias felizes; como erva medicinal, é estimulante, irritante e abortivo. Ver alecrim em sonhos pressagia um parto difícil ou um aborto. Pegar ramos de alecrim sugere uma boa reputação. Cheirar a erva prediz uma desilusão amorosa.
G. 18, 23, 25. D. 70, 89, 99. C. 000, 171, 389. M. 5671.

ALEGRIA Esse tipo de sonho tem simbolismo reverso, alertando para o perigo de deixar-se levar por entusiasmos superficiais. Assim, sonhar que se está em uma reunião alegre sugere contrariedades. Ver

uma pessoa alegre prenuncia desgostos com parentes. Sentir-se alegre avisa sobre ilusões transitórias
G. 10, 16, 24. D. 40, 61, 93. C. 137, 193, 564. M. 2693.

ALFABETO Aprender o alfabeto simboliza, tradicionalmente, vencer uma dificuldade, alcançar um objetivo. Se, em um sonho no qual aparece o alfabeto, as letras forem bem legíveis, isso pressagia felicidade; se as letras forem mal feitas ou pouco legíveis, o sonho sugere a necessidade de fazer um esforço para vencer dificuldades.
G. 09, 13, 16. D. 34, 51, 62. C. 434, 451, 563. M. 5361.

ALFAIATE Na tradição popular, as atividades relacionadas à costura são associadas à veiculação de novidades e de maledicências, o que geralmente ocorre entre os profissionais durante o trabalho. Assim, ver em sonhos um alfaiate anuncia notícias desagradáveis. Se ele estiver cortando pano, simboliza intrigas; se estiver na porta da alfaiataria, situação pouco favorável. Entretanto, se estiver tomando medidas para uma roupa, anuncia a chegada de dinheiro.
G. 02, 15, 23. D. 08, 60, 92. C. 192, 460, 907. M. 5306.

ALFACE Planta da Lua e da água, a alface simboliza emoções suaves, sendo um calmante bem conhecido na medicina tradicional. Assim, ver-se em sonhos a plantar alfaces anuncia uma velhice tranqüila; ver-se a colhê-las pressagia um amor feliz.
G. 02, 07, 24. D. 08, 28, 96. C. 105, 193, 526. M. 5096.

ALFAFA A forragem para o gado simboliza trabalho pesado no campo; mas também representa ter como alimentá-lo. Assim, ver em sonhos o plantio de alfafa anuncia muito trabalho; ver fardos dessa forragem previne contra atraso na profissão. Ver animais comendo alfafa, entretanto, dá esperança de melhoria.
G. 06, 07, 25. D. 24, 28, 98. C. 029, 421, 497. M. 0697.

ALFÂNDEGA Esse sonho tem significados óbvios. Ver-se em sonhos a entrar em uma alfândega (onde se passa por uma revista) anuncia uma situação difícil. Sair dela (estar livre das complicações) prediz a chegada de boas notícias.
G. 01, 10, 24. D. 01, 40, 93. C. 103, 137, 598. M. 0293.

ALFINETE Esse tipo de sonho tem simbolismo óbvio, geralmente ligado aos ferimentos que o alfinete pode causar. Ver em sonhos um alfinete pressagia preocupações; ver muitos deles, no entanto, anuncia possíveis lucros. Sentir a picada de um alfinete denuncia a maledicência de uma pessoa; se ele estiver enferrujado, avisa sobre o perigo de uma enfermidade. Alfinetes miúdos predizem doenças na família; os graúdos, entretanto, anunciam melhoria na sorte
G. 02, 15, 16. D. 06, 59, 64. C. 106, 459, 563. M. 7062.

ALGARISMO(S) Sonhos com algarismos, em geral, estão relacionados com dinheiro. Ver um algarismo anuncia possibilidade de lucro. Ver-se a escrever algarismos prediz ganho de dinheiro por herança. Somá-los, no entanto, pressagia dificuldades financeiras. Cada algarismo, quando é visto isolado em um sonho tem um significado específico. O I pressagia uma proposta de negócio desvantajosa; o 2, uma questão judicial ou uma doença. O 3 previne contra más companhias. O 4 prediz êxito depois de esforços; o 5, desarmonia no emprego ou em casa; o 6, vida difícil. O 7 denuncia preocupações com assuntos sem interesse prático. O 8 avisa sobre a necessidade de força de vontade para a solução de seus interesses; o 9 pressagia um futuro promissor.
G. 01, 02, 15. C. 02, 05, 59. C. 157, 206, 901. M. 6203.

ALGEMA(S) Esse sonho tem significados óbvios, ligados a sentir-se preso e a estar envolvido com complicações. Ver-se algemado em um sonho avisa sobre uma situação incerta. Ver alguém algemado pressagia uma questão judicial.
G. 13, 14, 24. D. 52, 54, 94. C. 095, 452, 453. M. 3095.

ALGODÃO O cultivo do algodão, típico dos regimes escravagistas criados pelos países europeus em suas colônias, é lucrativo para os donos do negócio e difícil para os trabalhadores. Assim, sonhar que se está trabalhando no cultivo de algodão alerta contra uma situação incerta. Colher algodão, entretanto, pressagia lucros; e negociar, vendendo ou comprando algodão, prediz a existência de boas amizades.
G. 11, 12, 21. D. 41, 48, 82. C. 145, 181, 543. M. 8642.

ALHO(S) O alho é um antigo protetor contra malefícios e doenças, tendo reconhecido valor medicinal. Por seu cheiro desagradável, é consagrado a divindades maléficas. Assim, ver alho em um sonho anuncia tristezas. Cheirá-lo pressagia uma surpresa; plantá-lo, a revelação de um segredo. Socar dentes de alho, assim como ver-se a mastigá-los, avisa sobre a possibilidade de doenças. Sentir cheiro de alho prediz um amor apaixonado ou uma vida solitária. Vender alho em sonhos anuncia o reatamento de uma amizade.
G. 01, 03, 10. D. 01, 10, 37. C. 301, 238, 810. M. 1039.

ALIANÇA Este sonho tem significados óbvios. Ver uma aliança em uma vitrina pressagia um noivado; receber uma anuncia um casamento. Ver-se a dar uma aliança a alguém denuncia deslealdade. Comprar alianças avisa sobre planos não satisfeitos. Ver uma aliança partida é um mau presságio; ver duas alianças prediz o fim de um amor.
G. 11, 12, 16. D. 41, 48, 64. C. 145, 341, 764. M. 6543.

ALIMENTO(S) Alimentos simbolizam prosperidade e felicidade. Assim, ver-se em sonhos a preparar alimentos é presságio de um bom futuro; para uma mulher grávida, prediz um bom parto. Ver-se a comer anuncia prosperidade. Se os alimentos estiverem estragados, entretanto, denunciam desavenças na família. Ver-se a vender alimentos avisa sobre a chegada de notícias; ver-se a dar alimentos previne contra prejuízos.
G. 16, 21, 22. D. 63, 84, 87. C. 761, 783, 787. M. 1683.

ALMA Geralmente, os sonhos com almas não são favoráveis; existem, no entanto, algumas exceções. Ver em sonhos a alma de um desconhecido previne sobre a necessidade de prudência nos atos e palavras. Se for a alma de uma criança, indica perigo para uma criança da família; entretanto, se for de um adulto vivo, anuncia um auxílio que virá em ocasião oportuna. Ver em sonhos a alma saindo do corpo de alguém que está morrendo pressagia uma vida difícil e triste. Ver uma alma movendo-se sem pisar no solo, no entanto, anuncia a possível realização de uma esperança. Ver Anjo, Diabo, Espírito.
G. 03, 04, 13. D. 12, 13, 62. C. 151, 215, 312. M. 6511.

ALMANAQUE O almanaque representa a possibilidade de prever e organizar o futuro. Vê-lo em um sonho pressagia uma mudança para melhor. Se ele for antigo, anuncia o recebimento de dinheiro. Entretanto, se for novo, recomenda cautela no procedimento.
G. 13, 15, 16. D. 52, 57, 61. C. 360, 651, 861. M. 5761.

ALMIRANTE Envolver-se com militares de alta patente é visto, tradicionalmente, como um risco de se ter problemas. Assim, sonhar que se vê um almirante anuncia contrariedades; falar com ele denuncia uma situação pouco favorável. Ver-se em sonhos como um almirante (considerando que o oficialato da Marinha é reservado à elite em todo mundo) simboliza uma ambição irrealizável. Ver Militar.
G. 06, 12, 20. D. 23, 47, 77. C. 023, 678, 745. M. 1178.

ALMOÇO Desde a antigüidade, a refeição é um ato de união e companheirismo. Assim, ver-se em sonhos a almoçar com uma pessoa do mesmo sexo simboliza um trabalho proveitoso. Se a companhia for do sexo oposto, o sonho denuncia desejo sexual; se essa pessoa for idosa, o desejo é irrealizável. Se o sonhador é uma pessoa jovem e solteira, o sonho com uma pessoa do sexo oposto anuncia contrariedades. Quando uma pessoa jovem e solteira se vê almoçando sozinha, o sonho anuncia demora no casamento. Se o sonhador já tiver uma união, o sonho pressagia viuvez ou rompimento de amor. Sonhar com um almoço em um hotel ou restaurante previne contra despesas supérfluas. Ver um grupo de pessoas almoçando em um hotel denuncia o perigo de perda de bens.
G. 20, 22, 25. D. 78, 85, 00. C. 100, 178, 387. M. 0198.

ALTAR O altar tem significados relacionados com os sentimentos e a vida espiritual. Ver em sonhos um altar iluminado pressagia felicidade. Rezar diante dele sugere bons projetos realizáveis. Se o altar contiver uma imagem, significa amor correspondido ou bons negócios. Várias imagens pressagiam indecisão em amor ou negócios incertos; ausência de imagem, desenganos. Ver um altar incendiado ou destruído alerta contra doenças ou dificuldades na realização de projetos. Ver-se a colocar uma imagem em um altar pressagia reconciliação com alguém.
G. 06, 10, 15. D. 23, 37, 60. C. 138, 321, 657. M. 1921

ALTERAÇÃO Esse sonho tem significados óbvios. Discutir com alguém pressagia uma vida cheia de contrariedades. Ver uma discussão entre outras pessoas, sem participar dela, prediz trabalho calmo. Ver Discussão, Rixas.
G. 11, 12, 25. D. 43, 48, 97. C. 344, 697, 746. M. 6543.

ALTO-FALANTE O amplificador da voz está relacionado, nos sonhos à transmissão de notícias e ao reforço da própria imagem. Ouvir o som de um alto-falante pressagia um noivado. Ver-se a instalar um denuncia o desejo de ter popularidade. Ver-se a falar em um alto-falante (precisando ampliar a própria voz) indica um organismo debilitado.
G. 01, 12, 21. D. 04, 47, 81. C. 184, 201, 847. M. 7181.

ALUGUEL Ver-se em sonhos a pagar aluguel (ter, portanto, dinheiro para isso) simboliza um negócio rendoso. Receber aluguéis representa prejuízos. Ver-se com o aluguel atrasado denuncia promessas que não serão cumpridas.
G. 11, 21, 24. D. 42, 82, 93. C. 081, 194, 542. M. 0743.

ALUMÍNIO Resistente e leve, o alumínio revolucionou a produção moderna de uma infinidade de utensílios, fazendo a riqueza de industriais e comerciantes. Por isso, ver-se em sonhos a comprar alumínio pressagia transações lucrativas; ver objetos de alumínio anuncia prosperidade. Como o alumínio lustroso parece a prata mas é muito mais barato que ela, vê-lo em sonhos denuncia falsidade, infidelidade.
G. 02, 12, 18. D. 07, 47, 70. C. 345, 407, 571. M. 7105.

AMA Em geral o sonho com uma ama (uma mãe substituta) não tem bom significado, simbolizando desavenças familiares. Ver Governanta.
G. 16, 20, 24. D. 61, 79, 95. C. 295, 778, 961. M. 1796.

AMAMENTAR Amamentar simboliza alimentar e mudar do estado de jovem para o de mãe (ou pai). Assim, quando uma pessoa qualquer sonha que está amamentando, o sonho pressagia a possibilidade de melhoria ou de mudança de vida. Se for uma viúva, o sonho denuncia desejo de amor; se for uma mulher casada, o sonho anuncia

uma possível gravidez. Ver em sonhos um homem amamentando é um bom presságio para a família.
G. 11, 22, 25. D. 42, 86, 99. C. 200, 341, 587. M. 1097.

AMANTE Ver-se em sonhos a iniciar uma ligação com um(a) amante denuncia desejo sexual. Sonhar que se tem um(a) amante pressagia desavenças; mas vários amantes predizem prosperidade. Brigar em sonhos com um(a) amante avisa sobre dinheiro ganho em jogo. Separação do(a) amante é presságio de maus negócios.
G. 02, 18, 21. D. 05, 71, 82. C. 108, 671, 682. M. 7108.

AMARRAR Ver-se amarrado em um sonho pressagia preocupações. Ver alguém amarrado prediz tristeza na família. Ver-se a amarrar alguém, entretanto, anuncia um bom negócio. Ver-se em um sonho a amarrar embrulhos e pacotes avisa sobre vantagens financeiras.
G. 11, 14, 16. D. 41, 54, 62. C. 153, 241, 262. M. 5541.

AMAZONA As mulheres guerreiras, conhecidas em várias regiões do mundo, representaram sempre uma situação inesperada para as culturas patriarcais. Por isso, ver em sonhos uma mulher cavalgando, vestida de amazona (que pode ser a própria sonhadora, se esta for uma mulher), anuncia uma surpresa (boa ou má) por parte de uma pessoa conhecida.
G. 18, 20, 22. D. 71, 78, 87. C. 278, 672, 987. M. 9180.

AMBULÂNCIA Esse sonho tem significados óbvios. Ver uma ambulância é um mau presságio relativo a um parente ou conhecido. Uma ambulância em movimento anuncia uma notícia inesperada. Várias ambulâncias anunciam a resolução de negócios. Ver alguém em uma ambulância avisa sobre o recebimento de dinheiro no futuro.
G. 10, 14, 17. D. 37, 56, 67. C. 237, 456, 765. M. 8654.

AMEIXA(S) Ver em sonhos ameixas secas é um anúncio de uma boa surpresa. Se elas estiverem verdes, simbolizam reconciliação; se estiverem maduras, infidelidade. Comer ameixas maduras pressagia contrariedades. Ver-se a cozinhar ameixas avisa sobre uma operação cirúrgica. Receber ameixas de presente, ou ver uma grande quantidade

delas, é sinal de sorte no jogo. Ver-se a pegar ameixas é um presságio de melhoria de situação. Ver Fruta.
G. 05, 14, 17. D. 17, 56, 67. C. 118, 156, 165. M. 5617.

AMÊNDOAS(S) As amêndoas são um símbolo tradicional de boa sorte; são dadas como presente, representando votos de felicidades. Assim, ver amêndoas maduras (secas) em um sonho pressagia uma surpresa; no entanto, ver as frutas com a casca, sem poder comê-las, simboliza decepções. Dar amêndoas a alguém anuncia a chegada de boas notícias. Ver-se comendo amêndoas é um sinal de boa sorte. Vender amêndoas anuncia satisfação. Entretanto, sonhar com amêndoas verdes (que parecem as amargas, que são reconhecidamente tóxicas) significa enfermidade.
G. 05, 10, 13. D. 17, 39, 52. C. 238, 551, 617. M. 2139.

AMENDOEIRA Além de fornecer um fruto comestível, a amendoeira oferece uma boa sombra e uma flor perfumada. Por isso, é uma árvore de bons augúrios. Vê-la em sonhos anuncia uma surpresa agradável; se forem várias, predizem uma herança. Subir em uma amendoeira simboliza a busca de solução para um problema. Dormir à sombra de uma (não ter uma casa) representa contrariedades e dificuldades financeiras. Ver-se no sonho derrubando uma, previne contra prejuízos.
G. 05, 06, 17. D. 19, 23, 67. C. 118, 124, 167. M. 2066.

AMETISTA A ametista é uma gema purificadora; por sua cor violeta, é ligada a atividades espirituais, sendo usada por religiosos. Assim, é uma pedra de bons augúrios. Ver uma ametista em sonhos anuncia melhoria de situação; ver-se a adquiri-la pressagia progresso profissional; perdê-la avisa sobre atraso nos negócios. Usar um anel com ametista simboliza prestígio social. Ver Pedra Preciosa.
G. 08, 12, 14. D. 31, 48, 54. C. 254, 531, 947. M. 6754.

AMIANTO O amianto é um tipo de mineral que protege contra o calor, sendo usado no isolamento contra o fogo; assim, seu aparecimento em sonhos é sempre de mau augúrio. Ver amianto queimando anuncia perigo para um prédio. Negociar com amianto simboliza a existência de obstáculos.
G. 04, 09, 19. D. 13, 34, 73. C. 113, 135, 875. M. 7115.

AMIGO O aparecimento de um amigo em um sonho costuma ter simbolismo reverso, alertando o sonhador acerca de situações falsamente seguras. Ver um amigo pressagia uma decepção; um grupo de amigos anuncia desavenças. Ver-se a almoçar com amigos alerta sobre o trato com pessoas sem sinceridade. Ver um amigo morto prediz desavenças; ver um amigo a afastar-se anuncia surpresas. Zangar-se em sonhos com um amigo previne contra prejuízos; entretanto, falar normalmente a um amigo anuncia um auxílio a ser recebido em uma dificuldade.
G. 05, 11, 23. D. 20, 41, 90. C. 119, 144, 191. M. 8143.

AMOR Sonhar com um amor muito forte pressagia tristezas futuras. Amar, em sonhos, uma pessoa jovem e bonita anuncia desavenças e obstáculos; mas se o amor não for correspondido, prediz uma surpresa agradável no futuro. Ver-se no sonho a amar uma pessoa idosa é um aviso contra uma possível doença; ver em sonhos uma pessoa idosa amando outra mais jovem simboliza desenganos. Amar um desconhecido indica possibilidade de realizar um desejo. Amar uma pessoa jovem e que aparece no sonho muito clara e iluminada denuncia desejo forte ou um esforço mal recompensado. Se a pessoa aparecer em cores normais, anuncia que a felicidade é possível; se aparecer imersa na escuridão, anuncia esquecimento por parte de outra pessoa. Amar o próprio cônjuge ou companheiro prediz uma vida calma e obstáculos afastados.
G. 05, 08, 17. D. 20, 31, 66. C. 131, 367, 818. M. 2365.

AMOR-PERFEITO Na linguagem das flores, o amor-perfeito simboliza as lembranças agradáveis. Assim, ver essa flor em um sonho anuncia felicidade; ver-se acolher amores-perfeitos diz que seu ideal é realizável.
G. 06, 14, 17. D. 23, 56, 67. C. 121, 154, 566. M. 6554.

AMORA(S) Na linguagem das flores, a amora simboliza o amor devotado. Assim, ver-se em sonhos a colher amoras na árvore anuncia sorte; recebê-las de presente simboliza amizade. Comer amoras maduras pressagia uma boa surpresa; mas, se as frutas estiverem verdes, anunciam aborrecimentos. Comprar amoras (uma fruta cara, embora seja de fácil cultivo) previne contra prejuízos. Ver Fruta.
G. 10, 12, 25. D. 40, 47, 00. C. 239, 345, 899. M. 1098.

ANÃO Desde a antiguidade, os anões, como todas as outras pessoas que fogem dos padrões comuns de aparência, foram considerados portadores de poderes especiais; discriminados e explorados, eram vistos pelo povo comum como ameaçadores, embora o olhar de um anão seja considerado um augúrio de bons negócios. Quando aparecem em sonhos, os anões costumam simbolizar desgostos e, se forem vários, doença grave. Ver um anão fugindo anuncia inquietações; falar com um, perigo de calúnia. Ver-se em sonhos como um pressagia pobreza.
G. 05, 07, 13. D. 20, 28, 50. C. 126, 251, 918. M. 6149.

ÂNCORA A âncora é um símbolo tradicional da esperança; quando é vista em um sonho, anuncia que suas expectativas serão realizadas. Ver-se a carregar ou transportar uma âncora pressagia uma melhoria de situação.
G. 10, 13, 14. D. 38, 52, 56. C. 254, 437, 651. M. 6352.

ANDAIME Esse sonho tem simbolismo óbvio. Ver em sonhos um andaime pressagia uma situação próspera. Subir nele anuncia melhoria de emprego ou de posição social; ver-se a levantá-lo sugere bons lucros em um negócio. Ver alguém cair de um andaime é um mau presságio, podendo predizer uma doença.
G. 04, 09, 18. D. 15, 38, 69. C. 213, 435, 671. M. 7171.

ANDAR Os sonhos em que uma pessoa se vê andando tem significados óbvios. Ver-se a andar depressa anuncia bons negócios; devagar, pouca sorte; recuando, prejuízos. Ver-se a andar coxeando denuncia um trabalho mal-remunerado; ver-se com muletas pressagia pouco dinheiro. Ver-se a andar sobre pedras prediz uma enfermidade; sobre água, prosperidade e sorte; sobre areia, desgostos. Ver outra pessoa andando indica alegria e boa sorte; ver alguém andar aproximando-se de quem sonha, entretanto, anuncia contrariedades.
G. 08, 12, 17. D. 31, 48, 67. C. 131, 546, 567. M. 6065.

ANDORINHA Essa ave migratória simboliza tradicionalmente novidades: quando chega, anuncia a primavera; quando parte, deixa o inverno. Assim, seu significado nos sonhos depende de como ela aparece. Ver uma andorinha fazendo ninho dentro de casa é um presságio de felicidade. Ver uma dessas aves voando ao longe denuncia falsidade de alguém; entretanto, se ela estiver voando para dentro de casa, anuncia boas notícias. Se a ave estiver pousada e quieta, pressagia uma vida sossegada; se estiver morta, aborrecimentos. Se estiver voando sobre o mar, alerta contra um desastre; se voar sobre rios e lagoas, indica perigo na rua ou em viagem. Muitas andorinhas voando para longe recomendam cuidado com os negócios.

G. 02, 03, 10. D. 07, 09, 39. C. 037, 112, 308. M. 0012.

ANDRAJOS Esse sonho tem significados óbvios. Ver alguém vestindo andrajos pressagia pobreza. Ver-se no sonho usando andrajos anuncia infelicidade. Ver andrajos amontoados sugere tristeza.

G. 02, 03, 13. D. 07, 11, 52. C. 107, 310, 352. M. 6005.

ANEDOTA A anedota representa uma zombaria. Assim, ver-se em um sonho a contar uma anedota denuncia a insolência de inimigos. Ouvir anedotas previne contra desavenças com amigos. Escrever uma anedota simboliza o rompimento de uma amizade.

G. 03, 18, 23. D. 10, 70, 89. C. 312, 870, 891. M. 1110.

ANEL Ver em sonhos um anel em uma vitrina pressagia um casamento. Ver-se usando-o no dedo sugere satisfação. Quebrar um anel anuncia infidelidade; vendê-lo, vida calma; comprá-lo, inquietação. Oferecer um anel simboliza traição; achá-lo, sorte; ganhá-lo, mudança de vida. Ver um anel simples, de ouro, indica que uma ambição talvez seja realizável. Se esse anel tiver uma pedra, indica êxito na profissão. Um anel de prata, com ou sem pedra, representa posição segura e tranquilidade. Um anel de ferro ou de chumbo simboliza atrasos na vida, projetos difíceis de se realizarem. Ver Pedra Preciosa, Aliança.

G. 08, 14, 16. D. 31, 56, 61. C. 131, 156, 761. M. 6162.

ANEMIA Ver em sonhos uma pessoa anêmica é um presságio desfavorável. Se essa pessoa for o próprio sonhador, o sonho denuncia fraqueza orgânica ou falta de dinheiro.

G. 01, 04, 12. D. 03, 15, 48. C. 316, 546, 901. M. 9014.

ANEURISMA Ver-se em sonho com um aneurisma (geralmente de evolução silenciosa e agravamento súbito) pressagia uma surpresa. Ver um doente com um aneurisma, por simbolismo reverso, anuncia boa saúde.
G. 14, 15, 22. D. 55, 59, 87. C. 059, 387, 654. M. 1187.

ANIMAL(IS) O simbolismo dos animais vistos nos sonhos depende de suas características específicas. Os significados aqui descritos referem-se apenas aos mamíferos; os outros grupos (aves, peixes etc.) são descritos em verbetes específicos. Um animal doméstico pressagia uma vida sem alteração; um selvagem, situação insegura. Um animal quieto indica boa situação financeira. Se estiver irritado, entretanto, anuncia más notícias; se estiver correndo, notícia de pessoa distante; se estiver dormindo, doença. Ver no sonho dois animais acasalando denuncia desejo sexual; mas animais brigando indicam desavenças na família. Muitos animais juntos anunciam surpresas agradáveis; mas animais mortos sugerem desavenças, Ver-se dando comida a um animal avisa sobre gastos desnecessários. Lutar com um animal previne contra conflitos com pessoas desconhecidas; fugir de um anuncia boas notícias. Tratar de animais prediz uma boa reputação; mas matar um animal é um mau presságio.
G. 04, 06, 20. D. 15, 23, 80. C. 115, 222, 578. M. 2978.

ANIVERSÁRIO Ver-se a festejar o próprio aniversário pressagia uma vida longa. Estar na festa de aniversário de outra pessoa, entretanto, alerta contra discórdia familiar. Receber cumprimentos de aniversário sugere dificuldades.
G. 01, 02, 22. D. 04, 07, 86. C. 487, 706, 902. M. 7705.

ANJO Sonhar com anjos tem significados óbvios. Ver um anjo é sinal de boa sorte. Ver muitos anjos voando é um presságio de notícias felizes. No entanto, ver um anjo dentro de uma igreja anuncia o falecimento de uma pessoa conhecida. Ver Alma.
G. 03, 04, 21. D. 10, 15, 81. C. 213, 783, 911. M. 1916.

ANTENA Antenas são equipamentos caros e que exigem mão-de-obra especializada. Por isso, ver-se montando uma antena em sonhos pressagia um bom negócio. No entanto, ver uma antena desmantelada avisa sobre o perigo de um desastre.
G. 01, 04, 19. D. 01, 14, 76. C. 314, 702, 875. M. 1176

ANTIMÔNIO Embora usado como medicamento, esse metal é um forte veneno. Por isso, ver em sonhos um frasco de antimônio pressagia uma sorte desfavorável.
G. 12, 15, 17. D. 45, 59, 68. C. 060, 245, 367. M. 3258.

ANZOL Um anzol, simbolizando o instrumento do pescador que produz apenas para sua sobrevivência, representa a pobreza quando é visto em sonhos. Muitos anzóis, com sua capacidade de ferir, anunciam tristezas.
G. 01, 04, 06. D. 01, 16, 23. C. 314, 704, 721. M. 1015.

APAGAR Ver em sonhos uma luz (uma vida) se apagar pressagia um falecimento na família. Ver-se a apagar uma vela (posta habitualmente junto aos moribundos e aos mortos) anuncia melhoria de uma doença. Apagar um incêndio prediz sorte nos jogos; uma fogueira, a satisfação de um pedido; um fogão, boa situação financeira.
G. 04, 06, 20. D. 16, 23, 79. C. 423, 778, 814. M. 9124.

APARIÇÃO O significado desse tipo de sonho depende do tipo de aparição visto. Uma aparição que lembre um fantasma pressagia uma situação financeira incerta; se for um anjo, entretanto, indica proteção espiritual. Uma pessoa morta anuncia uma herança. Um demônio previne contra um inimigo rancoroso; um ser monstruoso, contra uma enfermidade.
G. 02, 05, 09. D. 08, 17, 35. C. 034, 219, 907. M. 1118.

APARTAMENTO Ver-se em sonhos comprando um apartamento (um imóvel menor e mais barato que uma casa) alerta contra possíveis prejuízos. Vender um apartamento simboliza bons resultados em um pequeno negócio. Se o apartamento visto no sonho for espaçoso, representa projetos ambiciosos; se for luxuoso, denuncia uma situação desvantajosa. Um apartamento escuro pressagia desavença com pessoa amiga; iluminado, felicidade conjugal. Ver Tapera.
G. 01, 04, 11. D. 03, 16, 42. C. 203, 543, 814. M. 9643.

APERITIVO O aperitivo é utilizado tradicionalmente como tônico e para relaxar. Assim, ver-se em sonhos a beber um aperitivo sugere a existência de uma doença nervosa. Dar a outrem um aperitivo previne contra prejuízo em dinheiro; recebê-lo de alguém anuncia desgostos.
G. 02, 05, 13. D. 05, 19, 50. C. 349, 519, 906. M. 9005.

APETITE O apetite está relacionado com a saúde, o prazer e a voracidade. Sentir apetite forte em um sonho previne a respeito de negócios arriscados (uma possível atitude voraz). Comer com apetite (consumir) anuncia a separação de membros da família; comer sem apetite (sem prazer) avisa sobre o falecimento de parentes.
G. 01, 04, 08. D. 04, 15, 30. C. 613, 701, 732. M. 9104.

APLAUSO(S) Esse sonho tem significados óbvios. Receber aplausos é um bom prognóstico. Ver-se a aplaudir alguém prenuncia uma vida normal; ver alguém recebê-los, entretanto, alerta contra uma questão judicial.
G. 14, 22, 23. D. 56, 86, 89. C. 691, 756, 787. M. 5356.

APOSENTO Um aposento simboliza uma situação; o significado específico depende de seu aspecto. Entrar em um aposento representa entrar em bons negócios. Sair pressagia desemprego, falta de dinheiro, prejuízos. Um aposento vazio prediz o falecimento de um amigo; fechado, um projeto não realizável. Um aposento mobiliado anuncia tranqüilidade; com mobília de luxo avisa sobre uma descoberta sem importância. Ver em sonhos um cadáver em um aposento é presságio de infelicidade. Ver Tapera
G. 03, 05, 11. D. 10, 19, 42. C. 210, 541, 617. M. 2041.

APOSTA Esse tipo de sonho tem significados óbvios. Ver-se a fazer uma aposta alerta contra a possibilidade de falência. Ver outra pessoa a fazê-la anuncia desgostos. Ganhar uma aposta é presságio de doença; perder uma, de negócios difíceis.
G. 03, 04, 11. D. 10, 14, 44. C. 710, 716, 841. M. 9810.

AQUÁRIO Ver em sonhos um aquário vazio denuncia situação desfavorável. Se estiver cheio de água, mas sem peixinhos, anuncia esperanças não realizadas; cheio de água e com peixinhos, pressagia amor feliz. Se os peixinhos forem vermelhos, simbolizam plena realização no amor. Ver Peixes.
G. 04, 05, 25. D. 14, 19, 91. C. 313, 718, 900. M. 1198.

AQUEDUTO O aqueduto garante o abastecimento de água. Por isso, ver um deles em sonhos anuncia tranqüilidade. Estar em cima de

um (geralmente uma construção alta) indica prestígio pessoal. Ver a derrubada de um avisa sobre perigo de desastre.
G. 04, 05, 08. D. 15, 18, 30. C. 218, 429, 513. M. 2520.

AR Sonhar que o ar está fresco anuncia projetos promissores. Se estiver quente, pressagia renovação de amor; ar frio prevê amor desfeito; abafadiço, futuro incerto. Ver-se em sonho a voar pelo ar claro anuncia a vinda de boas notícias.
G. 10, 12, 15. D. 38, 45, 60. C. 238, 345, 458. M. 4238.

ÁRABE Para a imaginação popular, o árabe é um povo cheio de mistério. Assim, ver em sonhos um árabe anuncia uma surpresa próxima. Ver um grupo deles avisa sobre um negócio incerto.
G. 12, 14, 17. D. 46, 56, 65. C. 387, 512, 754. M. 1765.

ARADO O arado rasga tudo que está na frente e prepara o terreno para a safra. Assim, ver em sonho um arado representa projetos comerciais realizáveis. Ver alguém dirigindo um arado no campo denuncia adversários em ação; mas um arado com um boi simboliza a proteção de pessoa amiga.
G. 12, 13, 16. D. 47, 50, 61. C. 061, 451, 648. M. 4062.

ARCEBISPO Ver Bispo.

ARCO Ver em sonhos uma construção em arco simboliza honrarias. Passar sob um pressagia união livre com pessoa exigente. Levantar um arco para flechas indica ambições para o futuro. Empunhar um sugere boa disposição para o trabalho. Distender um para atirar flechas representa saúde normal. Ver alguém atirando flechas com um arco denuncia deslealdade. Um arco no chão previne contra futuro incerto. Ver Flecha, Seta.
G. 07, 09, 15. D. 28, 36, 59. C. 435, 728, 957. M. 1936.

ARCO-ÍRIS O arco-íris simboliza a aliança com Deus. Ver em sonhos um deles pressagia melhoria de vida. Se for bem claro, simboliza reconciliação amorosa. Se estiver à direita, indica felicidade; mas à esquerda avisa sobre doença. Ver-se passando sob um arco-íris anuncia surpresas satisfatórias.
G. 17, 19, 20. D. 65, 75, 77. C. 476, 765, 978. M. 0973.

AREIA Sonhar com montes de areia simboliza boa situação financeira. Se ela for clara, pressagia felicidade; se estiver suja e escura, contrariedades. Andar pisando na areia representa intranqüilidade. Areia espalhada pelo vento anuncia inquietação e ciúmes; espalhada dentro de um quarto ou dentro de casa, amor ou amizade desfeita. Nuvem de areia avisa sobre situação financeira ou moral bastante precária, desprestígio na sociedade. Areia solta no solo denuncia libertinagem; areia de praia, excesso na atividade sexual. Areia molhada indica decepção. Areia entrando pela boca aberta denuncia pretensões contrariadas.

G. 14, 17, 20. D. 54, 68, 78. C. 478, 654, 666. M. 1978.

ARENA Ver em sonhos uma arena pressagia esperança de bons negócios. Ver alguém no centro de uma arena anuncia desavenças com um amigo. Estar dentro de uma arena indica rompimento de amizade ou de amor. Sair do recinto de uma arena simboliza perigo afastado.

G. 02, 08, 20. D. 07, 32, 78. C. 206, 731, 879. M. 9008

ARLEQUIM Ver-se em sonhos vestido de arlequim simboliza enganos, situação social indecisa, amor a pessoa falsa. Ver um no palco anuncia desgostos passageiros.

G. 11, 22, 23. D. 43, 87, 89. C. 287, 291, 341. M. 1786.

ARMADURA A armadura protege e prende. Assim, ver uma em sonhos anuncia dificuldades. Ver-se usando uma alerta contra um perigo próximo. Tirar uma do corpo simboliza renovação de amor. Ver vários indivíduos usando armadura representa perspectiva de bons negócios.

G. 03, 09, 10. D. 11, 34, 38. C. 335, 711, 739. M. 2735.

ARMÁRIO Sonhar com um armário de portas de madeira simboliza senso de economia de quem sonha. Se estiver aberto indica possível prejuízo em dinheiro; fechado, boa posição no emprego; vazio, negócios distantes; cheio de roupas, vida social proveitosa. Comprar um representa transações proveitosas; vender um avisa sobre maus negócios.

G. 01, 03, 22. D. 04, 12, 88. C. 210, 487, 801. M. 9001.

ARMA(S) Segundo a Psicanálise, as armas brancas e de fogo são símbolos do membro viril. Se um homem sonha com um punhal ou uma faca, o sonho pode significar um desejo erótico insatisfeito ou a vontade de violentar uma mulher. Pode também prognosticar moléstia venérea. Se é a mulher que sonha com um punhal ou faca, ela tem receio de praticar o ato sexual embora desejando-o. Ver uma arma branca, sem distingui-la bem, avisa sobre perigo de traição; se for um punhal, indica rompimento de relações. Ter um punhal ou faca na mão sugere possível luta com adversários intolerantes. Punhal ou faca na bainha simbolizam doença venérea, fraqueza, desânimo. Empunhar uma adaga representa boa disposição corporal. Ver uma espada fora da bainha sugere êxito nos empreendimentos. Ver Bomba, Canhão, Espada, Espingarda, Faca, Fuzil, Lança, Metralhadora, Pistola.

G. 01, 13, 23. D. 03, 52, 91. C. 051, 491, 502. M. 4852.

ARRANHÃO Ver um arranhão em si mesmo simboliza saúde precária. Ver outrem com um arranhão anuncia sofrimentos.

G. 11, 21, 22. D. 43, 81, 87. C. 543, 587, 784. M. 7881.

ARROIO Ver Rio.

ARROZ O arroz é símbolo de sorte, prosperidade e felicidade. Assim, ver-se em sonhos a plantar arroz pressagia prosperidade. Colher arroz indica sorte no jogo; cozinhá-lo, noivado; comê-lo, casamento. Ver arroz a granel simboliza desejos sexuais; ensacado, negócios com bons lucros. Arroz em casca pressagia prêmio na loteria ou promessa de amor. Arroz cozido, servido na mesa, simboliza amizade proveitosa ou amor sincero.

G. 05, 22, 23. D. 17, 85, 91. C. 291, 419, 588. M. 3119.

ARSENAL sonhar com um depósito de armas fechado anuncia desavença familiar. Se estiver aberto mas vazio, simboliza causa judicial perdida. Ver Armas.

G. 09, 16, 25. D. 35, 63, 99. C. 497, 861, 934. M. 5198.

ARSÊNICO O arsênico é um remédio e um veneno; em geral, os sonhos com arsênico e outros venenos pressagiam acontecimentos desfavoráveis. Sonhar com um vidro de arsênico aberto anuncia doença

na família; se estiver fechado, a doença será longa. Beber arsênico em sonhos sugere ameaça de doença grave. Ver alguém beber avisa sobre situação perigosa.
G. 11, 13, 18. D. 44, 52, 69. C. 470, 641, 651. M. 5069.

ARTISTA Quando a pessoa sonha que é um artista, o significado varia conforme a arte que exerce: se é um pintor, o sonho pressagia uma vida pobre; pianista, trabalho mal recompensado; arquiteto, projetos que se realizarão com alguma demora; escultor, firmeza de vontade de progresso material. Se a pessoa sonha que deseja ser artista, o sonho sugere vontade de mudança de trabalho. Sonhar que se vê um pianista diante de uma orquestra pressagia melhoria de vida; ver um pianista tocando anuncia uma viagem; ver um pintor de paredes indica recompensa tardia de esforços; ver um pintor diante da sua tela, pintando um quadro, diz que as ambições serão satisfeitas no futuro.
G. 15, 16, 25. D. 59, 61, 99. C. 300, 561, 759. M. 7199.

ÁRVORE O significado de uma árvore vista em um sonho depende de suas características. Se for verde, anuncia vida sossegada; carregada de frutos, bom futuro; florida, satisfação; com muitas folhas nos ramos, prosperidade e progresso na profissão; em crescimento, sorte no jogo; caída no chão, doença; pegando fogo, hostilidade de desafetos sem efeito; seca, falecimento na família; com a folhagem caindo no chão, notícia de parente ou conhecido ausente. Sonhar que derruba uma árvore pressagia que os inimigos serão derrotados. Transportar uma árvore de um lugar para outro, viagem demorada. Ver alguém trepado em uma, boas notícias. Cair de uma árvore, perda de posição e prejuízos. Colher um fruto de uma árvore velha, doença. Subir em uma árvore, desejo de união sexual. Sonhar com muitas árvores, bons negócios. Ver Cedro, Cipreste, Folha, Laranjeira, Marmeleiro, Ramos, Raízes.
G. 10, 14, 19. D. 39, 53, 74. C. 573, 940, 955. M. 0337.

ASCENSÃO Ver um parente em ascensão no ar pressagia um falecimento.
G. 09, 15, 19. D. 33, 57, 75. C. 074, 659, 933. M. 9959.

ASFIXIA Sonhar que se sente asfixiado, se estiver doente, prenuncia melhoria no seu estado de saúde. Ver alguém se asfixiando avisa acerca da necessidade de ter cuidado com inimigos.
G. 06, 07, 20. D. 21, 26, 77. C. 580, 727, 922. M. 0422

ASILO Dar asilo a alguém previne contra deslealdade. Pedir asilo a um desconhecido pressagia perdas materiais. Estar em um asilo denuncia projetos irrealizáveis.
G. 02, 13, 18. D. 06, 49, 72. C. 050, 508, 969. M. 9250

ASMA Sonhar que se está com asma avisa sobre a possibilidade de ter uma doença do aparelho respiratório. Ver alguém com um acesso de asma indica necessidade de cautela com desafetos. Ver Doença.
G. 07, 19, 20. D. 27, 75, 80. C. 027, 673, 777. M. 4328.

ASNO Ver um pressagia bom futuro. Se estiver carregado, prediz uma herança; correndo, bons negócios; comendo, solução favorável em processo judicial; amarrado ou peado, bom lucro; solto no campo, boas notícias. Ver-se montado em um anuncia sorte no jogo. Ouvir o zurro de um, reconciliação. Ver Burro, Jumento.
G. 07, 15, 18. D. 25, 57, 72. C. 070, 525, 658. M. 7560.

ASSADO Ver em sonhos um assado pressagia casamento. Comê-lo sugere sorte na loteria. Ver o preparo de um assado indica felicidade no amor.
G. 09, 11, 18. D. 33, 44, 72. C. 669, 744, 933. M. 6933.

ASSALTO Ver em sonhos um assalto pressagia sorte no jogo. Ser vitima de um sugere vida calma e prestígio social. Participar de um denuncia má reputação.
G. 01, 03, 07. D. 02, 12, 26. C. 604, 609, 926. M. 0109.

ASSASSINATO Ver em sonhos um assassinato avisa acerca de questões com a justiça. Participar de um pressagia desprestígio pessoal.
G. 02, 03, 06. D. 06, 09, 22. C. 323, 408, 609. M. 6623

ASSASSINO Ver em sonhos um assassino avisa sobre perigo de desastre. Ver a fuga de um sugere descontentamento. Prender um pressagia reatamento de amizade. Asilar um indica doença.
G. 07, 15, 19. D. 27, 60, 74. C. 327, 960, 974. M. 3357.

ASSEMBLÉIA Ver em sonhos a reunião de uma assembléia denuncia incerteza no futuro. Ver Sessão.
G. 06, 16, 20. D. 22, 64, 79. C. 064, 923, 980. M. 0577.

ASSINATURA Assinar em sonhos um papel anuncia bom resultado na profissão. Ver alguém assinar um documento denuncia amigos desleais.
G. 07, 20, 24. D. 21, 77, 94. C. 096, 279, 722. M. 9594.

ASSOBIO Ouvir em sonhos um assobio pressagia um mau negócio. Assobiar indica perigo.
G. 06, 21, 24. D. 24, 83, 95. C. 824, 882, 996. M. 6295.

ASPARGO(S) Ver-se em sonhos comendo aspargos denuncia uma situação embaraçosa. Sopa de aspargos sugere vontade de trabalhar.
G. 07, 08, 17. D. 26, 30, 65. C. 128, 367, 530. M. 1465.

ASTRO Ver em sonhos um corpo celeste pressagia uma viagem útil. Ver Estrela, Lua, Sol.
G. 16, 22, 23. D. 62, 88, 92. C. 084, 363, 689. M. 7290.

ASTRÓLOGO Ver um avisa sobre a necessidade de prudência nos negócios. Ser um pressagia incertezas.
G. 06, 24, 25. D. 22, 94, 00. C. 296, 699, 823. M. 8723.

ATA Ver-se em sonhos a assinar uma ata pressagia dificuldades próximas.
G. 14, 19, 20. D. 53, 73, 80. C. 055, 477, 973. M. 3473.

ATAQUE Atacar alguém em sonhos pressagia perigo de acidente; ser atacado sugere doença. Repelir um ataque significa esforço recompensado.
G. 19, 20, 21. D. 73, 77, 84. C. 880, 973, 982. M. 0373.

ATAÚDE Ver em sonhos um ataúde vazio pressagia falecimento de parente. Carregar um sugere prejuízos.
G. 17, 19, 24. D. 68, 75, 96. C. 268, 274, 994. M. 9594.

ATENTADO Ser vítima de um atentado denuncia a existência de inimigos audaciosos. Ver um pressagia confusão. Participar de um alerta sobre aventura perigosa.
G. 03, 10, 14. D. 12, 40, 55. C. 011, 540, 555. M. 3709.

ATOR Sonhar que se é ator avisa sobre uma situação embaraçosa.
G. 04, 06, 09. C. 13, 21, 33. C. 016, 633, 722. M. 7436.

ATRIZ Ver uma atriz pressagia decepções. Se uma moça sonha que é atriz, seus projetos poderão dar bom resultado. Se uma moça vê atrizes em sonho, isso significa a realização de um desejo.
G. 07, 09, 13. D. 27, 33, 49. C. 049, 527, 833. M. 5826.

ATROCIDADE Praticar em sonhos uma atrocidade simboliza obstáculos anulados. Ver alguém praticar uma, avisa contra desastre em negócio.
G. 14, 24, 25. D. 55, 95, 00. C. 055, 099, 894. M. 6900.

AUDIÊNCIA Ser recebido em sonhos, por um rei ou presidente, em uma audiência, pressagia sorte na loteria. Audiência de ministro avisa sobre luto na família.
G. 16, 19, 22. D. 64, 74, 88. C. 088, 264, 674. M. 1288.

AURORA Ver em sonhos o raiar da aurora anuncia felicidade. Ver Dia.
G. 21, 23, 25. D. 83, 92, 97. C. 692, 699, 783. M. 0889.

AUSÊNCIA Ver em sonhos uma pessoa ausente avisa sobre o recebimento de uma herança. O regresso de pessoa ausente pressagia tranqüilidade na vida.
G. 01, 22, 24. D. 03, 85, 94. C. 393, 404, 685. M. 1502.

AUTOMÓVEL Ver em sonhos um carro novo é um bom presságio. Mas, se for velho, pressagia dificuldade na vida. Um carro pequeno significa projeto realizável; grande, ambição e vaidade. Um carro com pintura nova sugere disposição para o trabalho ou pretensão amorosa; em movimento, amor satisfeito; movendo-se velozmente, desejo sexual que será satisfeito. Dirigir em sonhos um automóvel anuncia êxito profissional. Comprar um, embaraços em negócios; descer de um, desprestígio social. Ver Carro.

G. 08, 17, 20. D. 32, 68, 79. C. 068, 280, 632. M 9730.

AUTÓPSIA Ver em sonhos uma autópsia pressagia uma situação difícil. Ver-se fazendo uma indica falta de dinheiro. Ver-se sendo autopsiado avisa sobre enfermidade.

G. 09, 12, 13. D. 33, 45, 51. C. 033, 050, 447. M. 4946.

AUTOR Sonhar que se é autor de um livro simboliza desejo de progredir, que se realizará com esforço. Falar com um autor de livro ou de peça teatral indica dificuldades financeiras.

G. 10, 11, 14. D. 39, 43, 53. C. 739, 755, 942. M. 9640.

AUTORIDADE Sonhar que se exerce autoridade anuncia um negócio lucrativo. Falar com uma avisa sobre contrariedades.

G. 09, 13, 18. D. 33, 51, 72. C. 469, 549, 833. M. 5933.

AVALANCHE Ver em sonhos uma avalanche é sinal de perigo.

G. 08, 19, 21. D. 32, 73, 84. C. 230, 582, 873. M. 7984.

AVARENTO Ver um pressagia contrariedades. Falar com um avisa sobre gastos inúteis. Ser um indica grande prejuízo.

G. 03, 06, 24. D. 11, 21, 96. C. 522, 596, 709. M. 7024.

AVELÃ Ver avelãs na árvore pressagia negócios difíceis. Se estiverem caindo da árvore, avisam sobre traição. Comer avelãs anuncia uma viagem. Descascá-las indica uma herança. Ver Fruta.

G. 02, 03, 23. D. 08, 12, 89. C. 308, 492, 909. M. 5589.

AVE-MARIA Ouvir alguém rezar pressagia uma notícia triste. Ouvir um sino bater a Ave-Maria simboliza saudade de dias passados. Cantá-la sugere contentamento. Tocá-la em um instrumento, casamento.

G. 06, 09, 21. D. 22, 33, 83. C. 333, 683, 923. M. 7733.

AVENCA Ver em sonhos um pé de avenca prenuncia contrariedades. Ver-se a plantar uma sugere aborrecimentos. Ver alguém plantar uma, prejuízos. Arrancar um pé de avenca, preocupações.
G. 13, 14, 18. D. 50, 55, 70. C. 755, 850, 970. M. 4572.

AVENIDA Ver-se a andar por uma avenida anuncia preocupações. Ver uma sugere indecisão. Ver Estrada.
G. 14, 15, 16. D. 53, 58, 63. C. 258, 464, 653. M. 8762.

AVENTAL Ver-se usando um avental simboliza satisfação. Ver alguém de avental significa um amigo sincero. Várias pessoas de avental sugerem vida satisfeita. Fazer um avental anuncia pequenos lucros. Comprar um, boa sorte.
G. 10, 13, 19. D. 39, 49, 74. C. 539, 773, 949. M. 3139.

AVE(S) Em geral não são favoráveis os sonhos com aves de rapina, como coruja e gavião. O sonho com águia e condor pode ter bom significado. Abutre, urubu e outras aves que se alimentam de carniça não têm significado favorável. Ver em sonhos uma ave de penas coloridas, pousada em um galho de árvore, simboliza uma esperança que vai demorar a realizar-se. Se a ave for escura ou de asas pretas, surgirão dificuldades na vida de quem sonha. Uma ave de penas coloridas anuncia vida contente. Se estiver voando simboliza viagem. Em vôo rasteiro, embaraços no amor ou trabalho mal pago. Sobre o telhado, recebimento de dinheiro. Pousando no ombro de quem sonha, dinheiro inesperado. Aves em bando pressagiam prosperidade. Aves voejando em torno de quem sonha, perigo. Um casal de aves, voando a meia altura, simboliza boa sorte no amor, noivado ou casamento; em vôo muito alto, imprevistos na realização de desejos; pousando em um galho de árvore, amor calmo e feliz. Aves saindo do ninho anunciam nascimento de filho.
G. 01, 06, 23. D. 02, 24, 92. C. 004, 089, 924. M. 4191.

AVESTRUZ Ver em sonhos um avestruz no campo pressagia notícia de pessoa distante. Se estiver correndo anuncia viagem; andando, boa saúde e energia sexual. Dar comida a avestruz prenuncia bom futuro. Ver um avestruz estendendo o pescoço avisa sobre o perigo de ligação com mulher ambiciosa. Montar um avestruz sugere sorte no amor e prestígio social.

G. 05, 07, 24. D. 20, 26, 95. C. 226, 320, 594. M. 1428.

AVIÃO Sonhar com um avião imóvel no solo anuncia bons negócios. Se estiver levantando vôo, pressagia dinheiro ou êxito no amor. Ver em sonhos a queda de um avião avisa sobre a possibilidade de falência comercial ou perigos. Ver-se entrando em um avião simboliza decisão favorável ao êxito em negócios ou mudança de idéia. Descer de um avião que pousou no aeroporto indica boa solução de casos complicados ou de negócios difíceis. O sonho com avião pode também significar angústia e desejo de união sexual. Ver Aeroplano.

G. 06, 07, 25. D. 21, 28, 00. C. 328, 600, 822. M. 5024.

AVISO Os sonhos de aviso são favoráveis. Receber um aviso em um sonho pressagia boa sorte.

G. 05, 13, 15. D. 18, 51, 57. C. 050, 457, 920. M. 9657.

AVÔ, AVÓ, AVÓS Ver em sonhos um avô sugere necessidade de conselho. Ver uma avó pressagia melhoria de situação. Ver avós simboliza indecisão na solução de negócio ou tranqüilidade doméstica. Ver Parentes.

G. 02, 03, 11. D. 05, 09, 53. C. 205, 358, 411. M. 5806.

AZEITE Sonhar que negocia com azeite simboliza negócios normais. Beber azeite em sonhos é um bom aviso. Ver azeite em lata indica lucros materiais ou morais; em garrafa, boa situação.Temperar comida com azeite sugere boas relações sociais. Ver azeite derramado pressagia prejuízo.

G. 07, 09, 25. D. 28, 36, 60. C. 328, 336, 399. M. 9600.

AZEITONAS Comer azeitonas em sonhos pressagia um amor feliz. Cozinhá-las sugere solução favorável de assunto em litígio. Vê-las na árvore indica vida satisfeita e felicidade amorosa; no chão, trabalho mal remunerado. Plantar oliveiras prenuncia bons negócios.

G. 07, 10, 17. D. 26, 40, 68. C. 326, 468, 740. M. 7026.

AZOUGUE Quer esteja no vidro ou derramado, o azougue (mercúrio) não é um símbolo promissor em sonho.
C. 06, 12, 23. D. 24, 45, 92. C. 290, 347, 623. M. 7946.

AZULEJO(S) Novos e coloridos simbolizam satisfação de desejos. Quebrados, prejuízos e contrariedades. Pavimentação com azulejos prenuncia melhoria na profissão. Paredes com azulejos sugerem possibilidade de cargo oficial importante. Ver Ladrilhos.
G. 01, 18, 21. D. 03, 69, 84. C. 272, 784, 903. M. 7803.

B

BABADOR Ver em sonhos uma criança usando um babador é um presságio de casamento; ver a si mesmo usando um, prenuncia uma vida caseira. Ver-se a costurar um babador é um bom presságio.
G. 02, 10, 25. D. 06, 37, 97. C. 207, 498, 540. M. 7600.

BACALHAU Ver em sonhos um bacalhau anuncia a realização de esperanças; vários bacalhaus empilhados denunciam mesquinharia. Ver-se a pescar bacalhau é um indício de bons lucros; a vendê-lo, de um bom negócio; a comprá-lo, de deslealdade de pessoa conhecida; a comê-lo, de prejuízo; a cortá-lo, de mudança de emprego. Se uma mulher solteira sonha com bacalhau, isso é sinal de casamento; se for casada, de gravidez.
G. 01, 16, 17. D. 03, 64, 68. C. 504, 566, 863. M. 8002.

BACIA Sonhar com uma bacia cheia de água é um prenúncio de prosperidade. Se ela estiver vazia, prediz atraso nos negócios.
G. 08, 12, 25. D. 30, 46, 98. C. 097, 248, 829. M. 6048.

BAGAGEM Ver-se em sonhos a arrumar a própria bagagem é um anúncio de mudança ou viagem. Ver transporte de bagagem avisa sobre uma discussão acalorada. Ver-se a abrir bagagem prediz solução de assunto complicado. Sonhar que sua bagagem ficou retida na alfândega sugere possibilidade de grande prejuízo ou cobrança de dívidas.
G. 07, 10, 12. D. 21, 39, 45. C. 326, 639, 847. M. 9445.

BAILADO Ver em sonhos um bailado anuncia uma festa de casamento; ver-se a participar de um, prediz um convite amoroso. Ver Dança.
G. 11, 15, 22. D. 44, 59, 85. C. 244, 460, 488. M. 4285

BAILARINO Ver em sonhos um bailarino anuncia decepções. Ver-se como um bailarino denuncia que um esforço será inútil.
G. 17, 20, 23. D. 66, 77, 89. C. 090, 768, 879. M. 2089.

BAILE Ver em sonhos um baile simboliza uma boa situação; ver-se a dançar em um, felicidade no amor. Se for um baile carnavalesco, avisa contra prejuízos.
G. 23, 24, 25. D. 92, 94, 00. C. 089, 095, 799. M. 2990.

BAINHA Ver em sonhos a bainha de uma arma denuncia desejo sexual; se ela for de couro, sugere pensamentos grosseiros; se for de metal, necessidade de amparo.
G. 01, 15, 16. D. 02, 57, 62. C. 459, 603, 663. M. 3763.

BAIONETA Ver em sonhos uma baioneta é um aviso contra uma situação perigosa. Ver-se a empunhar uma denuncia desejo sexual. Ver soldados com baionetas pressagia agitação política.
G. 01, 08, 23. D. 03, 29, 89. C. 004, 292, 629. M. 0729.

BALA Ver Doce, Projétil.

BALANÇA O sonho com uma balança não é favorável: pressagia dificuldades, tristezas, doenças, inimizades.
G. 08, 15, 22. D. 32, 60, 88. C. 486, 532, 560. M. 5887.

BALÃO Sonhar com um balão no alto do céu denuncia que seu projeto é irrealizável. Se ele estiver subindo, simboliza desejo de ter uma companhia. Se estiver descendo, avisa que um perigo foi desfeito. Se estiver queimando, é prenúncio de lutas.
G. 02, 11, 24. D. 08, 43, 96. C. 305, 342, 693. M. 0241.

BALCÃO (Sacada) Sonhar que está em um balcão, olhando para a rua, é prenúncio de boa sorte. Se for de vidro, denuncia falta de iniciativa; se for de casa comercial, negócio sem movimento. Ver alguém em um balcão pressagia surpresas.
G. 20, 21, 23. D. 80, 84, 90. C. 877, 889, 982. M. 7784.

BALDE Sonhar com um balde cheio anuncia convalescença de pessoa amiga. Se estiver vazio, é anúncio de enfermidade; se estiver furado, de desunião familiar.
G. 18, 21, 24. D. 72, 83, 95. C. 584, 870, 896. M. 8682.

BALEIA Ver em sonhos uma baleia no mar é prenúncio de viagem. Se ela estiver morta, entretanto, pressagia uma doença prolongada. Ver-se a caçar baleias anuncia uma herança.
G. 02, 18, 23. D. 05, 72, 92. C. 469, 606, 796. M. 0169.

BANANA(S) Sonhar com bananas na bananeira, ainda verdes, é prenúncio de moléstia leve; se estiverem maduras, anunciam bom casamento ou nascimento de filho. Sonhar com um cacho de bananas, fora da bananeira, com as bananas verdes, simboliza que um projeto demorará para se realizar; se estiverem maduras, pressagia bom lucro. Banana(s) podre(s) denuncia(m) embaraços nos negócios ou nas amizades. Ver-se em sonhos a comer bananas sugere vontade de progredir. Ver banana(s) assada(s) anuncia um namoro feliz; cozida(s), trabalho recompensado. Ver Fruta.
G. 11, 15, 18. D. 42, 57, 69. C. 042, 459, 570. M 6658.

BANANEIRA(S) Ver em sonhos um bananal é anúncio de prosperidade. Bananeira com cacho pressagia boa situação financeira; caída, contratempos, doenças. Ver-se a plantar bananeira(s) prediz um futuro favorável.
G. 02, 11, 20. D. 08, 44, 79. C. 707, 844, 980. M. 2879.

BANCARROTA Ver Falência.

BANCO Sonhar com um banco de madeira é símbolo de promessas realizáveis. Se ele for de ferro, pressagia lucros; de pedra ou de cimento, indisciplina doméstica. Ver-se em sonhos sentado em um banco denuncia um amigo falso. Ver alguém sentado em um, prediz a chegada de notícias de pessoa ausente. Ver um banco em uma igreja avisa sobre operação cirúrgica. Ver um banco em jardim, com alguém sentado, simboliza surpresas.
G. 02, 03, 04. D, 06, 11, 13. C. 011, 215, 507. M. 5107.

BANCO COMERCIAL Ver-se em sonhos a entrar em um banco simboliza a existência de dívidas. Ver-se a sair de um, pressagia que as dificuldades financeiras serão resolvidas. Ver-se junto de um guichê, dentro de um banco, prediz ganho de dinheiro.
G. 06, 07, 25. D. 22, 26, 98. C. 098, 824, 926. M. 3423.

BANDEIRA Ver em sonhos uma bandeira hasteada é sinal de boas notícias; várias bandeiras anunciam a convalescença de amigo ou parente. Ver-se a hastear uma bandeira é prenúncio de progresso social. Uma bandeira desfraldada ao vento simboliza boa situação de quem sonha. Se estiver rasgada, é um mau presságio para os negócios; se for velha ou manchada, perda de ilusões. No mastro de um navio, anuncia o regresso de pessoa amiga. Se for de uma nação estrangeira, prenuncia viagem; se for de um clube esportivo, despreocupação. Ver Estandarte.
G. 01, 06, 09. D. 02, 22, 35. C. 503, 536, 885. M 4902.

BANDEJA Ver em sonhos uma bandeja cheia de copos denuncia uma vida irregular. Se estiver vazia, pressagia pobreza; com frutas, dinheiro; com serviço de chá ou de café, vida social fútil. Comprar ou vender bandejas no sonho simboliza prestígio na sociedade.
G. 03, 06, 10. D. 10, 21, 40. C. 322, 539, 909. M. 3821.

BANDIDO Ver em sonhos um bandido avisa sobre a possibilidade de uma agressão. Ver um bandido preso no cárcere pressagia doença grave de pessoa conhecida. Ver-se a ser agredido por um, pressagia morte de pessoa conhecida. Ver-se a matar um, simboliza boas notícias. Ver-se como membro de um grupo de bandidos indica que seus projetos se realizarão. Ver Ladrão.
G. 03, 15, 25. D. 12, 59, 98. C. 257, 509, 897. M. 3557.

BANHO Ver-se em sonhos tomando banho em um rio simboliza sexualidade estimulada; no mar, êxito no amor; no banheiro em casa, paz doméstica; de chuveiro, sorte no jogo. Ver-se a tomar banho quente prenuncia aborrecimentos; frio, necessidade de tratar da saúde. Ver alguém tomar banho anuncia uma viagem. Se a água estiver turva, pressagia aborrecimentos; limpa, obstáculos afastados. Ver Água.
G. 02, 11, 18. D. 07, 43, 72. C. 105, 642, 672. M. 5769.

BANQUEIRO Ver e falar a um banqueiro, em sonhos, pressagia uma boa situação econômica. Sonhar que é um banqueiro avisa contra prejuízos.
G. 16, 22, 25. D. 63, 85, 97. C. 664, 888, 998. M. 3200.

BAR Ver Taberna.

BARALHO Ver em sonhos um baralho pressagia confusão em seus planos. Jogar cartas prediz felicidade; ver alguém jogando, falta de sorte no jogo.
G. 01, 19, 23. D. 04, 75, 89. C. 204, 574, 690. M. 7674.

BARATA(S) Ver em sonhos muitas baratas é presságio de sorte no jogo. Se estiverem voando simbolizam notícias sem fundamento; se estiverem mortas, notícias de pessoa distante. Apanhar baratas anuncia a chegada de vizinhos novos. Matar uma avisa sobre falecimento de um inimigo.
G. 19, 20, 25. D. 73, 77, 00. C. 574, 799, 877. M. 0974.

BARBA Se um homem sonha que tem uma barba grande, espessa e bem tratada, isso simboliza virilidade ou bom êxito nos negócios. Se ela for negra, pressagia saúde, força e futuro sem novidades; ruiva, inteligência; branca, desejos que se realizarão; postiça, intrigas de pessoas inimigas. Sonhar que está com a barba feita é prenúncio de honrarias, prestígio social ou político. Não ter barba prenuncia recebimento de dinheiro. Cortar a barba é um bom presságio; mas a queda de cabelos da barba denuncia a falsidade de pessoas conhecidas. Fazer a barba a si mesmo denuncia um negócio sem resultado; fazer a barba de outro homem, prejuízo com dinheiro emprestado. Ver uma mulher barbada é sinal de casamento. Ver Cara.
G. 03, 15, 19. D. 12, 58, 75. C. 211, 459, 875. M. 9458.

BARBEIRO Ver em sonhos um barbeiro trabalhando avisa sobre a maledicência de um desafeto. Ver-se a entrar em salão de barbeiro pressagia intrigas.
G. 18, 19, 24. D. 69, 76, 94. C. 569, 695, 873. M. 8972.

BARCO Ver em sonhos um barco ancorado denuncia a indiscrição de outras pessoas, que revelam as idéias de quem sonha. Se o barco estiver navegando, pressagia boas notícias; se estiver naufragando, grande prejuízo em dinheiro. Um barco no horizonte simboliza desejos que não se realizam; em mar agitado pelo vento e com ondas altas, dificuldades nos negócios e projetos em discussão por autoridades. Ver-se navegando em um barco anuncia uma viagem proveitosa. Ver Batel.
G. 04, 12, 14. D. 13, 45, 55. C. 215, 448, 455. M. 0656.

BARÔMETRO Ver em sonhos um barômetro simboliza a inimizade de uma pessoa intrigante.
G. 04, 07, 09. D. 13, 27, 34. C. 228, 314, 433. M. 8234.

BARRACO Ver Tapera.

BARRICA Sonhar com uma barrica vazia simboliza falta de dinheiro; cheia, prosperidade na profissão; furada, prejuízo; rolando, prejuízo no exercício da profissão. Sonhar que enche uma barrica pressagia atividade proveitosa.
G. 08, 09, 13. D. 30, 34, 50. C. 049, 533, 730. M. 2435.

BASTÃO Empunhar em sonhos um bastão simboliza posição segura, prestígio profissional. Ver um bastão quebrado pressagia decadência nos negócios, afastamento de emprego ou de função. Bater em alguém com um bastão prediz a derrota de desafetos.
G. 05, 08, 09. D. 20, 29, 33. C. 536, 629, 920. M. 7720.

BATALHA Ver em sonhos uma batalha, à distância, é prenúncio do fim de dificuldades; se for uma batalha naval, de mudança de vida para melhor. Participar de uma batalha simboliza processo judicial ou doença. Comandar tropas em uma batalha prediz que inimigos serão vencidos. Ver Combate.
G. 05, 13, 16. D. 18, 49, 62. C. 017, 063, 952. M. 3817.

BATATA(S) Sonhar com batatas cruas simboliza problemas a resolver ou pretensão erótica difícil de realizar-se; com batatas cozidas, embaraços financeiros. Ver muitas batatas simboliza atividade profissional intensa. Ver-se em sonhos a plantar batatas sugere prejuízos em

negócios. Colher batatas é sinal de boa sorte. Cozinhá-las anuncia rompimento de namoro, noivado, ou ligação amorosa; comê-las, boas notícias de pessoa amiga. Servir-se de batatas fritas simboliza funções digestivas perturbadas, dispepsia. Purê de batatas representa êxito nos amores, situação favorecida pela sorte, amizades novas, despreocupação.
G. 01, 04, 16. D. 01, 16, 64. C. 014, 804, 962. M. 5961.

BATEL Ver-se a bordo de um batel parado indica situação difícil, processo judicial ou policial. Ver-se a viajar em um anuncia negócios que exigem viagens. Ver um batel atracado a um cais pressagia perda de emprego ou rebaixamento de função; encostado na areia da praia, aborrecimentos; afundando, possibilidade de ruína financeira. Comprar um sugere melhoria de vida; vendê-lo, recebimento de dinheiro. Ver Barco.
G. 15, 20, 22. D. 57, 80, 88. C. 786, 960, 979. M. 4680.

BATER Ver-se em sonhos a bater em alguém pressagia complicações na família, nos negócios ou na vida social.
G. 21, 22, 25. D. 84, 86, 99. C. 483, 488, 497. M. 4385.

BATERIA Ver em sonhos uma bateria de cozinha é um presságio favorável para a família ou para a vida em sociedade. Uma bateria de canhões simboliza notícias de pessoas ausentes.
G. 02, 21, 25. D. 07, 83, 99. C. 400, 407, 482. M. 7399.

BATIZADO Ver-se em sonhos presenciando um batizado é presságio de um bom emprego. Ser padrinho em um batizado prenuncia um amor contrariado.
G. 01, 17, 21. D. 03, 68, 82. C. 003, 583, 766. M. 3903.

BAÚ Sonhar com um baú fechado simboliza a solução negativa de uma iniciativa. Se ele estiver aberto, denuncia decepção relativa a promessa de pessoa conhecida. Se estiver aberto e cheio de dinheiro, pressagia um provento material inesperado, sem esforço, podendo vir por herança, casamento ou rendimentos. Vender um baú sugere dificuldade no exercício da profissão; comprar um, emprego modesto e vida de economias, mas melhoria de situação, no futuro. Um baú de madeira sugere vida modesta mas tranqüila; de metal, boa situação aparente,

mas sem recursos materiais. Esse sonho pode ser uma advertência sobre a necessidade de precaução.
G. 03, 16, 25. D. 12, 63, 00. C. 697, 712, 864. M. 9997.

BAZAR Ver-se em sonhos a entrar em um bazar denuncia uma vida ociosa. Fazer compras em um, pressagia uma profissão vantajosa.
G. 04, 11, 18. D. 14, 42, 69. C. 872, 913, 944. M. 2716.

BÊBADO Ver em sonhos um bêbado prenuncia um pequeno lucro em negócio complicado. Ver-se bêbado em um sonho alerta contra posição insegura no emprego. Sonhar que ampara um bêbado anuncia novos conhecimentos na sociedade. Ver Embriaguez.
G. 05, 09, 18. D. 20, 33, 69. C. 020, 170, 236. M. 0933.

BEBÊ Os sonhos com recém-nascidos têm bom significado. Ver um bebê anuncia novidades no lar. Sonhar que encontra um bebê enjeitado é sinal de boa sorte.
G. 09, 12, 14. D. 33, 46, 55. C. 153, 247, 636. M. 0148.

BEBER Sonhar que se bebe água significa felicidade próxima; vinho, convalescença; aguardente, enfermidade ou rompimento de amizade; cerveja, bom ordenado e promessa de melhoria de finanças; champanha, imprevidência e possibilidade de maus negócios; refresco, vida modesta mas calma e sem perigos; refresco engarrafado, temporada feliz mas sujeita a mudanças no futuro; uísque, vida fútil e sem consciência dos problemas do momento, ou ameaça de doença grave, demorada e dispendiosa. Ver Álcool, Bebidas, Taberna.
G. 03, 10, 12. D. 09, 40, 46. C. 340, 611, 646. M. 1511.

BEBIDA(S) Sonhar com uma bebida engarrafada simboliza prazeres noturnos ou projetos irrealizáveis. Abrir em sonhos uma garrafa de bebida avisa sobre temeridade que pode resultar em desastre. Se a bebida estiver fresca, simboliza prudência proveitosa, especialmente quando se tratar de pessoa de poucos recursos. Se estiver gelada, descanso no futuro. Sonhar que se vendem bebidas pressagia negócios normais; comprar bebidas anuncia esperança de melhoria no emprego. Ver-se derramando bebidas alerta contra gastos inúteis e prejuízos inesperados. Ver Beber, Cerveja, Vinho.
G. 06, 12, 13. D. 24, 47, 50. C. 323, 748, 850. M. 8349.

BEIJOS(S) De um modo geral, os sonhos com beijos têm bom significado. Beijar em sonhos o pai ou a mãe é um bom presságio. Beijar o rosto de alguém significa boa saúde. Beijar um cadáver indica que o organismo está em boas condições. Beijar uma criança pressagia comércio lucrativo. Se uma jovem ou mulher sonha que beija um rapaz, isso denuncia desejo de amar, sexo recalcado ou insatisfeito. Beijar em sonhos uma pessoa idosa prediz sorte nos jogos; o namorado ou a namorada, casamento; o retrato de um homem, amores novos.
G. 07, 08, 18. D. 26, 32, 71. C. 032, 527, 669. M. 3328.

BÊNÇÃO O significado de um sonho onde se recebe uma bênção depende de quem a dá. Se for pai, mãe, padrinho ou tio, simboliza tranqüilidade; um sacerdote, morte de alguém; uma pessoa desconhecida; necessidade de evitar novos compromissos ou negócios; uma mulher idosa, necessidade de tratar da saúde.
G. 06, 08, 21. D. 22, 30, 82. C. 224, 584, 830. M. 6483.

BENGALA Ver-se em sonhos usando uma bengala é um aviso para ter cautela com inimigos. Ver uma bengala nas mãos de alguém avisa sobre processo judicial, intrigas, perigo. Aplicar bengaladas em alguém pressagia um escândalo notório. Receber bengaladas de outrem prediz acusações em justiça. Segundo a psicanálise, a bengala é um símbolo do membro viril. Quando se sonha que se empunha uma bengala, o sonho pode significar desejo de praticar o ato sexual, sendo o significado válido para o homem e a mulher, sejam eles solteiros ou casados.
G. 01, 06, 11. D. 03, 24, 42. C. 342, 624, 902. M. 4122.

BERÇO Ver em sonhos um berço é presságio do nascimento de uma criança. Ver-se comprando um, anuncia parto feliz. Ver-se a balançar um, é anúncio de viagem. Ver uma criança imóvel em um berço avisa sobre perigo de morte prematura.
G. 12, 21, 25. D. 45, 84, 97. C. 182, 346, 000. M. 4784.

BESOURO Os sonhos com besouros não são favoráveis. Ver um deles voando alerta contra maledicência de pessoas inimigas. Se estiver voejando e zumbindo, denuncia boatos falsos a respeito de quem sonha. Muitos besouros simbolizam convivência com ignorantes.
G. 22, 24, 25. D. 85, 93, 97. C. 494, 498, 885. M. 6899.

BESTA(S) Ver em sonhos uma besta simboliza que a pessoa tem um inimigo incansável. Se ela estiver correndo, pressagia falta de dinheiro; se estiver escoiceando, prediz processo judicial contra um desafeto ou inimigo condenado. Várias bestas em disparada denunciam um negócio sem proveito; atreladas em um carro ou carruagem, aborrecimentos. Ver-se colocando cabresto em uma besta simboliza vitória em questão judicial. Ver-se montando uma besta pressagia uma aventura amorosa de pouca duração; comprando uma, prêmio de loteria; vendendo uma, compromisso desvantajoso.
G. 17, 18, 22. D. 65, 69, 88. C. 368, 370, 686. M. 2966.

BEXIGA(S) Ver Doença.

BEZERRO(S) Ver em sonhos um bezerro é presságio de transações proveitosas. Se ele for magro, previne contra compromissos onerosos. Muitos bezerros vistos em sonhos alertam contra excesso de trabalho.
G. 01, 15, 19. D. 01, 60, 74. C. 104, 575, 959. M. 8575.

BIBELÔ Ver em sonhos um bibelô simboliza o desejo de uma vida tranqüila. Se ele estiver caindo no soalho e quebrando-se, pressagia desilusão e tristezas.
G. 06, 18, 25. D. 21, 70, 79. C. 822, 898, 969. M. 1670.

BÍBLIA Sonhar com uma Bíblia fechada simboliza um sentimento de desamparo. Se ela estiver aberta, prediz resolução favorável aos planos em mente. Ver em sonhos alguém lendo uma Bíblia é um bom presságio.
G. 08, 15, 17. D. 30, 59, 66. C. 032, 458, 666. M. 9431.

BIBLIOTECA Sonhar com uma biblioteca com muitos livros pressagia uma profissão absorvente. Mas, se ela estiver vazia, prediz desemprego e dificuldades. Sonhar que se entra em uma biblioteca previne contra um problema que necessita de solução.
G. 03, 11, 12. D. 11, 43, 45. C. 512, 447, 644. M. 9846.

BICHO(S) Ver Animais.

BICHO-DA-SEDA Ver bichos-da-seda em sonhos simboliza prosperidade econômica e progresso na profissão.
G. 03, 10, 12. D. 11, 38, 47. C. 348, 609, 939. M. 1639.

BICICLETA Ver-se em sonhos andando em uma bicicleta é presságio de uma atividade bem remunerada. Ver-se percorrendo uma estrada, pedalando em uma bicicleta, é um aviso de possível acidente sério. Comprar uma bicicleta pressagia um negócio arriscado; vendê-la, desilusão. Segundo a psicanálise, a bicicleta é um veículo simbólico de desejo sexual, no homem e na mulher.
G. 07, 09, 10. D. 26, 36, 37. C. 240, 525, 733. M. 8028.

BIFE Ver-se em sonhos fazendo um bife na grelha é presságio de êxito na profissão.
G. 05, 10, 15. D. 18, 37, 57. C. 317, 940, 960. M. 3260.

BIGODES Os sonhos com bigodes, barba, cabeleira, têm, de modo geral, significado erótico. O excesso de cabelos na cabeça e no rosto relaciona-se com o desejo e a fisiologia sexuais, no homem e na mulher, como também com a saúde em geral. Ver em sonhos bigodes espessos e escuros ou grossos pressagia êxito nos amores, potência viril. Bigodes pretos predizem pobreza; brancos, doença; louros: moléstia passageira; compridos, aumento de propriedades; curtos, desavenças na família. Ver-se cortando bigodes avisa contra prejuízos. Raspá-los sugere embaraços na profissão. Ver Cara.
G. 02, 11, 19. D. 05, 44, 76. C. 108, 243, 577. M. 6606.

BIGORNA Ver em sonhos uma bigorna simboliza desavença entre marido e mulher, entre amantes ou namorados. Ver-se batendo ferro com malho em uma bigorna sugere desquite, separação de casal. Ver alguém trabalhando em uma bigorna denuncia intrigas. Uma bigorna quebrada pressagia situação pessoal desagradável.
G. 02, 10, 15. D. 05, 40, 58. C. 059, 338, 806. M. 4437.

BILHAR Ver-se em sonhos em um salão de bilhar simboliza desgosto na profissão. Ver-se jogando anuncia desemprego temporário. Ver outros jogadores pressagia desunião na família.
G. 12, 15, 17. D. 46, 58, 66. C. 047, 159, 368. M. 4859.

BILHETE Ver-se em sonhos escrevendo um bilhete denuncia leviandade. Receber um pressagia calúnias, intrigas; ler um, conselho proveitoso relativo à profissão. Sonhar com um bilhete de amor avisa sobre a revelação de um segredo pessoal. Um bilhete de loteria é um bom presságio, se tiver números claros.
G. 05, 13, 23. D. 20, 51, 91. C. 220, 389, 549. M. 4820.

BINÓCULO Ver-se em sonhos usando um binóculo simboliza ambição. Ver-se usando-o em um teatro ou lugar público pressagia futuro pouco favorável. Ver um binóculo de marfim ou de madrepérola é presságio de vida social agradável. Um binóculo quebrado prediz mudança de vida.
G. 03, 22, 23. D. 12, 86, 90. C. 210, 885, 890. M. 3491.

BISCOITO(S) Esse termo é usado em geral para designar os produtos mais refinados e caros. Ver-se em sonhos a comer biscoitos simboliza alegrias. Ver-se a fazê-los, melhoria de vida ou de emprego. Comprá-los pressagia bons rendimentos. Vendê-los, prosperidade comercial. Ver-se dando biscoitos a alguém sugere ociosidade, diversões. Ver biscoitos em lata prediz que seus planos se realizarão. (Vide bolacha(s)).
G. 01, 17, 22. D. 03, 68, 85. C. 066, 686, 703. M. 5504.

BISPO Ver em sonhos um bispo pressagia melhoria de posição financeira e social. Ver-se recebendo a bênção de um indica que a saúde exige cuidados médicos. Falar com um sugere preocupações, necessidade de conselhos. Ver um bispo com paramentos de missa pressagia falecimento de autoridade. Vê-lo abençoando na rua, anuncia compromisso entre jovens; dentro da igreja, casamento. Ouvir um bispo falar sugere necessidade de mudança na conduta. Ver Abade.
G. 01, 17, 18. D. 02, 65, 69. C. 304, 872, 966. M. 1268.

BOCA Ver em sonhos uma boca aberta e com bons dentes é um bom presságio para a saúde e para os amores. Se ela estiver fechada, pressagia incertezas; sem dentes, desgostos; grande, situação normal. Sonhar que não pode abrir a boca é aviso de grande perigo, necessidade de cautela na rua ou em viagem.
G. 04, 16, 19. D, 16, 64, 73. C. 213, 363, 573. M. 7473.

BODAS DE OURO Ver-se em sonhos a celebrar bodas de ouro é sinal de doença que necessita de cirurgia.
G. 09, 11, 23. D. 33, 42, 91. C. 292, 635, 744. M. 8544.

BODAS DE PRATA Ver-se em sonhos a celebrar bodas de prata prenuncia contrariedades na família.
G. 11, 13, 22. D. 41, 49, 88. C. 050, 188, 843. M. 9842.

BODE Ver em sonhos um bode pressagia uma decisão a ser tomada na vida erótica. Se ele estiver pastando, simboliza fidelidade de mulher amiga. Se estiver amarrado, desejo de vingança; correndo, união desfeita. Vários bodes denunciam libertinagem; um bode acompanhando uma cabra, desejos insatisfeitos. Ouvir o berro de um bode denuncia vida irregular com mau resultado.
G. 03, 10, 15. D. 10, 39, 60. C. 258, 512, 939. M. 8309.

BOFETADA Ver-se em sonhos a esbofetear alguém simboliza paz doméstica. Ver-se a receber uma bofetada sugere inimigo vencido, dificuldade resolvida. Ver Tapa.
G. 03, 05, 16. D. 11, 18, 62. C. 109, 863, 917. M. 9211.

BOI(S) Ver em sonhos um boi no pasto denuncia excesso sexual.
Se ele for gordo, pressagia felicidade no jogo; se for magro, discussões com mulheres. Se for branco, prediz o nascimento de uma criança; preto, luto; malhado, aborrecimentos na família. Se estiver correndo, anuncia maus negócios; se estiver atrelado, tranqüilidade doméstica; morto, inimigo incapaz de molestar o sonhador; esquartejado, sorte no jogo. Se estiver correndo na direção de quem sonha, indica necessidade de tratamento médico. Muitos bois vistos no sonho pressagiam boa situação econômica; bois brigando, vida irregular. Ouvir o mugido de um boi simboliza sexo insatisfeito; ver um boi sem chifre, tentativa de conquista amorosa sem resultado, cansaço ou perigo de impotência. Ver-se no sonho a comprar um boi prediz vantagem comercial ou profissional; vendê-lo anuncia resolução de dificuldade.
G. 03, 11, 21. D. 12, 41, 82. C. 010, 184, 442. M. 6483.

BOLA(S) Ver em sonhos uma bola anuncia destino favorável; ver muitas sugere embaraços. Divertir-se com uma bola pressagia atividades lucrativas; ver um grupo de pessoas jogando bola simboliza perplexidade de quem sonha diante de fatos imprevistos. Ver uma bola rolando na relva anuncia doença na família; se ela for jogada para o alto, anuncia surpresa pouco favorável para quem sonha. Ver uma bola de bilhar pressagia horas de distração; ver várias bolas que se movem em um bilhar indica procura de melhoria de vida ou emprego como vendedor.
G. 02, 03, 21. D. 05, 10, 83. C. 012, 383, 607. M. 9711.

BOLACHA(S) Esse nome é usado geralmente para designar os biscoitos mais baratos e populares, por isso, quem só pode comprar "bolachas" provavelmente não está em boa situação financeira. Ver-se em sonhos a comer bolachas simboliza a cura de uma doença. Ver-se a comprá-las pressagia um mau negócio; a fabricá-las, viagem próxima. Bolachas em lata simbolizam esperança realizável. Bolachas de água e sal, boa vida. Bolacha em pacote, bom ordenado futuro ou mudança de emprego para melhor. (Vide biscoito(s).)
G. 03, 14, 23. D. 10, 53, 92. C. 292, 555, 710. M. 5053.

BOLO(S) Ver em sonhos um bolo na mesa anuncia uma proposta que deve ser examinada ou a solução inesperada de uma situação. Ver um bolo de festa familiar, casamento ou aniversário, simboliza boa saúde ou desejo de ganhar muito dinheiro. Ver-se a comer um pedaço de bolo pressagia rompimento de namoro ou de noivado; oferecer a alguém um pedaço de bolo simboliza reconciliação. Ver-se a fazer um bolo prediz noivado ou casamento; queimá-lo indica sorte na loteria. Comprar um bolo significa prejuízo; vender, ocupação sem resultado. Ver vários bolos pequenos é presságio de satisfação próxima.
G. 04, 17, 12. D. 15, 68, 86. C. 386, 668, 913. M. 2785.

BOLSA Ver em sonhos uma bolsa grande e fechada é sinal de boa posição social. Se estiver aberta, sugere dificuldades, problemas difíceis de resolver. Uma bolsa vazia prediz prêmio na loteria; cheia de dinheiro, mudança de emprego.
G. 16, 20, 21. D. 63, 80, 81. C. 483, 880, 964. M. 3364.

BOMBA Ver em sonhos uma bomba é um aviso sobre a necessidade de cautela em viagem, na estrada ou na rua, pois há perigo de desastre. Sonhar com a explosão de uma bomba é um mau presságio; sugere ameaça à integridade física em desastre. Já sonhar com bombas de festa junina ou de festejo público pressagia boas amizades, atividades lucrativas. Ver Armas.
G. 07, 10, 25. D. 28, 37, 99. C. 199, 426, 939. M. 4026.

BOMBEIRO(S) Sonhar com um carro de bombeiros em movimento é presságio de conclusão de negócio ou de assunto pessoal com bom resultado. Ver um bombeiro sugere situação normal. Ver ou falar em sonhos com um bombeiro hidráulico (operário que conserta encanamentos) alerta contra uma situação desfavorável.
G. 01, 8, 14. D. 02, 32, 55. C. 030, 703, 853. M. 1229.

BOMBOM Ver Doces.

BONDE Sonhar com um bonde em movimento pressagia alterações nos negócios. Ver-se em um bonde em movimento sugere possibilidade de viagem ou de mudança de endereço. Ver um bonde descarrilado simboliza prejuízos: parado, dificuldades; com passageiros, planos sem base.
G. 09, 11, 14. D. 35, 42, 53. C. 542, 555, 935. M. 5455.

BONÉ Ver-se em sonhos usando um boné simboliza o desejo de ganhar dinheiro. Ver alguém usando-o pressagia que sua ambição será satisfeita. Comprar um boné indica desejos satisfeitos; dar um boné a alguém, felicidade no amor.
G. 04, 08, 11. D. 14, 29, 43. C. 129, 314, 443. M. 9215.

BONECA Ver em sonhos uma boneca anuncia mudança ou viagem. Se ela estiver quebrada, denuncia intrigas. Ver-se comprando uma boneca simboliza despreocupação. Dar uma boneca de presente sugere intranquilidade doméstica.
G. 01, 02, 03. D. 02, 07, 09. C. 405, 802, 812. M. 6605.

BONINA Ver em sonhos boninas no campo simboliza satisfação inesperada. Ver um ramalhete de boninas pressagia trabalho mal pago.
G. 14, 16, 19. D. 53, 64, 75. C. 164, 354, 874. M. 7274.

BÔNUS Ver em sonhos bônus de títulos pressagia pequenos rendimentos.
G. 01, 05, 14. D. 01, 20, 55. C. 202, 419, 554. M. 7904

BORBOLETA(S) Ver em sonhos uma borboleta voando é presságio de rompimento com a pessoa amada. Se ela estiver dentro de casa, indica questão com o fisco. Muitas borboletas simbolizam felicidade ou sorte na loteria. Borboletas pousadas em flores ou em folhas de árvores são sinal boa sorte. Ver-se matando uma borboleta é presságio de morte de pessoa inimiga.
G. 01, 04, 22. D. 04, 13, 86. C. 303, 514, 985. M. 4486.

BORDADO Ver-se em sonhos fazendo um bordado simboliza a realização de um desejo. Ver alguém bordando pressagia a recompensa de esforços. Comprar bordados pressagia alegrias; vendê-los, bom futuro. Assistir em sonhos a uma exposição de bordados é presságio de boas notícias.
G. 05, 11, 24. D. 18, 42, 95. C. 396, 420, 444. M. 9344.

BORDEL Ver em sonhos um bordel é presságio de uma situação perigosa. Ver-se entrando em um denuncia pensamentos atribulados, inquietação ou doença mental.
G. 15, 16, 22. D. 58, 63, 88. C. 557, 564, 788. M. 3264.

BOSQUE Ver-se em sonhos na entrada de um bosque sugere boa situação moral e física. Ver-se dentro dele prenuncia más notícias. Ver-se a dormir em um bosque pressagia negócios bem resolvidos. Cortar árvores em um indica enfermidade prolongada. Abrir estrada dentro de um, melhoria profissional. Ver Floresta, Mato.
G. 02, 07, 10. D. 07, 28, 37. C. 005, 040, 727. M. 0837.

BOTÃO Ver em sonhos um botão pressagia conhecimento de pessoa de outro sexo, início de ligação amorosa, possibilidade de ventura no amor. Ver vários botões simboliza projetos não realizados. Ver-se a costurar botões prediz a cura de doença de parente ou pessoa conhecida. Sonhar com a queda de botões na roupa indica falta de sorte no jogo. Botão de osso simboliza atraso na vida; de metal, dívidas.
G.07, 16, 19. D. 28, 63, 76. C. 473, 725, 864. M. 9962.

BOTA(S) Sonhar com botas novas é sinal de bom êxito em todas as iniciativas; com botas velhas, vantagens perdidas. Botas de verniz denunciam disfarce da situação real. Sonhar com botas em uma vitrina avisa sobre dificuldades passageiras. Ver-se descalçando as botas pressagia um período de descanso; comprando-as, vantagens demoradas; vendendo-as, trabalho sem proveito. Ver Calçados.
G. 08, 16, 21. D. 29, 61, 84. C. 562, 630, 882. M. 2431.

BOTICA Ver Farmácia.

BOTINA(S) Sonhar com botinas novas pressagia discussão com mulheres. Se forem de verniz, predizem falta de dinheiro; de pelica, bom emprego. Se forem velhas, trabalho mal pago. Ver Calçados.
G. 01, 06, 25. D. 01, 21, 99. C. 100, 204, 623. M. 2804.

BRACELETE Ver-se em sonhos usando um bracelete é anúncio de boas amizades. Receber um é presságio de casamento; comprar, de noivado; vender, de prejuízos em dinheiro. Um bracelete quebrado anuncia doença grave de pessoa conhecida.
G. 10, 18, 21. D. 39, 72, 84. C. 284, 438, 972. M. 4783.

BRAÇO(S) Ver em sonhos os próprios braços é um bom sinal. Braços alvos pressagiam boa saúde; sujos, rompimento de namoro; cabeludos, boa sorte no jogo; compridos, ambições de difícil realização; com ferimentos, boas notícias; magros, tristezas; inchados, parentes com dinheiro; musculosos, restabelecimento de doença ou profissão rendosa. Sonhar que tem o braço direito cortado é presságio de morte na família. Se for o esquerdo, a morte é de uma mulher; se forem os dois braços, o sonho indica grandes dificuldades financeiras ou doença prolongada. Braços femininos alvos sugerem desejo de constituir família; se forem cabeludos, predizem o encontro de uma mulher livre.
G. 02, 08, 16. D. 08, 32, 61. C. 205, 229, 862. M. 8307.

BRASEIRO Sonhar com um braseiro cheio de brasas acesas simboliza uma aventura amorosa. Um braseiro com brasas apagadas sugere desinteresse por tudo que não apresente resultado prático. Ver Carvão.
G. 04, 11, 23. D. 16, 44, 89. C. 244, 413, 590. M. 5441.

BRILHANTE Ver em sonhos um brilhante em uma vitrina é sinal de sorte desfavorável; um brilhante em anel é bom presságio. Comprá-lo pressagia prejuízos; vendê-lo, obstáculo afastado. Ver-se em sonhos a lapidar brilhantes prediz profissão bem remunerada. Receber um brilhante prediz prejuízos. Ver Pedra Preciosa.
G. 05, 06, 07. D. 19, 22, 27. C. 022, 426, 520. M. 6827.

BRINCO Ver Pedra Preciosa.

BRINQUEDO Ver brinquedos em sonhos é sinal de boa sorte. Dar brinquedos é presságio de um período feliz. Quebrar brinquedos em sonhos é um aviso contra doenças.
G. 05, 09, 12. D. 17, 35, 45. C. 034, 246, 519. M. 7345.

BRUXA Ver Feiticeiro.

BULE Ver Cafeteira.

BURACO Ver em sonhos um buraco é presságio de perigos. Ver-se a cavar um buraco simboliza trabalho sem proveito. Tapar um buraco anuncia um bom futuro. Ver um buraco em uma parede denuncia intrigas de desafetos; um buraco na roupa simboliza tristezas. Ver Cavar.
G. 05, 13, 15. D. 19, 49, 58. C. 557, 817, 952. M. 5551.

BURIL Ver-se em sonhos a usar um buril simboliza trabalho proveitoso. Comprar um pressagia pouco dinheiro; vender um, emprego sem futuro.
G. 02, 12, 21. D. 06, 47, 83. C. 548, 684, 907. M 9547.

BURRO Ver em sonhos um burro é um bom agouro: indica negócios proveitosos. Se estiver carregado, anuncia um legado por testamento; correndo, transações proveitosas; comendo, ganho de causa na justiça; no pasto, preocupações. Ver-se montado em um burro anuncia o ganho de prêmio na loteria. Cair de um burro avisa sobre um perigo afastado. Receber um coice de burro sugere desavenças. Arrear um burro, bons negócios. Ouvir um burro zurrar anuncia pazes a serem feitas com pessoa conhecida. Ver as orelhas de um burro prediz morte na família. Os sonhos com burros são favoráveis para as mulheres. Ver Asno.

G. 07, 12, 19. D. 26, 46, 73. C. 327, 874, 948. M. 3945.

BÚSSOLA Ver-se em sonhos a olhar uma bússola anuncia a possibilidade de uma viagem. Ver uma bússola quebrada prediz emprego de energia para a solução de caso complicado.

G. 17, 21, 22. D. 65, 84, 88. C. 868, 982, 986. M. 0486.

BUSTO Ver em sonhos o próprio busto significa que a pessoa será alvo de uma homenagem. Ver o busto de outrem anuncia melhoria de saúde ou negócios favorecidos. Ver em sonhos um busto de mulher com seios à mostra denuncia desejo de posse. Ver um busto de gesso de personagem importante pressagia melhoria na situação. Um busto de gesso ou mármore quebrado avisa sobre um acidente em veículo.

G. 05, 10, 25. D. 20, 40, 99. C. 339, 497, 720. M. 2840.

BUZINA Ouvir em sonhos um toque de buzina é anúncio de notícias alegres. Ver-se a negociar com buzinas simboliza uma atividade proveitosa.

G. 02, 12, 17. D. 07, 45, 66. C. 508, 547, 866. M. 1808.

C

Ver em sonhos a letra C é prenúncio de preocupações. Escrevê-la simboliza embaraços.
G. 05, 06, 10. D. 20, 24, 38. C. 440, 719, 923. M. 9722.

CABAÇA Ver em sonhos uma cabaça é um aviso contra falsas amizades. Ver-se a segurar uma é prenúncio de contrariedades. Se estiver vazia, pressagia obstáculos.
G. 10, 20, 22. D. 39, 78, 85. C. 385, 438, 779. M. 4785.

CABANA Ver em sonhos uma cabana pressagia uma vida modesta. Entrar em uma prediz uma mudança; sair, pequenos prejuízos. Construir uma cabana sugere promoção no emprego. Ver uma cabana incendiando avisa sobre doença de pessoa amiga. Uma cabana em ruínas é sinal de más notícias. Ver Tapera.
G. 05, 07, 16. D. 18, 25, 64. C. 117, 527, 562. M. 8326.

CABEÇA O significado de uma cabeça vista em um sonho depende de seu aspecto. Se ela tiver muitos cabelos negros, pressagia boa saúde e virilidade. Com cabelos louros indica disposição ao trabalho. Sem cabelos, iniciativas proveitosas. Uma cabeça com cabelos brancos sugere vida calma. Uma cabeça pequena simboliza prejuízo em negócio; grande, prosperidade. Uma cabeça ensangüentada pressagia desemprego; decepada, falsidade de pessoas conhecidas. Ver-se a lavar a cabeça simboliza um perigo afastado. Receber de presente a cabeça de um animal anuncia vitória em uma questão judicial. Cortar a cabeça de alguém significa a derrota de inimigos. Ver uma cabeça de frango ou de galinha sugere situação favorável nas ocupações. Ver a cabeça de uma pessoa morta avisa sobre a existência de inimigos perigosos.
G. 05, 07, 08. D. 17, 28, 30. C. 119, 228, 332. M. 7229.

CABELO(S) O significado dos cabelos vistos em sonhos depende de seu aspecto. Se forem pretos, simbolizam virilidade e êxito nos amores. Louros, muitos namoros ou profissão bem recompensada. Gri-

salhos, negócios sem lucro. Brancos, boa saúde. Curtos, negócios pouco lucrativos. Compridos, complicações, inimizades ou questão judicial. Bem penteados, noivado ou casamento. Crespos, felicidade nos amores. Lisos, separação de namorados ou de amantes. Emaranhados, viagem. Enrolados ou cacheados, possibilidade de mudança de situação para melhor. Abundantes, breve restabelecimento de doença grave. Perfumados, regresso de viagem de pessoa amiga. Ver os cabelos crescerem pressagia prosperidade e boa situação social. Queda de cabelos prediz prêmios na loteria ou sorte no jogo. Ver-se a cortar cabelos simboliza discussões ou desavenças na família. Ver rasparem-se os cabelos avisa sobre uma situação complicada que exigirá inteligência para a sua solução. Ver cabelos de mulher sugere preocupações com pessoas do sexo feminino, perda de dinheiro ou diversões caras. Se estiverem presos em tranças, sugerem possibilidade de bom casamento, sinceridade afetiva; se estiverem soltos, alertam contra pessoa conhecida mal intencionada. Ver-se a beijar os cabelos de alguém é aviso de divórcio, desquite, rompimento de amizade amorosa, noivado desfeito. Queimar cabelos é sinal de reconciliação. Arrancar cabelos, de morte de inimigo. Ver-se com cabelos nas palmas das mãos ou dos pés é um bom presságio, sugere sorte no jogo. Ver-se com o rosto coberto de cabelos pressagia um noivado. Ver cabelos postiços em uma vitrina anuncia despesas inesperadas; guardar cabelos postiços em gaveta avisa sobre um convite para reunião festiva. Ver Cara.
G. 07, 21, 23. D. 28, 83, 90. C. 283, 526, 889. M. 6190.

CABIDE Ver em sonhos um cabide com roupa é sinal de prosperidade; sem roupa, de prejuízo. Um cabide com chapéus simboliza boas relações na sociedade. Um cabide com roupa, dentro de um armário, sugere posição sólida no mundo comercial ou social. Um armário cheio de cabides vazios alerta acerca da necessidade de economia e sobre uma possível mudança de situação.
G. 07, 24, 25. D. 27, 94, 97. C. 196, 625, 997. M. 0396.

CABOCLO(S) Ver em sonhos um caboclo é presságio de viagem próxima; muitos caboclos sugerem prosperidade nos trabalhos agrícolas. Ver uma cabocla é um bom presságio para o amor e o dinheiro. Ver-se a abraçar uma cabocla prenuncia desilusão.
G. 06, 18, 24. D. 23, 70, 93. C. 624, 969, 995. M. 3395.

CABRA(S) Ver em sonhos uma cabra pressagia uma temporada de vida calma. Um bando de cabras anuncia aumento na família. Uma cabra com um cabrito sugere tranqüilidade doméstica; com um bode, aumento de bens. Uma cabra preta é um bom sinal para os negócios; se for branca, indica êxito no comércio. Ver-se a comer carne de cabra, assada ou cozida, anuncia uma herança. Ver uma cabra de chifres compridos anuncia dificuldades, complicações com parentes e amigos; cabra de chifres curtos pressagia boas amizades. Uma cabra magra avisa sobre trabalho pouco lucrativo. Cabras e cabritos pelos montes são um bom presságio, indicam prosperidade e bom tempo. Ver-se a matar uma cabra prediz a chegada de notícias de pessoa distante.
G. 02, 08, 14. D. 05, 29, 55. C. 255, 532, 605. M. 0530.

CAÇADA Participar em sonhos de uma caçada pressagia um aumento de bens. Ver-se a matar animais em uma caçada sugere sorte no jogo.
G. 07, 10, 16. D. 25, 40, 62. C. 238, 462, 927. M. 0862.

CACHAÇA Ver Aguardente.

CACHIMBO Ver em sonhos um cachimbo avisa sobre perigo de incêndio. Ver-se a procurar um cachimbo simboliza aborrecimentos no lar. Comprar um sugere casamento sem harmonia. Enchê-lo de fumo indica despreocupação, lar tranqüilo; acendê-lo, amor feliz; fumar nele, bons negócios. Ver-se a quebrar um cachimbo prediz preocupações passageiras.
G. 06, 20, 25. D. 23, 78, 97. C. 322, 679, 699. M. 2880.

CACHORRO(S) Ver em sonhos um cachorro dormindo indica a necessidade de prudência com um inimigo. Se forem muitos, pressagiam prejuízos monetários. Se estiverem brigando, simbolizam desarmonia em casa. Um cachorro ao lado de uma cadela sugere desavença de casal, legítimo ou ilegítimo. Um cachorro brigando com um gato, luta entre desconhecidos. Se o cachorro do sonho estiver mordendo, prediz prejuízos em dinheiro ou infelicidade. Se estiver doido, notícias ruins sobre pessoa ausente ou prejuízos. Se for branco, pressagia doença em casa; preto, morte na família; gordo, sorte no jogo. Se for um galgo, in-

dica ambição satisfeita; um bulldog, necessidade de medidas preventivas de falência ou desastre financeiro. Se for um cachorrinho doméstico de estimação, pensamentos tristes ou ocupação inútil. Ver um cachorro vira-lata correndo avisa sobre a necessidade de afastar-se da loteria ou de casas de jogos. Possuir um cachorro pressagia felicidade no amor. Brincar com um, infidelidade. Dar comida a um, projetos irrealizáveis. Ouvir o latido de um cachorro avisa sobre uma questão judicial. Ser mordido por um cachorro simboliza questão judicial.
    G. 12, 14, 17. D. 45, 53, 68. C. 266, 446, 453. M. 8948.

CADÁVER Ver em sonhos um cadáver no caixão indica a existência de doença do aparelho digestivo; se estiver fora do caixão, pressagia vida longa. Ver o cadáver de uma pessoa conhecida anuncia aumento na família. Ver-se a enterrar um indica negócio lucrativo. Ver-se no velório de um, anuncia restabelecimento da saúde de pessoa conhecida. Ver desenterrar um, prediz atrasos na vida. Ver-se vestindo um, é um mau presságio. Ver um cadáver erguer-se sugere ganho de causa na justiça. Ser perseguido por um, morte de pessoa conhecida. Abraçar ou beijar o cadáver de uma pessoa conhecida é um aviso de que a saúde necessita de tratamento. Carregar um sugere ganho no jogo. Ver Morto.
    G. 12, 14, 20. D. 47, 53, 78. C. 054, 146, 377. M. 5277.

CADEADO Ver em sonhos um cadeado alerta para a possibilidade de prejuízo. Colocar um em uma porta ou em uma caixa denuncia o furto de alguma coisa. Ver-se a fechar um avisa sobre dinheiro perdido em jogo. Ver um cadeado enferrujado pressagia o restabelecimento da saúde de pessoa conhecida. Ver-se a consertar ou pintar um cadeado prediz perda de causa na justiça.
    G. 14, 17, 25. D. 53, 66, 00. C. 368, 497, 756. M. 5768.

CADEIA Ver em sonhos um prédio de prisão (cadeia) é presságio de desavenças. Ver-se a sair de uma cadeia alerta contra inimigos ativos. Ver alguém dentro de uma cadeia anuncia um casamento. Uma cadeia cheia de presos é sinal de perigo de doença grave. Ver os presos saírem é anúncio de uma viagem. Ser conduzido a uma cadeia simboliza a derrota de inimigos. Ver-se preso simboliza paixão amorosa

ou solidão. Ver-se levando alguém à cadeia sugere amor vitorioso ou derrota de inimigos.
G. 08, 18, 23. D. 32, 72, 89. C. 030, 070, 289. M. 6930.

CADEIRA Sonhar com uma cadeira de palhinha sugere vida tranqüila, descanso; de madeira, boa situação social; de balanço, falta de ocupação, aposentadoria, despreocupação; quebrada, morte na família; com assento furado, desavenças em casa. Ver no sonho cadeiras em uma casa de móveis simboliza desejos insatisfeitos. Sentar-se em uma pressagia prejuízos em dinheiro. Ver o conserto de uma cadeira indica a solução de negócios. Ver-se a envernizar ou pintar uma cadeira sugere rompimento de namoro, noivado ou ligação amorosa. Fabricar cadeiras simboliza boa situação comercial.
G. 06, 08, 19. D. 24, 29, 76. C. 724, 929, 975. M. 3075.

CADELA Ver em sonhos uma cadela andando solta na rua é prenúncio de uma surpresa desagradável. Uma cadela com os cachorrinhos em volta simboliza um projeto difícil de realizar-se ou grandes despesas em casa. Acompanhada por um cachorro pressagia casamento; sendo coberta por um cachorro, pedido de casamento por um rapaz rico. Uma cadela bem tratada simboliza uma vida gasta em diversões. Ver Cachorro.
G. 08, 14, 21. D. 29, 56, 83. C. 032, 583, 656. M. 8882.

CAFÉ Ver-se em sonhos a beber café é sinal de vida longa. Se estiver quente, é um bom presságio; se estiver frio, anuncia desenganos e planos não realizados. Ver café em grão pressagia um bom negócio. Ver-se a plantar café prenuncia a realização de desejos. Ver-se a colher o café da planta é sinal de sorte no jogo. Secar café no terreiro anuncia uma herança. Moer café é aviso de viagem. Ver-se a beneficiar grãos de café a granel anuncia falecimento de um inimigo. Carregar café sugere uma doença. Torrar ou preparar café é sinal de boa posição social. Ver-se a ensacar café é prenúncio de prosperidade. Ver-se a queimar café avisa sobre questão na justiça. Ver alguém beber café simboliza boas relações na sociedade.
G. 10, 11, 21. D. 40, 43, 82. C. 139, 184, 742. M. 1442.

CAFETEIRA Ver em sonhos uma cafeteira vazia sugere desejos não realizados; se estiver cheia, anuncia a aquisição de objeto de valor. Entornar o café de uma cafeteira pressagia prejuízo; esvaziá-la, más notícias. Ver-se a quebrar uma cafeteira é um aviso sobre a necessidade de cautela com inimigos. Dar uma cafeteira pressagia questão judicial. Ver Chaleira.
C. 04, 11, 17. D. 15, 42, 65. C. 316, 743, 866. M. 0344.

CAIPIRA Ver em sonhos um caipira simboliza tranqüilidade. Conversar com um é presságio de boas notícias. Ver um trabalhando avisa sobre esforços proveitosos. Ver-se em sonhos como um caipira alerta contra dificuldades.
G. 02, 04, 17. D. 06, 13, 68. C. 015, 068, 108. M. 0413.

CAIR Ver Queda.

CAITITU O caititu é uma espécie de porco selvagem que, quando corre em bandos, pode tornar-se muito perigoso. Ver em sonhos um caititu alerta para a necessidade de cautela com pessoa desleal. Ver-se a caçá-lo simboliza que intrigas serão desfeitas. Matar um caititu pressagia bom resultado em negócio. Ver-se atacado por vários caititus sugere situação difícil por investida de inimigos.
G. 02, 12, 15. D. 05, 48, 59. C. 360, 606, 747. M. 4159.

CAIXA O significado de uma caixa vista em um sonho depende de suas características. Se estiver cheia, pressagia um negócio pouco lucrativo; vazia, uma herança; aberta, noivado ou casamento; fechada, rompimento de ligação amorosa ou de noivado; com dinheiro, possibilidade de prejuízos. Se for de madeira, prediz situação de vida em alteração; de ferro, renda insuficiente para as despesas. Ver no sonho caixas empilhadas anuncia melhoria de emprego, progresso profissional. Ver-se a forçar a abertura de uma caixa alerta contra embaraços financeiros.
G. 14, 18, 19. D. 55, 71, 74. C. 069, 655, 773. M. 8870.

CAIXÃO Ver em sonhos um caixão cheio de mercadorias pressagia bons negócios. Se estiver cheio de roupas, anuncia o falecimento de pessoa conhecida. Ver-se a carregar um caixão fúnebre prediz a morte

de um inimigo. Ver um caixão fúnebre com um corpo anuncia a chegada de notícias de pessoa ausente. Ver um caixão ser colocado na cova significa sorte na loteria.
G. 13, 21, 23. D. 50, 82, 89. C. 082, 349, 989. M. 5151.

CAJU Ver em um sonho muitos cajus simboliza alegria. Se forem amarelos, anunciam uma boa viagem ou festas; se forem vermelhos, muito trabalho; caju seco pressagia uma situação inalterável. Ver no sonho doce de caju em calda anuncia a obtenção de um bom emprego; se o doce for em lata, simboliza demora na solução de um assunto. Ver-se a chupar cajus anuncia progresso nos negócios. Apanhar as frutas no cajueiro pressagia a chegada de notícia de pessoa ausente. Comprar cajus sugere reconciliação; vendê-los, negócio pouco lucrativo. Ver Fruta.
G. 09, 11, 13. D. 34, 41, 51. C. 044, 352, 933. M. 5249.

CAL Ver em sonhos uma grande quantidade de cal prenuncia progresso profissional. Ver-se a amassar cal sugere aborrecimentos com empregados ou subordinados. Ver-se a pintar uma parede com cal pressagia a solução de dificuldades.
G. 09, 15, 17. D. 33, 57, 66. C. 034, 559, 565. M. 8266.

CALÇA(S) Calças vistas em sonhos têm seu significado dependente de seu aspecto. Se forem novas, pressagiam maus negócios; velhas, melhoria de vida; rasgadas, dificuldades de vida; brancas, inimigos mal intencionados; pretas, morte de parente; descosturadas, falta de dinheiro. Se forem de brim sugerem situação inalterável; de brim branco, gasto inútil de dinheiro ou desemprego; de casimira, ambição satisfeita. Sonhar com calças próprias para o sexo oposto ao do sonhador é prenúncio de noivado ou casamento.
G. 09, 13, 18. D. 34, 51, 71. C. 050, 572, 735. M. 3450.

CALÇADA Uma calçada estreita vista em um sonho simboliza um emprego mal remunerado. Se for larga, pressagia o bom resultado de um projeto. Se estiver esburacada, anuncia demora na solução de interesses.
G. 09, 14, 24. D. 33, 55, 94. C. 036, 295, 956. M. 4333.

CALÇADO(S) Ver-se em sonhos usando calçados simboliza melhoria de vida. Se o calçado visto no sonho for novo, prediz o ganho de um prêmio na loteria; se for velho, rompimento de namoro, noivado ou compromisso amoroso; se estiver sujo, projetos não realizados. Ver-se tirando o calçado dos pés pressagia discórdia em família. Comprar calçados anuncia uma herança; vendê-los, negócios pouco lucrativos. Vender um calçado velho anuncia noivado desfeito, ou rompimento de amizade. Ver-se a engraxar os calçados prediz um emprego bem remunerado, uma festa de casamento ou de aniversário. Ver Botas, Botinas, Chinelos, Sapatos, Tamancos.
G. 06, 15, 21. D. 24, 58, 83. C. 422, 657, 984. M. 8921.

CALDEIRA Ver em sonhos uma caldeira vazia é presságio de pobreza. Se estiver quebrada, simboliza dificuldades; cheia de vapor, prosperidade. Ver a explosão de uma caldeira prediz o perigo de um grave acidente. Ver o conserto de uma, êxito tardio em negócios.
G. 16, 19, 23. D. 63, 75, 90. C. 375, 792, 861. M. 0891.

CALDEIRÃO Ver em sonhos um caldeirão cheio de comida pressagia alegria em casa ou com amigos. Se estiver vazio, simboliza obstáculos para a realização de desejos. Um caldeirão no fogão representa projetos ousados.
G. 18, 21, 22. D. 71, 82, 88. C. 281, 688, 870. M. 9972.

CALDO Ver-se em sonhos a beber caldo de carne denuncia disposição para aventuras. Se o caldo for de galinha, simboliza receios sem fundamento. Oferecer caldo a alguém representa satisfação com amizades.
G. 12, 13, 16. D. 48, 49, 64. C. 248, 750, 763. M. 8061.

CÁLICE Ver em um sonho um cálice comum, cheio de licor, denuncia pensamentos enganosos. Um cálice de missa pressagia tristezas.
G. 20, 22, 23. D. 78, 88, 89. C. 480, 988, 989. M. 5185.

CALO Ver-se em sonhos cortando um calo simboliza que um inimigo irá para longe. Ver-se com muitos calos anuncia viagem.
G. 04, 18, 23. D. 13, 72, 91. C. 069, 792, 813. M 6814.

CALOR Sentir calor em um sonho pressagia vida longa. Sentir muito calor é sinal da existência de inimizades.
G. 12, 18, 21. D. 45, 71, 82. C. 084, 747, 972. M. 5981.

CALVÍCIE Ver em sonhos uma pessoa calva alerta para a necessidade de cautela nos atos. Ter a impressão de que está calvo simboliza um caso que ainda vai ser resolvido.
G. 07, 09, 20. D. 27, 34, 80. C. 027, 680, 734. M. 8535.

CAMA Ver em sonhos uma cama desarrumada simboliza boa saúde; uma cama quebrada sugere crise familiar. Ver alguém deitado em uma cama pressagia doenças leves; ver a si mesmo deitado na cama prediz o falecimento de pessoa conhecida ou parente. Ver-se deitado na cama com uma pessoa de outro sexo é presságio de prêmio na loteria. Levantar-se de uma cama simboliza uma tomada de decisão nos negócios.
G. 04, 09, 12. D. 14, 33, 48. C. 616, 733, 848. M. 4135.

CAMARÃO Os sonhos com camarão têm sempre bom significado. Ver-se a pescar camarões pressagia bons lucros nos negócios.
G. 01, 09, 21. D. 01, 36, 83. C. 534, 601, 781. M. 9301.

CAMAROTE Ver-se em sonhos entrando em um camarote de navio pressagia uma viagem. Ver-se em um camarote de teatro anuncia prejuízos.
G. 16, 19, 23. D. 64, 75, 90. C. 663, 690, 974. M. 1462.

CAMELO Ver em sonhos um camelo anuncia a chegada de notícias de uma pessoa ausente. Se o animal estiver parado, pressagia negócios difíceis; correndo, necessidade de cautela com inimigos; carregado de mercadorias, prosperidade comercial ou sorte no jogo. Ver uma caravana de camelos pressagia lucro depois de trabalho.Ver-se montando em um, boa perspectiva para emprego ou negócios. Ver-se como dono de um, prediz que um plano de negócios se realizará.
G. 15, 20, 24. D. 59, 78, 93. C. 257, 377, 393. M. 3859.

CAMINHAR Ver Andar.

CAMINHO O significado de um sonho em que a pessoa se vê a caminhar por um caminho depende de suas características. Se for reto e largo, pressagia felicidade. Se tiver curvas, dificuldades. Se for lamacento, desgostos. Se tiver pedras, vida trabalhosa. Se for arborizado, vida feliz.
G. 06, 07, 15. D. 22, 25, 57. C. 558, 622, 627. M. 9225.

CAMISA O significado de uma camisa vista em um sonho depende do seu estado. Se for nova e limpa, pressagia ganho de dinheiro; suja, sofrimento; branca, amores felizes; preta, mau presságio; de cor, noivado ou casamento. Se for de seda, anuncia contentamento; de algodão, trabalho bem remunerado. Tirar a camisa no sonho simboliza uma questão judicial. Vestir uma, derrota de um inimigo. Comprar uma, vida fútil. Para a mulher, o sonho com uma camisa é de bom presságio. Quase sempre tem relação com a vida matrimonial ou caseira.
G. 12, 18, 22. D. 45, 69, 88. C. 448, 885, 970. M. 7287.

CAMISOLA Ver em sonhos uma camisola de rendas simboliza um namoro sem resultado. Se ela for de algodão, denuncia idéias sem proveito; se estiver rasgada, despesas com divertimentos. Ver-se em sonhos vestindo uma, representa desejos insatisfeitos. Ver alguém vestindo camisola alerta contra maledicência prejudicial.
G. 01, 15, 19. D. 01, 60, 74. C. 275, 660, 802. M. 6373.

CAMPANÁRIO Ver em sonhos um campanário pressagia a aquisição de riqueza apreciável. Ver-se dentro de um, simboliza aquisição de conhecimentos. Ver um campanário derrubado sugere derrota em atividades políticas ou desprestígio na sociedade. Ver Torre.
G. 02, 12, 24. D. 08, 46, 99. C. 246, 805, 999. M. 9307.

CAMPO Ver em sonhos um campo grande simboliza excesso de trabalho ou de ambições. Se o campo estiver verde, é um bom presságio para quem sonha; se estiver seco, pressagia pobreza. Ver-se a lavrar um campo prediz boa saúde e situação de vida normal. Ver-se a andar por um campo anuncia o nascimento de um filho. Ver-se em um campo acompanhado de várias pessoas é presságio de viagem.
G. 02, 04, 23. D. 06, 15, 90. C. 389, 607, 714. M. 4913

CANA Ver em sonhos uma porção de cana-de-açúcar pressagia trabalho lucrativo, especialmente se o sonhador tiver atividade ligada à lavoura. Ver-se a cortar cana simboliza boa inteligência, aquisição de conhecimentos proveitosos. Ver-se a moer cana anuncia um trabalho lucrativo.
G. 01, 03, 05. D. 03, 11, 18. C. 501, 709,820. M. 0202.

CANÁRIO Ver em sonhos um canário engaiolado simboliza desgostos. Se o pássaro estiver solto da gaiola, pressagia melhoria nas condições de vida. Se estiver voando, anuncia projetos que não se realizarão; cantando, uma viagem; morto, doença. Ver-se em sonhos dando comida a um canário prediz a realização de desejos.
G. 02, 10, 13. D. 07, 38, 49. C. 305, 449, 538. M. 2908.

CÂNCER Sonhar que se vê ou a outra pessoa com câncer é um sinal de que o sonhador pode estar com uma doença grave. Convém consultar um médico.
G. 06, 19, 24. D. 22, 69, 96. C. 669, 724, 894. M. 3770.

CANDEEIRO Ver em sonhos um candeeiro aceso anuncia o recebimento de dinheiro. Se a luz for fraca, pressagia dificuldades na vida; se for forte, planos financeiros realizados. Se estiver quebrado, denuncia desavença entre um casal; se estiver apagado, separação. Ver-se comprando um candeeiro prenuncia um trabalho bem remunerado. Vender um denuncia mau comportamento. Ver Lâmpada.
G. 02, 12, 20. D. 05, 45, 77. C. 779, 847, 906. M. 7877.

CÂNFORA Ver em sonhos pedras de cânfora dentro de uma garrafa com álcool simboliza sinceridade no amor, felicidade na afeição e casamento. Ver-se comprando cânfora pressagia uma doença leve; usá-la prediz o recebimento de uma herança.
G. 04, 14, 18. D. 13, 53, 70. C. 616, 856, 969. M. 4971.

CANGURU Sonhar com esse animal é um presságio de noivado ou casamento.
G. 03, 15, 17. D. 11, 59, 66. C. 157, 511, 768. M. 0560.

CANHÃO Ver em sonhos um grande canhão prenuncia uma surpresa muito desagradável. Ver um pequeno significa intrigas ou obstáculos. Ouvir o disparo de um canhão avisa sobre a necessidade de cautela nos negócios. Ver soldados manobrando um canhão pressagia discórdias ou lutas políticas. Ver Armas.
G. 09, 21, 24. D. 33, 82, 95. C. 234, 482, 594. M. 6283.

CANIVETE Ver em sonhos um canivete fechado simboliza fraqueza. Se ele estiver aberto, denuncia mau comportamento. Ver-se em sonhos afiando um canivete é presságio de morte de pessoa conhecida.
G. 09, 19, 22. D. 34, 75, 88. C. 433, 874, 986. M. 6933.

CANOA Ver Barco.

CANSAÇO Sentir-se cansado em sonhos simboliza o desejo de ganhar dinheiro.
G. 09, 12, 13. D. 35, 48, 49. C. 347, 534, 852. M. 4236.

CANTO Ouvir em sonhos alguém cantar denuncia desejo de amar, perigo de sedução ou de prejuízo em dinheiro. Se quem está cantando for um coral, pressagia trabalho difícil e pouco lucrativo, profissão inferior. Se for uma voz feminina, anuncia decepções e enganos. Se for um homem cantando em uma sala ou local de festa, o presságio é de noivado ou casamento. Se for a própria pessoa quem canta, o sonho prediz boa sorte. Ouvir um canto dentro de uma igreja prenuncia atribulações ou inimizades; em um palco, boas notícias ou solução favorável para um pedido.
G. 12, 19, 23. D. 48, 73, 90. C. 045, 592, 773. M. 8874.

CÃO Ver Cachorro.

CAPACETE Ver-se em sonhos com um capacete de metal na cabeça pressagia progresso na profissão; mas ver-se com um de pano denuncia desarmonia doméstica. Ver outra pessoa usando um capacete de metal é um aviso sobre a chegada de notícias surpreendentes.
G. 02, 09, 21. D. 05, 34, 82. C. 183, 306, 435. M. 1884.

CAPELA Ver Igreja.

CAPUZ Ver-se em sonhos usando um capuz é indício de uma amizade sincera. Se ele estiver rasgado, prevê vida embaraçosa.
G. 20, 22, 23. D. 78, 87, 92. C. 080, 390, 688. M. 2292.

CARA O significado de uma cara vista em sonhos depende de seu aspecto. Se ela for feia, simboliza preocupações; se for bonita, esperança. Se estiver pintada, prevê alegria fútil; raspada e limpa, decisão proveitosa. Se estiver escura, alerta para a necessidade de prudência nas amizades. Ver-se a lavá-la denuncia arrependimento. Ver Barba, Bigodes, Cabelo, Rosto.
G. 06, 22, 25. D. 23, 88, 00. C. 024, 985, 997. M. 7887.

CARDEAL Ver em sonhos um cardeal anuncia a solução inesperada de um problema profissional. Falar-lhe prevê amparo em questão pendente ou boa reputação. Ouvir a voz de um cardeal simboliza um aviso oportuno que será recebido. Ver-se como um cardeal denuncia projetos ousados. Ver um cardeal celebrando missa pressagia o falecimento de amigo ou de parente. Receber a bênção de um cardeal indica doença grave. Ver Bispo.
G. 02, 10, 23. D. 08, 40, 89. C. 138, 306, 890. M. 4007.

CARDO(S) Ver Espinhos.

CARETA Ver em sonhos alguém fazer caretas avisa sobre a maledicência de pessoas conhecidas e indivíduos invejosos, se a pessoa que sonha estiver ganhando bem ou estiver bem empregada. Ver-se fazendo caretas a outrem pressagia desavenças domésticas.
G. 09, 16, 17. D. 36, 61, 65. C. 061, 268, 636. M. 4867.

CARIDADE Ver-se em sonhos sendo caridoso com os pobres indica que os próximos dias serão favoráveis às iniciativas e aos negócios. Ver alguém ser caridoso é um aviso contra o perigo de perda de emprego e contra falsos amigos. Ver-se recebendo caridade de alguém pressagia dificuldades financeiras. Ver Esmola.
G. 07, 16, 17. D. 25, 63, 66. C. 026, 361, 668. M. 7568.

CARNAVAL Se a pessoa que sonha não gosta de carnaval, o sonho com préstitos carnavalescos, desfiles de grupos ou escolas de samba, com bailes à fantasia, não tem bom significado: prognostica prejuízos em dinheiro, doenças ou inimizades.
G. 10, 20, 24. D. 39, 79, 96. C. 339, 779, 894. M. 1877.

CARNE Ver-se em sonhos a comer carne cozida denuncia falta de afeição, freqüência a casas de prostituição. Comer carne assada pressagia ligação amorosa. Comer carne crua indica desejo sexual exigente. Comer um bife prenuncia perturbações digestivas. Carne sangrenta anuncia uma doença. Ver-se entrando em um açougue com carne exposta em ganchos é um aviso acerca de perigo de desastre.
G. 10, 12, 20. D. 38, 46, 79. C. 137, 448, 680. M. 9546.

CARNEIRO Ver em sonhos um carneiro isolado pressagia perda de dinheiro; ver um rebanho é sinal de prosperidade. Ver um carneiro amarrado denuncia a existência de inimigos desleais. Um carneiro mamando anuncia um casamento ou o nascimento de criança na família. Um carneiro correndo avisa sobre negócios complicados ou dificuldades financeiras. Ver-se tirando a pele de um carneiro é presságio de doença na família.
G. 02, 15, 23. D. 06, 59, 89. C. 107, 292, 659. M 8490.

CARRO Ver em sonhos um carro puxado a cavalo é prenúncio de uma proposta amorosa. Ver uma grande carruagem denuncia ambição. Ver Automóvel.
G. 04, 13, 20. D. 15, 50, 77. C. 416, 777, 949. M 2250.

CARROÇA Ver em sonhos uma carroça parada ou vazia pressagia perda de dinheiro no jogo; uma carroça carregada é sinal de sorte. Se a carroça estiver atolada na lama, avisa sobre possibilidade de grande prejuízo; se estiver com uma roda quebrada ou fora do eixo, prediz preocupações ou situação embaraçosa. Ver-se dentro de uma carroça prenuncia a derrota de inimigos. Ver-se a guiar uma carroça indica melhoria nos lucros.
G. 05, 09, 18. D. 19, 35, 70. C. 020, 735, 770. M. 7520.

CARTA Ver-se em sonhos a escrever uma carta sugere disposição para iniciar vida nova. Rasgar uma carta simboliza rompimento de

amizade, namoro ou noivado; uma carta escrita com tinta vermelha significa amor sincero e desejo de união. Ver-se recebendo uma carta é presságio de surpresa desagradável. Se estiver em envelope tarjado, prediz uma operação cirúrgica; em envelope aberto, maledicência de pessoas conhecidas. Ver Correspondência.
G. 01, 11, 17. D. 04, 44, 65. C. 004, 042, 666. M. 4444.

CARTEIRA Ver em sonhos uma carteira com dinheiro pressagia prosperidade comercial. Se estiver vazia, anuncia uma herança. Achar uma carteira cheia é sinal de bons negócios; se estiver vazia, prediz boas surpresas. Perder a carteira em sonhos é um aviso contra prejuízos no jogo. Receber uma carteira como presente sugere ganho de causa na justiça. Dar uma carteira a alguém pressagia uma viagem. Ter a carteira tirada por alguém simboliza desavenças.
G. 11, 13, 22. D. 43, 52, 85. C. 743, 752, 786. M. 6350.

CARTEIRO Ver em sonhos um carteiro é presságio da vinda de notícias pouco satisfatórias. Vê-lo entregando uma carta sugere necessidade de prudência nos negócios.
G. 07, 10, 23. D. 25, 37, 92. C. 025, 040, 689. M. 8889.

CARTOMANTE Em geral, este é um mau sonho. Consultar em sonhos uma cartomante pressagia prejuízo em dinheiro. Sonhar que se trabalha como cartomante é um aviso contra maledicência e má reputação.
G. 02, 04, 19. D. 08, 16, 74. C. 308, 316, 975. M. 2675.

CARTUCHO Ver em sonhos um cartucho de bala é presságio de uma surpresa desagradável. Um cartucho sem a carga simboliza desenganos e projetos irrealizáveis. Muitos cartuchos sugerem desavenças, desarmonia. Quem sonha que negocia com cartuchos deve desistir de negócios no dia seguinte ao do sonho. Ver-se deflagrando cartuchos simboliza discórdia; queimar cartuchos é sinal de sorte no jogo.
G. O I, 15, 17. D. 02, 60, 68. C. 403, 566, 958. M. 3058.

CARVÃO O sonho com carvão, assim como o com brasas, tem significado erótico, revelando insatisfação ou abstinência prolongada da atividade sexual; mas existem alguns significados diferentes deste. Sonhar com um carvão aceso é recomendação de prudência, cautela com pessoas inimigas. Se os carvões acesos forem vários, prenunciam o restabelecimento da saúde da própria pessoa ou de alguém conhecido. Ver um carvão apagado pressagia o falecimento de alguém conhecido. Ver-se a acender carvões anuncia um nascimento na família. Engolir carvões simboliza prejuízos. Fazer carvão denuncia deslealdade de alguém conhecido. Ver Braseiro.

G. 10, 17, 24. D. 39, 65, 96. C. 065, 740, 793. M. 8494.

CARVOEIRO Ver em sonhos um carvoeiro na mata, fazendo carvão, é presságio de acidente. Vê-lo entregando carvão anuncia sorte na loteria; a ensacar o carvão, bons negócios. Ver-se falando com um carvoeiro prediz a chegada de uma pessoa ausente.

G. 15, 18, 19. D. 59, 70, 73. C. 071, 774, 958. M. 7457.

CASA Segundo a Psicanálise, a casa é um símbolo do ser humano, das suas condições normais ou anormais. A casa representa o corpo humano. O teto ou telhado representa a cabeça; as portas simbolizam os órgãos genitais e as janelas significam os seios na mulher e o peito no homem; os alicerces e partes da base da casa significam as pernas e os pés. Assim, se uma pessoa sonha com uma casa pequena, isso pode significar um sentimento de inferioridade no plano do sexo, o que talvez induza a ciúmes; mas existem outros significados possíveis para o sonho. Ver uma casa pelo lado de fora sugere desejo de mudança de profissão ou de emprego. Ver-se dentro dela simboliza disposição para o trabalho, planos para o futuro. Construir uma casa pressagia boas amizades, boa reputação na sociedade; comprar uma, profissão lucrativa; vender uma, tratamento médico ou operação cirúrgica. Se a casa estiver sem teto ou telhado, alerta para a possibilidade de grande prejuízo ou para a ousadia de inimigos. Se as paredes estiverem derrubadas, prediz futuro progresso profissional. Se for de madeira, pressagia trabalho pouco rendoso, emprego sem possibilidade de melhoria; de luxo, herança; pequena, pecúlio deixado por morte de parente ou herança; arruinada; inimigos vigilantes; incendiada, bons negócios; velha, mudança. Ver em sonhos a pintura de uma casa denuncia a deslealdade de amigos. Ver Tapera.

G. 06, 17, 22. D 21, 66, 86. C. 367, 423, 986. M. 6223.

CASAMENTO O sonho com casamento tem vários significados, podendo ser a representação de um desejo sexual recalcado, de uma ambição pessoal, de planos ousados no que se refere a negócios ou profissão, do desejo de mudança de vida ou da resolução de problemas que afetam vida sentimental ou social do sonhador. O melhor sonho é aquele em que a pessoa se vê no ato do casamento como noiva ou noivo. No caso, nem sempre é visível a fisionomia do par, pois esse sonho tanto pode significar que a pessoa vai casar, como também que a sua vida vai mudar, quase sempre para melhor. Ver em sonhos alguém se casando alerta contra prazeres transitórios. Ver o casamento de um viúvo ou viúva pressagia um aumento do número de pessoas na família, com acréscimo de despesas no lar. Ver o casamento de uma pessoa idosa é aviso de gravidez. Ver o casamento de pessoas de aspectos físicos muito diferentes prenuncia a reconciliação com a pessoa amada ou com amigo. Ver-se casando com pessoa de cabelos muito escassos e fracos avisa sobre a conveniência de romper o namoro ou noivado; se a pessoa tiver cabelos muito emaranhados e desgrenhados, o sonho pressagia separação precedida de desavenças. Ver-se pedindo alguém em casamento avisa sobre a conveniência de se evitarem compromissos. Ver um casamento na pretoria prediz desavença entre noivos ou cônjuges por motivo de dinheiro. Ser testemunha de casamento diz que os próximos dias trarão contentamento. Ver passar um casamento sugere felicidade nos amores. Ver Noivo.

G. 05, 17, 19. D. 20, 68, 74. C. 065, 273, 717. M. 0618.

CASTELO Ver em sonhos um castelo pressagia um bom futuro; entrar nele simboliza melhoria de situação. Ver-se morando em um, prediz ganho de dinheiro na loteria. Entretanto, se o castelo estiver em ruínas, prenuncia dificuldades nos negócios; se estiver incendiado, doença ou operação cirúrgica.

G. 02, 04, 18. D. 06, 16, 70. C. 070, 608, 715. M. 3771.

CATAPLASMA Ver-se em sonhos usando um cataplasma anuncia a convalescença de doença.

G. 05, 11, 23. D. 18, 44, 92. C. 344, 489, 919. M. 7389.

CATEDRAL Tendo em vista a sua importância no funcionamento das atividades eclesiásticas, a catedral pode ter significados diferentes dos atribuíveis à imagem da igreja genérica no sonho, pois relaciona-se com sentimentos religiosos mais profundos. Ver em sonhos uma catedral simboliza a existência de planos para o futuro. Uma catedral antiga indica discernimento para identificar negócios realizáveis. Uma catedral cheia de gente denuncia transações arriscadas ou negócios confusos. Entrar em uma catedral vazia representa a procura de solução para dificuldades e a necessidade de cautela com pessoas conhecidas. Ver-se dentro de uma catedral iluminada sugere vontade de progredir nos negócios. Ver Abadia e Igreja.
G. 04, 20, 24. D. 14, 79, 95. C. 079, 614, 795. M. 8993.

CAULIM Sonhar com essa argila branca é presságio de sorte no jogo.
G. 01, 13, 21. D. 04, 52, 83. C. 202, 483, 849. M. 9849.

CAVALARIA Ver em sonhos um bando de cavalos é prenúncio de intranqüilidade. Ver a passagem de uma tropa de cavalaria avisa contra transações prejudiciais.
G. 06, 14, 21. D. 21, 54, 81. C. 621, 683, 755. M. 0553.

CAVALEIRO Ver em sonhos alguém passeando montado a cavalo pressagia uma viagem de descanso. Se o cavalo estiver trotando, indica o regresso de uma pessoa conhecida. Se estiver galopando, prediz êxito nos empreendimentos. Ver um cavaleiro cair da montaria é presságio de casamento; um cavaleiro que apeia da montaria anuncia um falecimento.
G. 06, 11, 13. D. 24, 43, 51. C. 542, 850, 923. M. 5941.

CAVALO Ver em sonhos um cavalo pressagia progresso na profissão e êxito nos negócios. Se ele for preto, alerta contra uma pessoa impertinente; se for branco, simboliza tranqüilidade no lar. Se for baio, prevê embaraços nos negócios; se for alazão, sugere que haverá facilidade para a solução de interesses. Um cavalo grande simboliza dificuldades imprevistas no andamento de processos burocráticos. Um pequeno alerta contra enganos em cálculos profissionais. Um cavalo ferido avisa sobre inimigos atentos; morto, sobre perigo de desastre ou acidente. Ver um cavalo selado e com arreios anuncia desavenças na família. Um cavalo solto no pasto prediz casamento com moça de dinheiro; correndo no campo, boas notícias; no bebedouro, restabelecimento de pessoa doente; na estrebaria, perda de emprego. Um cavalo escoiceando avisa contra projetos ou planos sem resultado, dívidas de pagamento difícil, credores impertinentes. Um cavalo com carga no lombo simboliza melhoria financeira; puxando uma carroça, bons negócios no futuro; puxando um carro, bom presságio. Ouvir o relincho de um cavalo é um aviso contra a maledicência de pessoas inimigas. Ver um lote de cavalos pressagia o ganho de prêmio na loteria. Ver-se montando em um cavalo sem arreios denuncia infidelidade nos amores. Laçar um cavalo prediz a chegada de uma herança. Vender um cavalo pressagia ganho de causa na justiça. Comprar um, despesas com processos judiciais. Arrear um, noivado ou casamento. Perder o próprio cavalo e não encontrá-lo, falecimento de pessoa da família. Domesticar um cavalo, reconciliação.

G. 06, 13, 25. D. 21, 50, 98. C. 021, 100, 249. M. 8499.

CAVAR Ver-se em sonhos cavando um buraco na areia pressagia uma mudança de emprego. Cavar um buraco entre pedras simboliza trabalho prolongado. Ver Buraco.

G. 01, 07, 24. D. 04, 27, 95. C. 093, 703, 928. M. 3995.

CAVEIRA Ver em sonhos uma caveira é presságio de vida longa. Várias caveiras anunciam a morte de parente ou pessoa conhecida. Ver a própria caveira significa embaraços financeiros transitórios.

G. 07, 13, 25. D. 25, 52, 98. C. 600, 728, 752. M. 9749.

CAVERNA Ver em sonhos uma caverna é um aviso sobre a necessidade de cautela nos atos. Entrar em uma pressagia perda de dinheiro ou aventura amorosa.

G. 10, 17, 25. D. 39, 66, 97. C. 300, 665, 939. M. 2240.

CEBOLA Ver-se em sonhos a comer cebolas pressagia um nascimento na família. Cheirá-las sugere rompimento de noivado ou de compromisso amoroso. Descascá-las é aviso de recebimento de uma herança. Cozinhá-las indica melhoria financeira. Plantá-las prediz que os desejos serão satisfeitos. Vendê-las simboliza negócios normais. Comprá-las alerta contra imprevistos.

G. 10, 12, 21. D. 37, 46, 81. C. 084, 246, 539. M. 6337.

CEDRO Ver em sonhos um cedro com a copa verdejante pressagia tranqüilidade na velhice; ver-se serrando um tronco de cedro prediz dificuldades. Ver Árvore.
G. 06, 18, 22. D. 24, 71, 85. C. 424, 785, 971. M. 0722.

CÉDULA Ver Dinheiro.

CEGO Ver em sonhos um cego simboliza indecisão ou dificuldade nos negócios. Se ele estiver pedindo esmola, alerta contra a deslealdade de outra pessoa. Ver-se falando a um cego denuncia incertezas prejudiciais. Sonhar que se ficou cego pressagia morte ou doença grave e prolongada de pessoa da família. Ver-se cego de um só olho prediz uma doença passageira.
G. 05, 19, 22. D. 18, 74, 86. C. 074, 488, 620. M. 2519.

CEGONHA Ver em sonhos uma cegonha voando é um mau presságio; entretanto, duas ou mais cegonhas juntas são um anúncio de casamento ou noivado. Se a cegonha estiver voando em redor da casa, prediz separação; se estiver morta, pressagia o falecimento de um inimigo.
G. C1, 13, 15. D. 04, 51, 59. C. 058, 350, 703. M. 5152.

CELEIRO Ver em sonhos um celeiro cheio é presságio de bons negócios; mas, se ele estiver vazio, prediz negócio prejudicial ou perda de emprego. Um celeiro infestado de ratos denuncia infidelidade no amor.
G. 08, 13, 19. D. 30, 50, 75. C. 149, 873, 930. M 4530.

CEMITÉRIO Os sonhos com cemitério denunciam que a pessoa está preocupada e sem ânimo para enfrentar as adversidades. Entretanto, ver-se entrando em um cemitério é sinal de que a pessoa está à procura de solução para as dificuldades.
G. 07, 15, 22. D. 26, 60, 87. C. 260, 525, 886. M. 4427.

CENTEIO Ver em sonhos um campo de centeio é indício de prosperidade. Ver-se a ceifar centeio é presságio de bons negócios. Ver-se moendo grãos de centeio prediz futuro ganho comercial; vendendo

centeio moído, a satisfação de um ideal; comprando centeio em grão, transações sem resultado.
G. 05, 06, 07. D. 17, 22, 25. C. 325, 724, 917. M. 2527.

CERA Ver em sonhos uma porção de cera de abelha simboliza um negócio promissor. Ver-se vendendo ou comprando cera de abelha anuncia negócios normais. Ver-se manipulando cera de abelha denuncia conduta insensata. Ver-se vendendo ou comprando cera de carnaúba pressagia ganho de dinheiro. Ver-se derretendo cera de carnaúba prenuncia futuros bons negócios.
G. 04, 18, 20. D. 14, 70, 80. C. 072, 316, 980. M. 2679.

CEREJA(S) Ver em sonhos uma cerejeira pressagia noivado ou casamento. Se ela estiver florida, anuncia felicidade no amor. Cerejas maduras vistas em sonhos são sinal de boa sorte; verdes, de desilusões. Ver-se comendo cerejas é prenúncio de desavenças no lar.
G. 04, 09, 18. D. 13, 36, 71. C. 035, 770, 813. M. 5813.

CERIMÔNIA Ver-se em sonhos assistindo a uma cerimônia religiosa é presságio de falecimento na família. Ver uma cerimônia pública prenuncia uma situação deprimente para quem sonha.
G. 11, 23, 25. D. 44, 91, 98. C. 390, 599, 643. M. 1497.

CERVEJA Ver-se em sonhos bebendo cerveja é presságio de viagem. Ver cerveja em garrafa é sinal de sorte no jogo. Ver alguém beber denuncia falsidade por parte de pessoa conhecida. Ver-se como fabricante de cerveja prediz convalescença de pessoa da família. Ver Beber.
G. 13, 18, 20. D. 49, 72, 77. C. 577, 669, 952. M. 6880.

CERVO Ver em sonhos um cervo ao longe é presságio de prestígio social. Se ele estiver correndo, anuncia negócios lucrativos. Ver-se matando um cervo anuncia o recebimento de uma herança.
G. 01, 13, 25. D. 02, 52, 98. C. 050, 303, 600. M. 820 I.

CESTO Ver em sonhos um cesto cheio, sem saber especificamente com quê, pressagia ganho de prêmio na loteria. Se estiver cheio de

flores, anuncia aumento na família; de frutas, bons negócios; de pães, encontro de objeto de valor; de roupas, notícias de pessoa ausente.
G. 05, 13, 20. D. 20, 52, 79. C. 450, 719, 877. M. 9377.

CÉU O significado do céu visto em um sonho depende do seu aspecto. Se estiver claro, prenuncia boa sorte; nublado, saúde irregular; estrelado, casamento; com luar, amor sincero; sem nenhuma nuvem, vida tranqüila; cinzento, embaraços financeiros; matinal, promessa de bom futuro; crepuscular, próximos dias trabalhosos.
G. 07, 11, 21. D. 27, 41, 84. C. 128, 683, 942. M. 8426.

CEVADA A cevada em grão, vista em sonhos, pressagia aumento na família. Um campo de cevada simboliza noivado ou casamento. Ver-se negociando com cevada anuncia negócio lucrativo. Ver um pão de cevada é sinal de contentamento e participação em festas familiares.
G. 01, 20, 21. D. 03, 80, 81. C. 179, 184, 901. M. 0404.

CHÁ Ver-se em sonhos fazendo chá simboliza a existência de boas amizades. Bebê-lo prediz amores felizes. Servi-lo a outrem significa satisfação no amor.
G. 07, 08, 24. D. 28, 31, 94. C. 326, 896, 930. M. 7593.

CHALEIRA Ver em sonhos uma chaleira cheia pressagia prosperidade nos negócios. Se ela estiver vazia, anuncia notícias desagradáveis. Ver-se comprando uma chaleira prediz o nascimento de uma criança. Ver-se vendendo uma, avisa sobre discussões e questões judiciais. Ver-se quebrando uma, denuncia a existência de inimigos impertinentes. Ver Cafeteira.
G. 01, 02, 25. D. 02, 08, 97. C. 008, 498, 501. M. 4299.

CHAMINÉ Ver em sonhos uma chaminé alta é presságio de ambições satisfeitas no futuro. Se ela estiver fumegando, anuncia restabelecimento da saúde. Se estiver suja, indica atrasos na vida. Se estiver em ruínas, sorte desfavorável, Ver-se construindo uma chaminé prediz o ganho de prêmio em jogo de azar. Ver alguém subindo por uma denuncia a existência de projetos de grandes negócios.
G. 11, 13, 16. D. 42, 50, 62. C. 142, 664, 852. M. 5163

CHAPÉU Sonhar com um chapéu novo é presságio de recebimento de dinheiro. Se o chapéu for velho, pressagia desemprego; se for um chapéu de sol ou de chuva, prediz vida modesta e tranqüila. Ver-se em sonhos negociando com chapéus é sinal de aborrecimentos.
G. 03, 05, 10. D. 09, 17, 37. C. 018, 238, 711. M. 7411.

CHARADA Sonhar que se está solucionando uma charada, que se consegue decifrar facilmente, é presságio de êxito nas atividades; se não se conseguir decifrá-la, o presságio é de atrasos. Elaborar em sonhos uma charada para ser solucionada por outras pessoas simboliza rompimento de amizade.
G. 14, 16, 25. D. 56, 62, 98. C. 099, 453, 963. M. 4755.

CHARQUE Ver em sonhos um pedaço de carne de charque pressagia casamento. Assar ou cozinhar essa carne simboliza intrigas ou desavenças; comê-la é sinal de bons negócios. Vender ou comprar charque em sonhos é um aviso contra compromissos financeiros perigosos.
G. 02, 07, 14. D. 08, 27, 54. C. 055, 305, 427. M. 3626.

CHARRUA Ver Arado.

CHARUTO O charuto é símbolo de saúde e de energia sexual. Aceso significa vida longa e masculinidade; apagado simboliza desânimo, desinteresse no trabalho, velhice ou doença venérea; sonhar com um charuto de qualidade inferior denuncia solidão e falta de amizades; se o charuto for de preço alto, representa ambição política e prestígio financeiro. Ver-se fumando um charuto pressagia uma reconciliação.
G. 03, 23, 24. D. 09, 91, 95. C. 311, 493, 591. M. 9496.

CHAVE Ver em sonhos uma chave nova é presságio de casamento, noivado ou de namoro que terminará em noivado e casamento. Se a chave for velha, prenuncia falta de dinheiro. Um molho de chaves indica sorte nos jogos de azar. Sonhar que se perdeu uma chave anuncia uma mudança na vida. Achá-la é um bom presságio; mas ver uma chave caída no chão ou apanhá-la do chão prediz desarmonia no lar e possível separação. Uma chave pendurada na parede simboliza doença e despesas com médico; na fechadura sugere ganho de dinheiro, prosperidade

nos negócios. Ver-se usando uma chave para abrir uma porta denuncia deslealdade de pessoa conhecida. Tentar meter uma chave na fechadura sem conseguir alerta contra o risco de roubo. Meter uma chave na fechadura e fazê-lo com sucesso representa habilidade profissional ou êxito em conquista amorosa. Ver-se fazendo uma chave pressagia uma questão judicial. Esconder uma chave anuncia o nascimento de um filho. Negociar com chaves sugere dificuldades financeiras.
G. 05, 14, 17. D. 18, 56, 66. C. 454, 817, 965. M. 0568.

CHICOTE Ver em sonhos um chicote pressagia desavenças. Ver-se comprando um, previne contra uma fase de brigas, agressões e inimizades. Ver-se chicoteando uma pessoa anuncia uma reconciliação; chicotear um animal indica enfermidade.
G. 10, 11, 14. D. 37, 41, 54. C. 143, 553, 638. M. 2539.

CHIFRE Ver em sonhos um chifre pressagia mau tempo. Ver animais com chifres simboliza prejuízos nos negócios, especialmente se forem ligados a atividades agrícolas. Ver Corno.
G. 08, 12, 20. D. 32, 46, 80. C. 146, 280, 732. M. 1332.

CHINELO(S) Ver-se em sonhos usando chinelos pressagia uma viagem. Se eles forem novos, o presságio é bom; se forem velhos, simbolizam sossego no lar e boa remuneração no trabalho. Perder os chinelos é um aviso de surpresas desagradáveis. Chinelos sujos e estragados anunciam o nascimento de uma criança na família. Ver Calçados.
G. 01, 22, 25. D. 03, 87, 00. C. 385, 802, 898. M. 0997.

CHOCOLATE Ver-se em sonhos comendo chocolate anuncia convalescença de pessoa conhecida ou parente. Ver-se vendendo chocolate alerta contra uma questão judicial. Ver-se comprando-o pressagia um negócio proveitoso. Ver Doce.
G. 07, 11, 24. D. 28, 41, 95. C. 043, 496, 528. M. 2795.

CHORAR Sentir que está chorando em um sonho é presságio de satisfação no futuro. Ver alguém chorando é um alerta contra inimigos atentos. Ouvir choro de criança é sinal de casamento.
G. 03, 16, 20. D. 11, 62, 77. C. 009, 079, 864. M. 0710.

CHOUPANA Ver em sonhos uma choupana é presságio de mudança. Ver-se construindo uma, sugere sorte no jogo. Ver-se morando em uma, simboliza prestígio na sociedade. Ver uma choupana se incendiando alerta contra intrigas de pessoas maldizentes. Uma choupana caindo prenuncia perda de emprego. Ver Tapera.
G. 03, 08, 16. D. 09, 30, 61. C. 232, 709, 961. M. 3929.

CHOURIÇO Ver-se em sonhos comendo chouriço é presságio de namoro para os jovens e de boa saúde para as pessoas idosas. Ver-se preparando chouriços denuncia paixão amorosa.
G. 02, 19, 21. D. 08, 76, 81. C. 208, 482, 774. M. 9582.

CHUCHU Ver-se em sonhos plantando chuchus pressagia boa sorte. Ver-se na cozinha preparando-os anuncia desgostos. Comê-los prediz uma doença.
G. 03, 06, 24. D. 11, 24, 93. C. 394, 710, 821. M. 5009.

CHUMBO Segundo a tradição o chumbo é um símbolo negativo. Ver chumbo sob qualquer forma é presságio de acontecimentos desagradáveis.
G. 08, 16, 21. D. 30, 62, 84. C. 531, 683, 762. M. 7929.

CHUVA Sonhar com uma chuva forte é prenúncio de prosperidade. Se ela for fina, indica situação insegura e chefes exigentes; se for ligeira, promessas pouco sinceras com relação a emprego. Chuva com sol anuncia vitória em processo judicial ou administrativo; com trovoada, maus negócios; com ventania, nascimento de criança na família. Molhar-se na chuva simboliza morte de pessoa inimiga. Ver a chuva molhando o interior da casa prediz progresso profissional. Ver alguém debaixo da chuva anuncia o falecimento de pessoa conhecida. Ver alguém fugindo da chuva pressagia casamento. Ver Aguaceiro.
G. 15, 17, 23. D. 59, 68, 92. C. 458, 667, 790. M. 6391.

CIDADE Ver em sonhos uma cidade ao longe pressagia questões judiciais. Ver-se entrando em uma denuncia inimigos importunos. Ver a cidade natal é um aviso de viagem. Ver-se morando em uma cidade grande sugere vida difícil, mas com melhoria futura. Se a cidade for pequena, simboliza pequenos rendimentos; se estiver incendiada, vida trabalhosa; inundada, incerteza a respeito de uma proposta de negócio. Se tiver uma grande população circulando pelas ruas, sugere a necessidade de descanso no regime de trabalho. Ver-se mudando de uma cidade para outra prenuncia melhoria na situação.

G. 04, 10, 20. D. 16, 39, 79. C. 214, 239, 277. M. 7540

CIGANO O sonho com ciganos ou ciganas, em qualquer situação, tem mau significado, pois eles se relacionam com feitiços e oráculos.

G. 03, 24, 25. D. 12, 93, 97. C. 095, 599, 710. M. 7694.

CIGARRA(S) Ouvir em sonhos o canto de uma cigarra é mau presságio, que sugere a necessidade de cuidar da saúde. Ver uma cigarra voando anuncia decepção nos amores. Ver-se a afugentar cigarras prenuncia mau resultado do trabalho.

G. 01, 12, 24. D. 04, 47, 98. C. 148, 500, 904. M. 6347.

CIGARRO(S) Todos os sonhos com cigarros predizem aborrecimentos e contrariedades.

G. 03, 16, 22. D. 11, 64, 86. C. 209, 488, 764. M. 8609.

CINEMA Ver-se em sonhos dentro de um cinema é presságio de casamento. Sair de um anuncia tristezas. Ver um incêndio em um cinema sugere rompimento de namoro ou de noivado. Ver-se dentro de um cinema vazio prenuncia lutas no exercício do cargo ou da profissão, viagem a país estrangeiro ou ambiente doméstico perturbado por desavenças.

G. 14, 24, 25. D. 55, 95, 97. C. 400, 493, 755. M. 5155.

CINTO Ver-se em sonhos usando um cinto é um alerta contra a falta de sinceridade de pessoas com quem o sonhador trabalha. Ver alguém usando um cinto denuncia maledicência ou indiscrição. Ver-se fazendo cintos pressagia desejos realizados. Negociar com cintos prediz discórdia em casa.

G. 07, 08, 18. D. 25, 32, 72. C. 271, 325, 932. M. 0369.

CINZA Ver em sonhos uma porção de cinza amontoada pressagia sorte na loteria. Uma nuvem de cinza prediz grandes dificuldades financeiras. Cinza solta no ar sugere demora na solução de projetos.

G. 01, 04, 23. D. 04, 16, 91. C. 115, 590, 802. M. 3792.

CIPRESTE Ver em sonhos um cipreste é presságio de desgostos. Um bosque de ciprestes sugere abatimento moral. Ver Árvore.
G. 04, 12, 23. D. 15, 47, 92. C. 015, 847, 990. M. 1747.

CIRCO Ver-se assistindo a um espetáculo de circo alerta contra uma profissão sem rendimento certo. Ver-se trabalhando em um circo pressagia embaraços financeiros ou doença.
G. 05, 06, 21. D. 19, 21, 84. C. 018, 423, 481. M. 2418.

CÍRCULO Ver-se em sonhos dentro de um círculo traçado no chão é presságio de intrigas ou de falta de recursos para resolver uma dificuldade. Ver-se traçando um círculo em uma folha de papel denuncia pensamentos sem base na realidade.
G. 19, 21, 25. D. 76, 81, 00. C. 381, 476, 598. M. 3898.

CIRURGIÃO Ver em sonhos um cirurgião operando alguém é presságio de um pequeno acidente. Ver-se sendo operado anuncia o nascimento de um filho. Ver-se consultando um cirurgião é um alerta contra inimigos mal-intencionados.
G. 06, 17, 25. D. 24, 65, 97. C. 200, 224, 868. M. 1423.

CISNE Ver em sonhos um cisne branco pressagia sorte no jogo. Se ele for preto indica anulação de noivado ou de namoro. Ver um cisne nadando anuncia noivado. Ouvir um canto de cisne é um aviso sobre o falecimento de um conhecido ou parente.
G. 01, 19, 20. D. 02, 76, 77. C. 073, 280, 301. M. 5180.

CISTERNA Sonhar com uma cisterna cheia anuncia a satisfação de ambições. Se ela estiver vazia, pressagia pobreza; se estiver com água turva, avisa contra maledicência. Ver-se caindo dentro de uma cisterna é indício de má reputação sem fundamento.
G. 01, 17, 21. D. 02, 66, 83. C. 067, 304, 481. M. 0503.

CIÚME Sonhar que sente ciúmes, para uma mulher solteira, é presságio de futuro casamento; se a mulher for casada, avisa que a saúde necessita de tratamento. Sonhar com uma desavença doméstica causada por ciúme simboliza reconciliação.
G. 07, 12, 13. D. 26, 46, 50. C. 328, 746, 849. M. 6948

CLARÃO Ver em sonhos um clarão repentino é presságio de felicidade no amor.
G. 05, 16, 20. D. 19, 62, 79. C. 019, 162, 380. M. 8864.

CLARIDADE Ver em sonhos uma claridade difusa anuncia um futuro tranqüilo. Sentir-se dentro de uma é presságio de uma doença grave.
G. 09, 13, 25. D. 35, 49, 99. C. 452, 498, 934. M. 8334.

CLAUSTRO Ver-se em sonhos passeando dentro de um claustro simboliza calma, vida sem problemas ou dificuldades. Ver um claustro em ruínas pressagia desilusões e descrença.
G. 11, 13, 18. D. 42, 49, 71. C. 343, 571, 650. M. 7352.

CLISTER Ver-se em sonhos aplicando um clister em outra pessoa é presságio de prejuízos. Receber a aplicação de um prenuncia dificuldades ou doenças.
G. 02, 15, 22. D. 06, 58, 85. C. 157, 388, 506. M. 0559.

COBERTOR Ver em sonhos um cobertor significa possibilidade de melhoria na situação econômica, ou que a pessoa que sonha está se sentindo desanimada. Cobrir-se ou enrolar-se em um cobertor pressagia amizades úteis ou a disposição para usar de força de vontade para vencer as dificuldades.
G. 05, 07, 15. D. 20, 27, 58. C. 018, 160, 927. M. 5627.

COBRA Ver em sonhos uma cobra pressagia uma situação desagradável, discórdias, inimigos audaciosos ou covardes. De um modo geral, esse sonho significa dificuldades nos negócios e, para a saúde, possibilidade de infecções graves. Segundo a Psicanálise, a cobra é um símbolo fálico; por isso, para a função sexual, esse sonho significa normalidade para o homem e recalque ou insatisfação para a mulher. Ver uma cobra movendo-se no chão alerta contra um perigo e para a necessidade de prudência na maneira de tratar outras pessoas. Ver-se sendo picado por uma cobra anuncia desgostos nos negócios e em casa. Matar uma cobra prediz embaraços e problemas de difícil solução. Ver uma cobra entrando em casa pressagia mudança. Ver uma cobra picar alguém significa morte de inimigo. Ver uma cobra em um galho de

árvore prediz dificuldades com a polícia. Acordar com a lembrança de ver uma cobra na cama indica desejo sexual insatisfeito.
G. 02, 11, 17. D. 06, 44, 65. C. 067, 407, 441. M. 2667.

COBRE Ver em sonhos uma porção de cobre amontoado pressagia transações lucrativas. Ver objetos de cobre significa uma vida normal.
G. 10, 21, 22. D. 38, 83, 86. C. 038, 483, 886. M. 4540.

COCHEIRA Ver em sonhos uma cocheira com animais sugere progresso profissional. Se estiver vazia prediz pequenos prejuízos. Ver-se a dormir em uma significa felicidade no amor. Ver animais saindo de uma, pressagia prejuízos ou atrasos no comércio.
G. 09, 11, 14. D. 35, 42, 56. C. 141, 335, 854. M. 4034.

COELHO Ver em sonhos um coelho branco é prenúncio de noivado ou casamento; se for preto, será de infelicidade; amarelo, de discórdia familiar; cinzento, de doença sem gravidade. Ver-se caçando coelhos pressagia derrota de inimigos. Matar coelhos simboliza prejuízo.
G. 04, 17, 20. D. 13, 68, 80. C. 077, 616, 866. M 3513.

COFRE Um cofre novo visto em um sonho pressagia boas notícias. Se for velho, sugere maus negócios. Se estiver arrombado, herança ou lucros inesperados; fechado, perigo de assalto; aberto, inimigos atentos; com pacotes de dinheiro, necessidade de prudência nas transações.
G. 18, 21, 22. D. 70, 81, 85. C. 284, 385, 569. M. 6288.

COLAR Ver-se em sonhos comprando um colar é presságio de desavença com pessoa amiga; vendê-lo anuncia uma viagem. Ver-se dando um colar de presente simboliza desavenças; recebê-lo sugere reconciliação. Achar um colar perdido por si ou por outra pessoa prenuncia casamento, noivado ou compromisso de amor; perder um, viuvez. Tirar um colar do penhor indica vantagens financeiras inesperadas; penhorar um, falta de dinheiro, emprego mal pago. Ver um ou mais colares em uma vitrina denuncia despesas com festas e casas noturnas. Ver um colar no pescoço de uma jovem simboliza contentamento; no pescoço de mulher casada, sinceridade e fidelidade da pessoa amada. Ver-se usando um, é sinal de boas notícias. Sonhar que possui um colar sem usá-lo, para uma mulher, indica satisfação; para um homem, aborrecimento. Se o colar visto no sonho for de brilhantes ou de pedras legítimas, pressagia dinheiro, prosperidade financeira e boa posição social. Se for de pedras falsas, desavença entre amantes, namorados ou noivos. De ouro, prata ou platina, sorte no jogo. Somente de brilhantes, ambição, desejos persistentes. De fantasia, esperanças não realizáveis. De pérolas, demora na realização do casamento e necessidade de tolerância para com as idéias do marido ou do noivo e também da esposa ou da noiva. Ver Pedra Preciosa.

G. 04, 20, 24. D. 16, 80, 93. C. 596, 613, 777. M. 0596.

COLARINHO Ver em sonhos um colarinho prenuncia obstáculos no emprego. Ver-se usando um denuncia idéias sem fundamento. Comprar um pressagia preocupações; vendê-lo, falta de dinheiro.

G. 11, 13, 15. D. 41, 52, 57. C. 760, 841, 849. M. 2460.

COLCHÃO Se um colchão visto em um sonho for novo, pressagia boa saúde ou casamento futuro; se for velho, negócios decadentes. Se for de solteiro, indica confiança nos próprios recursos para a solução de problemas em curso; de casal, desejo de amar, carência de afeição ou casamento sem problemas. Se estiver rasgado, pressagia incertezas a respeito do futuro. Ver-se queimando um colchão anuncia doenças. Comprar um é um bom presságio.

G. 02, 04, 20. D. 08, 16, 77. C. 208, 316, 579. M. 7407.

COLCHETE Segundo os psicanalistas, o colchete é um símbolo da união sexual. Assim, ver-se em sonhos a juntar colchetes representa a união de um casal, uma vida sem problemas no lar. Sonhar com colchetes soltos pressagia desunião familiar.

G. 03, 08, 14. D. 09, 32, 54. C. 311, 531, 754. M. 8430.

COLÉGIO Ver em sonhos um colégio pressagia aumento de bens, enriquecimento em negócios.

G. 02, 09, 23. D. 06, 35, 90. C. 234, 289, 307. M. 9192.

CÓLERA Sonhar que está sofrendo de cólera prenuncia a convalescença de pessoa conhecida ou da família. Ver alguém com a doença anuncia o regresso de uma pessoa em viagem.
G. 02, 09, 10. D. 08, 33, 37. C. 234, 608, 839. M. 9407.

COLHEITA Sonhar com uma colheita abundante de uma lavoura simboliza tranqüilidade no presente. Uma colheita fraca pressagia estagnação nos negócios.
G. 03, 15, 23. D. 09, 60, 91. C. 011, 360, 591. M. 0792.

COLHER Se uma colher vista em sonhos for de metal comum, pressagia vida estacionária, sem progresso nem atraso. Se for de prata, anuncia promoção no emprego, posição de responsabilidade. Se for de chumbo, obstáculos no trabalho. Se estiver quebrada, prejuízos morais e financeiros. Se estiver suja, desavenças com pessoas conhecidas. Ver Talher.
G. 02, 16, 17. D. 05, 63, 65. C. 006, 063, 465. M. 7208.

CÓLICA Ver em sonhos alguém atacado de cólicas pressagia êxito comercial ou industrial. Senti-las é um aviso contra obstáculos na profissão.
G. 06, 10, 17. D. 24, 37, 66. C. 423, 440, 965. M. 4237.

COLIBRI (Beija-flor) Ver em sonhos um colibri voando pressagia possibilidade de ser amado por pessoa inconstante. Ver um voejando em torno de uma flor denuncia idéias distantes do mundo real. Matar um simboliza domínio sobre pessoa de gênio forte.
G. 04, 11, 18. D. 16, 43, 70. C. 269, 613, 642. M. 2369.

COLUNA Ver em sonhos uma coluna simboliza amizade com pessoa de caráter. Uma coluna de mármore pressagia uma resolução favorável para interesses em suspenso. Uma fileira de colunas denuncia planos exagerados, que exigem cautela para serem executados. Uma coluna caída avisa sobre a morte de alguém influente na política.
G. 01, 03, 10. D. 02, 10, 37. C. 140, 610, 901. M. 3439.

COMADRE Ver-se em sonhos falando com uma comadre pressagia intrigas. Recebê-la em casa prediz negócios prósperos. Brigar com ela sugere infidelidade. Ver uma comadre alerta para a necessidade de prudência nas palavras.
G. 01, 16, 19. D. 02, 64, 73. C. 375, 601, 762. M. 8162.

COMBATE Ver em sonhos um combate à distância pressagia êxito nas iniciativas. Participar de um denuncia infelicidade ou situação precária. Ver um combate naval sugere resistência moral para enfrentar dificuldades.
G. 03, 06, 25. D. 10, 22, 00. C. 099, 223, 512. M. 6624.

COMÉDIA Ver em sonhos uma comédia sugere dificuldades, embaraços passageiros. Ver-se como ator em uma é presságio de más notícias. Ver-se aplaudindo uma comédia anuncia separação de namorados, noivos ou amantes, desavença entre marido e mulher.
G. 18, 20, 25. D. 72, 79, 99. C. 178, 300, 969. M. 3979.

COMER O significado do sonho com o ato de comer depende do tipo de alimento consumido. Se for pão, pressagia convalescença ou boa situação econômica; farinha de mandioca, falta de dinheiro; peixe, trabalho cansativo; galinha, viagem ou festa doméstica; carne cozida, doença; carne assada, necessidade de regime alimentar; carne crua, exagero na conduta sexual; peixe assado, viagem; peixe cru, doença do estômago; lingüiça, desmandos na conduta ou pensamentos obsessivos ligados à vida sexual; legumes, desavenças em casa; cereais, prejuízos ou mudança de emprego; carne de porco, doenças ou preocupações; doces, casamento; frutas, negócios normais e tranqüilidade. Comer com apetite prenuncia sorte no jogo. Participar de um grande banquete sugere pobreza. Comer em companhia de pessoas desconhecidas, traição por parte de pessoas conhecidas. Comer em hotel ou restaurante, avareza e egoísmo.
G. 06, 16, 23. D. 22, 63, 89. C. 223, 562, 791. M. 5123.

COMÉRCIO O significado desse sonho depende do tipo de produto que é visto. Comerciar com tecidos simboliza boa situação financeira. Calçados pressagiam dificuldades futuras. Comestíveis, lucros fáceis; ferro, grandes prejuízos. Trigo a granel, necessidade de economias. Farinha de trigo, ocupação lucrativa. Linho, negócios promissores. Metais ou objetos metálicos, vida tranquila. Lã, bons lucros futuros. Tecidos de seda, atividades proveitosas. Veludo, negócios normais.
G. 07, 15, 20. D. 26, 59, 80. C. 079, 327, 859. M. 5980.

COMETA Um cometa subindo no céu, visto em sonhos, é um bom presságio para a agricultura e para os negócios; mas prenuncia discórdia familiar e, para um homem, decepção por parte da mulher amada. Se uma mulher casada vê um cometa subindo, poderá ser fecundada dentro de alguns dias e o futuro filho servirá de arrimo na velhice. Um cometa muito brilhante pressagia convulsões políticas, ordem pública perturbada, possibilidade de guerra. Um cometa em movimento descendente é sempre um mau presságio.
G. 09, 10, 18. D. 33, 39, 70. C. 235, 272, 540. M. 4635.

COMISSÁRIO Sonhar que se é um comissário de polícia é presságio de dificuldades vencidas. Ver um, sugere amparo legal em questão judicial. Receber um em casa anuncia uma boa informação.
G. 09, 10, 13. D. 33, 40, 50. C. 239, 834, 949. M. 5650.

CÔMODA Sonhar com uma cômoda cheia de roupas é presságio de realização de desejos. Se estiver vazia, anuncia prejuízos inesperados. Ver-se comprando uma anuncia casamento próximo. Fabricar uma simboliza trabalho pouco rendoso. Vender uma sugere aborrecimentos. Envernizar uma indica falta de dinheiro.
G. 11, 17, 21. D. 43, 68, 81, C. 083, 565, 944 M. 5343.

COMPADRE Ver em sonhos um compadre pressagia um trabalho lucrativo. Encontrá-lo na rua denuncia intrigas. Ver-se indo à casa de um simboliza indelicadeza da parte de um amigo. Ver um compadre em companhia da comadre prediz desavença na família. Receber a visita de um compadre simboliza perda de um tempo precioso. Ver Comadre.
G. 01, 07, 20. D. 01, 28, 77. C. 425, 602, 780. M. 5528.

COMPASSO Ver em sonhos um compasso simboliza vida difícil. Se ele estiver quebrado, previne contra pouca saúde. Se for novo, sugere prudência nas relações amorosas. Se estiver muito aberto, avisa sobre imprudência perigosa ou atividades sem resultado prático. Comprar um compasso prediz trabalho incessante. Vender um sugere a necessidade de mudança de profissão.
G. 01, 24, 25. D. 02, 95, 99. C. 096, 802, 897. M. 3797.

COMPRAS(S) O significado desse sonho depende do que se compra. Artigos domésticos pressagiam boa situação familiar. Artigos de uso pessoal, se o sonhador for solteiro, casamento; se for casado, aumento na família. Objetos de luxo predizem maus negócios. Alimentos, promoção no emprego. Mobília, projetos de grandes negócios. Uma cadeira, pensamento orientado para a própria situação futura. Uma cama, desejo de mudar de profissão.
G. 09, 18, 22. D. 36, 70, 87. C. 069, 585, 935. M. 6371.

COMUNHÃO Ver em sonhos alguém tomar comunhão alerta para a previdência necessária para a conduta na vida. Ver a si mesmo tomando comunhão simboliza desejo de mudança. Ver meninos ou meninas tomando comunhão sugere tranqüilidade doméstica.
G. 08, 16, 19. D. 31, 64, 76. C. 029, 374, 763. M. 2862.

CONCERTO Ver Música.

CONFERÊNCIA Pronunciar em sonhos uma conferência pressagia boa posição social em futuro próximo. Ouvir uma conferência sugere desejo de isolamento, desilusões na sociedade.
G. 06, 12, 19. D. 23, 45, 76. C. 324, 547, 875. M. 7024.

CONFISSÃO Confessar-se em sonhos a um padre anuncia a chegada de notícias de pessoa conhecida. Ver uma pessoa confessar-se pressagia o falecimento de pessoa conhecida. Não são muito bons os sonhos com confissão; em geral denotam nervosismo e abatimento moral.
G. 07, 09, 18. D. 27, 36, 69. C. 226, 534, 969. M. 1169.

CONSELHO Ouvir em sonhos o conselho de alguém pressagia aborrecimentos. Dar conselhos a outrem denuncia desunião entre pessoas conhecidas. Ver-se pedindo conselhos prediz solução favorável de pretensões a emprego. Ver alguém dar conselhos a outrem alerta contra intrigas.
G. 10, 18, 21. D. 40, 71, 83. C. 470, 484, 839. M. 8237.

CONSERVA(S) Ver em sonhos conservas em vidro ou garrafa é presságio de bom êxito em futuros negócios. Ver-se fabricando conservas alerta contra negócio pouco lucrativo. Comer conservas prediz prosperidade.
G. 01, 14, 18. D. 01, 54, 70. C. 455, 604, 771. M. 0503.

CONSTRUÇÃO Ver em sonhos um prédio em construção anuncia a chegada de notícias de pessoa ausente. Ver-se construindo uma casa para moradia própria pressagia boa sorte no jogo. Terminar a construção de uma casa sugere casamento próximo. Ver desmoronar uma construção alerta contra um grande prejuízo em dinheiro.
G. 17, 22, 25. D. 65, 87, 98. C. 286, 366, 700. M. 9867.

CONSULTA O significado de um sonho em que se faz uma consulta depende do tipo de profissional consultado. Um médico pressagia boa saúde ou prejuízos; um advogado, problemas judiciais e necessidade de prudência na maneira de proceder; um dentista, aborrecimentos com parentes importunos; uma cartomante, bom negócio no futuro.
G. 15, 17, 25. D. 59, 68, 00. C. 267, 598, 757. M. 8966.

CONTENTAMENTO Sentir-se contente em um sonho é um presságio de imprevistos desagradáveis. Ver alguém contente alerta contra pessoa mal-intencionada.
G. 02, 20, 21. D. 07, 78, 84. C. 583, 708, 880. M. 1080.

CONVALESCENÇA Ver-se em sonho convalescendo de uma doença é presságio da chegada de uma herança. Se a pessoa que sonha for solteira, é prenúncio de casamento. Ver Doença.
G. 01, 05, 13. D. 01, 18, 50. C. 117, 351, 601. M. 7752.

CONVENTO Ver em sonhos um convento, pelo lado de fora, sugere ameaça de processo ou de prisão. Ver-se saindo de um alerta contra inimigos mal-intencionados. Ver-se morando em um denuncia desarmonia em casa. Assistir a uma missa em um convento prediz aborrecimentos. Ver um incêndio em um convento anuncia desordem pública. Ver um convento em ruínas pressagia o ganho de um prêmio na loteria.
G. 05, 12, 23. D. 18, 47, 91. C. 648, 718, 789. M. 3289.

CONVERSAR O significado de um sonho em que se conversa com alguém depende das características das pessoas envolvidas. Sonhar com uma pessoa rica pressagia uma carreira promissora; com um congressista, pensamentos confusos ou profissão estacionária; com um

militar de alta patente, ambições que demoram em ser realizadas. Se uma moça que trabalha em um emprego regular sonha que está conversando com um rapaz ou homem desconhecido, será promovida; se ela não for empregada, a conversa pode significar um novo trabalho ou casamento. Ver um homem conversando com uma mulher sugere que é necessária paciência para a realização de um ideal. Ver mulheres conversando entre si, cautela com os amigos. Ver dois ou mais homens, novidades pouco satisfatórias. Ver Falar.
    G. 02, 04, 05. D. 06, 15, 17. C. 619, 708, 815. M. 6920.

CONVIDADO Ver-se em sonhos sendo convidado para uma festa é um alerta acerca da necessidade de cautela com os negócios. Ser convidado a um almoço ou banquete denuncia despesas inúteis.
    G. 04, 12, 25. D. 16, 45, 99. C. 599, 646, 814. M. 4213.

CONVITE Receber em sonhos um convite pressagia um negócio lucrativo. Ver-se enviando um convite a alguém denuncia planos mal executados ou grandes gastos.
    G. 04, 09, 25. D, 16, 36, 98. C. 233, 614, 897. M. 5534.

COPO Ver em sonhos um copo cheio simboliza felicidade. Se o copo tiver vinho, pressagia doença; cerveja, boas notícias; uísque, planos para o futuro. Um copo vazio anuncia o nascimento de um filho. Ver-se quebrando um copo prediz prejuízos, dinheiro perdido em jogo
    G. 08, 22, 25. D. 30, 85, 79. C. 088, 498, 932. M. 6687.

COR(ES) No sonho, as cores claras, vivas, têm bom significado; as cores escuras, cinzentas ou pálidas, nem sempre são favoráveis em seus prognósticos. Azul-claro pressagia contato com pessoa bem-intencionada, pretensões bem acolhidas e tranqüilidade. Azul-escuro avisa que será necessária força de vontade para alcançar a vitória. Vermelho sugere boa saúde e ambições que serão satisfeitas, mas também perigos e vícios. Amarelo indica que a inteligência resolverá dificuldades; pressagia angústia sem motivos e boa situação no futuro. Verde simboliza disposição para o trabalho e prediz boa remuneração por trabalho executado, capacidade profissional reconhecida e boa situação. Preto denuncia uma paixão amorosa passageira, inquietação ou necessidade de amparo material e moral. Roxo significa depressão física e moral. Uma bandeira vermelha representa confiança no futuro, capacidade de resistência às dificuldades; uma branca, desejo de sossego.

G. 19, 20, 24. D. 73, 78, 93. C. 194, 373, 379. M. 3780.

CORAÇÃO Sonhar que não sente o funcionamento do coração pressagia saúde e tranqüilidade. Sentir batidas no coração prenuncia felicidade no amor. Sentir palpitações indica que o sistema circulatório está funcionando mal e que é necessária uma consulta médica. Ver Sangue.

G. 01, 15, 22. D. 04, 60, 86. C. 103, 188, 958. M. 4601.

CORCUNDA Os sonhos com corcundas têm bom significado. Ver em sonhos um corcunda é presságio de notícias satisfatórias. Ver-se como um, prediz boa sorte no jogo. Falar a um anuncia o ganho de um prêmio na loteria.

G. 12, 19, 24. D. 46, 76, 96. C. 273, 395, 848. M. 8574.

CORDA Em geral, os sonhos com corda são pouco favoráveis. Ver uma corda sugere necessidade de repouso. Ver-se amarrando alguém com uma corda previne contra uma situação imprevista perigosa. Ver-se comprando cordas denuncia situação financeira difícil. Vender cordas simboliza busca de melhoria de situação. Fabricar ou fazer cordas denuncia amores ilícitos. Ver uma corda partida avisa contra um acidente com perigo de vida.

G. 05, 15, 19. D. 19, 58, 73. C. 818, 958, 975. M. 2657.

CORDÃO Ver cordões em sonhos simboliza cansaço. Cordões embaraçados pressagiam falta de dinheiro e lutas materiais. Ver-se a desembaraçar um novelo de cordões prediz melhoria de situação.

G. 10, 14, 19. D. 37, 54, 75. C. 176, 537, 856. M. 0254.

CORDEIRO Ver em sonhos um cordeiro simboliza consolo entre aborrecimentos. Ver-se com um cordeiro nos braços sugere trabalho proveitoso e recompensas inesperadas. Ver-se matando um cordeiro prediz trabalho cansativo e mal remunerado. Ver-se comendo carne de cordeiro representa pequenas satisfações.

G. 06, 08, 22. D. 22, 32, 85. C. 186, 923, 930. M. 2386.

CORNETA Ver em sonhos uma corneta denuncia nervosismo prejudicial ao trabalho. Ouvir o som de uma, soprada por outra pessoa, sugere pressentimentos sem fundamento. Ver-se soprando em uma corneta avisa sobre a necessidade de consultar um médico ou denuncia desejos insignificantes.
G. 02, 12, 24. D. 08, 48, 95. C. 894, 905, 948. M. 1045.

CORNO(S) Ver em sonhos os chifres de um animal é presságio de maledicência e intrigas. Vê-los na testa de alguém alerta contra uma situação perigosa e sugere a necessidade de cautela com pessoas falsas. Cornos ensacados pressagiam mudança ou viagem de negócio. Cornos grandes denunciam posição política falsa, sem prestígio. Ver Chifre.
G. 06, 13, 21. D. 23, 50, 81. C. 052, 122, 684. M. 0084.

COROA O significado de uma coroa vista em um sonho depende do material de que é feita. Se for de ouro pressagia prosperidade e aumento de bens; de prata, volta da saúde para um doente; de louros, contrariedades ou vida social exaustiva; de flores, desejos que se realizam, noivado e talvez casamento; de espinhos, enfermidade longa; de papelão, necessidade de prudência na execução de planos de negócios. Ver um nobre com uma coroa na cabeça simboliza inimigos derrotados. Ver uma coroa na cabeça de uma imagem de santo ou santa pressagia progresso profissional e melhoria nas finanças.
G. 08, 15, 16. D. 29, 57, 62. C. 060, 132, 663. M. 9964.

CORONEL Ver em sonhos um coronel fardado denuncia ambição inútil e projetos contrariados. Vê-lo à frente de um batalhão pressagia ambição não satisfeita. Ver-se como coronel simboliza capacidade de trabalho ignorada pelos chefes ou conflito com superiores no emprego. Ver Militar.
G. 22, 23, 24. D. 85, 90, 95. C. 692, 885, 993. M. 3485.

CORPO Ver em sonhos um corpo nu pressagia uma amizade fiel, uma notícia auspiciosa ou uma proposta compensadora. Se for robusto, pressagia tranquilidade; magro, um negócio promissor. Ver o próprio corpo nu denuncia mau desempenho no trabalho. O corpo de um homem morto pressagia boa saúde.
G. 08, 09, 25. D. 30, 33, 98. C. 731, 834, 000. M. 9536.

CORRENTE Ver em sonhos uma corrente de ferro pressagia dificuldades. Uma corrente de ouro, no relógio, prediz felicidade e realização de ideais. Correntes soltas simbolizam boas notícias. Ver alguém preso em uma corrente denuncia contendas e questões judiciais por dinheiro.
G. 01, 04, 05. D. 04, 13, 19. C. 520, 603, 814. M. 8118.

CORRER Ver em sonhos alguém correndo pressagia a chegada de notícias favoráveis a uma pretensão de quem sonha. Ver-se a correr atrás de alguém simboliza inimigos derrotados. Correr para livrar-se de perseguidores prediz preocupações e contrariedades. Sentir-se incapaz de correr indica a existência de uma doença. Ver uma aposta de corrida anuncia recebimento de dinheiro. Ver-se correndo nu prenuncia boa sorte no jogo. Ver um defunto correndo é um mau presságio. Muita gente correndo representa surpresas.
G. 02, 11, 24. D. 07, 43, 95. C. 205, 544, 693. M. 0442.

CORRESPONDÊNCIA Ver-se em sonhos recebendo algum tipo de correspondência pressagia aborrecimentos. Ver-se enviando correspondência anuncia o regresso de pessoa amiga ou amada. Sonhar com algum tipo de correspondência social (convites, cartões de boas festas, participações) é presságio de dificuldades ou enfermidades. Ver-se em sonhos mantendo uma grande correspondência com outras pessoas é prenúncio de lucros; com uma mulher, de noivado ou casamento; com um homem, de desavenças e inimizade. Ver Carta.
G. 06, 09, 14. D. 23, 35, 56. C. 424, 453, 733. M. 5255.

CORRIDA(S) Sonhar com corridas de cavalos é presságio de boas notícias. Corrida de automóveis pressagia o regresso de pessoa ausente. Ver Raia.
G. 11, 13, 16. D. 44, 51, 63. C. 144, 750, 861. M. 9443.

CORTEJO Ver em sonhos um cortejo de casamento é presságio de falecimento de pessoa conhecida. Um cortejo ligado a propaganda política ou a alguma solenidade prenuncia despesas extraordinárias. Um cortejo fúnebre anuncia o nascimento de filho ou de sobrinho.
G. 09, 12, 16. D. 34, 46, 64. C. 461, 533, 947. M. 4947.

CORTINA Ver em sonhos uma cortina cerrada simboliza tranqüilidade em casa. Uma cortina aberta denuncia indiscrição e maledicência.
G. 03, 21, 22. D. 12, 84, 88. C. 310, 583, 786. M. 8311.

CORUJA Sonhar com uma coruja voejando em torno da própria casa é presságio de doença. Se ela estiver voando em torno da casa de outra pessoa, anuncia a morte de alguém conhecido; se estiver pousada em um galho de árvore ou sobre um telhado, pressagia desastre ou acidente. Ver-se em sonho sendo agredido por uma é um alerta contra questões por dinheiro. Ouvir o pio de uma é um mau presságio. Ver-se matando uma prediz discussões e desentendimentos com amigos. Ver olhos de coruja brilhantes prenuncia a investida de inimigos.
G. 08, 14, 16. D. 31, 53, 61. C. 256, 331, 862. M. 7956.

CORVO Em geral, os sonhos com corvos não são favoráveis. Vê-lo voando à distância pressagia más notícias. Se estiver voando em torno de quem sonha, anuncia riscos financeiros. Se estiver pousado na cumeeira da casa, prediz doença. Ver corvos comendo prenuncia desavenças, questões por dinheiro. Um corvo morto é um aviso sobre a perda de um objeto de valor ou do emprego. Um corvo branco anuncia casamento ou nascimento de criança; um preto pressagia luto na família. Um corvo com penas brancas e penas pretas avisa sobre brigas na família. Ver-se perseguindo um corvo simboliza a realização de desejos; matá-lo representa a derrota de inimigos.
G. 01, 03, 12. D. 02, 09, 45. C. 147, 802, 809. M. 2346.

COSTAS Ver em sonhos as costas largas de uma pessoa simboliza felicidade doméstica.
G. 08, 15, 23. D. 32, 59, 90. C. 357, 589, 930. M. 1157.

COSTELA(S) Sonhar com costelas de porco é um presságio de boa situação econômica. Se elas forem de carneiro, pressagiam boa saúde; de vitela, virilidade.
G. 17, 19,22. D. 66, 76, 86. C. 165, 285, 475. M. 6368.

COTOVIA Ver uma cotovia viva pressagia ganho de dinheiro. Uma cotovia assada é presságio de acidente.
G. 08, 17, 19. D. 30, 67, 76. C. 268, 432, 675. M. 8632.

COURO Sonhar com o couro de algum animal é presságio de negócios normais. Negociar em sonhos com couros pressagia prosperidade comercial. Curtir couros anuncia contrariedades. Ver Pele.
G. 03, 05, 13. D. 11, 19, 52. C. 450, 719, 911. M. 6518.

COUVE Ver em sonhos uma plantação de couves prenuncia êxito nos negócios. Ver-se a plantar couves anuncia a realização de planos ou idéias; cozinhá-las prediz uma viagem; comê-las pressagia a separação de pessoas amigas, a desinteligência entre um casal. A couve-flor, quando aparece em sonhos, simboliza leviandade e vida despreocupada.
C. 04, 11, 19. D. 15, 43, 74. C. 176, 215, 943. M. 8914.

COVA (Sepultura) Ver em sonhos uma cova é um mau presságio. Sonhar que está dentro de uma, entretanto, simboliza boa saúde.
G. 18, 15, 19. D. 38, 58, 73. C. 040, 559, 773. M. 9354.

COVIL Sonhar com um covil de ladrões alerta contra a possibilidade de prejuízo. Um covil de feras simboliza a insídia de inimigos.
G. 04, 08, 14. D. 13, 30, 53. C. 255, 616, 731. M. 8431.

COXO Ver em sonhos um coxo pressagia atraso nos negócios. Ver-se falando a um coxo previne contra desavença por dinheiro. Ver-se em sonhos coxeando prediz êxito comercial.
G. 14, 19, 23. D. 56, 74. 90. C. 073, 289, 845. M. 7390.

COZINHA Ver em sonhos uma cozinha pressagia boa saúde. Ver alguém cozinhando anuncia sorte no jogo.
G. 04, 12, 20. D 16, 47, 78. C. 247, 277, 513. M. 1816.

CRAVO (Flor) Ver em sonhos cravos no jardim ou arrumados em um ramalhete é um presságio de felicidade no amor. Cravos vermelhos pressagiam desavenças entre namorados; brancos, amor tranqüilo. Ver-se a cheirar um cravo prediz a chegada de notícias do namorado, noivo ou amante.
G. 12, 16, 24. D. 47, 63, 96. C. 147, 494, 663. M. 3395.

CRAVO (Prego) Esse é sempre um sonho com mau significado.
G. 07, 14, 24. D. 27, 56, 93. C. 426, 656, 996. M. 4995.

Dicionário dos Sonhos – 111

CREDOR Qualquer que seja o sonho, a visão de um credor não tem bom significado. Ver um credor pressagia embaraços nos negócios; ver-se como credor de alguém anuncia prejuízos,
G. 03, 14, 22. D. 10, 56, 88. C. 812, 954, 988. M. 0212.

CRIANÇA Sonhar com o nascimento de uma criança é presságio de noivado ou casamento. A morte de uma denuncia preocupações com os filhos. Ver crianças brincando simboliza paz doméstica. Uma criança subindo no firmamento pressagia a morte de algum menino ou menina. Ver Menino.
G. 04, 08, 14. D. 16, 29, 55. C. 054, 413, 632. M. 6356.

CRIMINOSO Ver em sonhos um criminoso anuncia a vinda de novidades. Ver a fuga de um criminoso alerta contra o perigo de um desastre. Ver-se corno criminoso recomenda cuidado com inimigos. Ver a prisão de um anuncia a chegada de notícias de longe. Prendê-lo prediz sorte no jogo.
G. 09, 12, 14. D. 35, 45, 56. C. 553, 746, 833. M. 7636.

CRISTAL Ver em sonhos uma peça de cristal transparente e limpo simboliza uma amizade sincera. Se o cristal estiver manchado ou embaciado, pressagia dificuldades na vida. Ver-se quebrando uma peça de cristal prenuncia separação.
G. 13, 15, 16. D. 50, 60, 62. C. 364, 558, 852. M. 0363.

CRISTO Ver uma aparição de Jesus Cristo em um sonho pressagia uma reconciliação. Falar com ele anuncia o restabelecimento da saúde de algum doente. Se a imagem de Cristo estende as mãos para quem sonha, pressagia êxito nas suas empresas e sorte. Ver Cristo crucificado é presságio de doença. Ver Cristo subir ao céu é prenúncio de viagem.
G. 05, 07, 16. D. 19, 26, 64. C. 218, 225, 362. M. 1126.

CROCODILO Ver crocodilos em sonhos é um mau presságio. Ver-se matando um pressagia a derrota de inimigos. Ver Jacaré.
G. 10, 15, 17. D. 40, 58, 68. C. 158, 667, 840. M. 8357

CRUCIFIXO Ver em sonhos um crucifixo pressagia facilidade na carreira e felicidade. Ver-se orando diante de um simboliza a realização de desejos. Ver-se mudando um crucifixo de um lugar para outro anuncia tristezas.
G. 04, 19, 21. D. 15, 75, 83. C. 474, 516, 784. M. 5884.

CRUZ Ver em sonhos uma cruz erguida pressagia felicidade e realização de sonhos. Uma cruz luminosa prediz grande ventura e tranqüilidade. Ver-se carregando uma cruz é presságio de contrariedades.
G. 06, 19, 21. D. 23, 75, 84. C. 376, 883, 922. M. 3683.

CUMPRIMENTO(S) Receber em sonhos cumprimentos de alguém é um aviso contra deslealdade. Ver-se a cumprimentar alguém pressagia boa reputação.
G. 07, 16, 19. D. 25, 62, 74. C. 026, 464, 975. M. 1827.

CUNHADO Ver em sonhos um cunhado pressagia desavenças na família. Se o indivíduo que sonha for solteiro, ver um cunhado significa separação.
G. 03, 07, 13. D. 09, 25, 51. C. 125, 151, 712. M. 5211.

CURA Ver Padre.

CURRAL Ver em sonhos um curral cheio de gado pressagia intrigas de inimigos. Um curral vazio é sinal de intranqüilidade.
G. 03, 08, 25. D. 12, 30, 98. C. 031, 810, 897. M. 1929.

D

DADO(S) Ver-se em sonhos jogando dados denuncia o perigo de perda de bens. Ver outras pessoas jogarem prenuncia pequenos prejuízos. Ganhar no jogo de dados anuncia o ganho de uma herança.
G. 03, 11, 14. D. 11,44, 54. C. 253, 644, 711. M. 2710.

DAMA(S) Ver-se em sonhos jogando damas é prenúncio da vinda de notícias de pessoa ausente. Ver alguém jogar prediz uma solução favorável para os interesses de quem sonha.
G. 01, 15, 23. D. 02, 57, 89. C. 059, 489, 502. M. 6591.

DAMASCO(S) Ver em sonhos damascos verdes é um presságio de dificuldades. Se eles estiverem secos pressagiam pobreza. Ver-se comendo damascos é indício de progresso nos negócios. Colhê-los simboliza alegria e bem-estar. Ver Fruta.
G. 05, 08, 12. D. 18, 32, 46. C. 745, 831, 919. M. 4629.

DANÇA Segundo os psicanalistas, o sonho com dança é representativo de insatisfação sexual; mas esse sonho pode ter outros significados. Ver-se dançando em um baile de casamento pressagia satisfação. Ver-se dançando em casa de família denuncia desejo de casamento. Dançar devagar prenuncia embaraços na vida. Dançar depressa alerta contra imprevistos, mudanças.
G. 01, 15, 24. D. 01, 59, 95. C. 459, 702, 993. M. 3860.

DANÇARINA Ver em sonhos uma dançarina pressagia atraso em negócios. Se ela estiver dançando, denuncia intrigas familiares. Ver-se falando com uma prenuncia recusa de amizade ou de amor.
G. 05, 06, 13. D. 19, 21, 52. C. 018, 024, 752. M. 1049.

DATA Ver-se em sonhos escrevendo a data em um documento pressagia preocupações financeiras. Ver-se festejando uma data nacional denuncia ambições políticas. Festejar uma data familiar simboliza boa situação financeira.

G. 03, 14, 16. D. 12, 54, 62. C. 250, 612, 962. M. 4963.

DEDAL Se uma pessoa solteira se vê em sonhos usando um dedal, esse sonho significa enfermidade; se for casada, herança. Perder um dedal em sonhos pressagia sorte no jogo; achar um, desarmonia com parentes ou conhecidos.

G. 08, 14, 23. D. 29, 56, 91. C. 032, 154, 889. M. 0130.

DEDO(S) Ver em sonhos dedos finos e compridos representa o desejo de ser músico, de tocar piano ou violino. Dedos curtos e grossos pressagiam uma oportunidade para exercer função importante e projetos para aquisição de dinheiro. Dedos lisos anunciam viagem e boa posição social. Dedos tortos predizem doenças. Dedos cortados pressagiam a morte de pessoa amiga. Dedos com vários anéis sugerem prejuízos nos negócios. Dedos com unhas compridas avisam sobre prejuízos e objetos de valor perdidos. Ver-se em sonhos com mais dedos que o normal indica progresso comercial ou financeiro. Ver-se queimando os dedos alerta contra inimizades. Ver o polegar grosso denuncia desejo de liberdade, indiferença moral, boa inteligência e possibilidade de obter um cargo importante.

G. 11, 15, 16. D. 42, 58, 64. C. 142, 164, 758. M. 6558.

DEFUNTO Os sonhos com defuntos estão relacionados com o estado fisiológico ou psicológico de quem sonha. Em geral não apresentam bons presságios. Ver Morto.

G. 01, 02, 08. D. 01. 08, 29. C. 303, 630, 707. M. 7002.

DEITAR Se um homem sonha que está deitado sozinho, o sonho indica ambição, vontade de ganhar dinheiro ou de subir na vida social ou política; se for uma mulher, sugere esperança de casamento. Se uma mulher casada sonha estar deitada com o marido, isso pressagia aborrecimentos e más notícias. Se ele sonha que está deitada com um parente, o sonho pressagia gravidez; se sonha com uma parenta ou amiga, satisfação. Se um homem casado sonha estar deitado com sua mulher, o presságio é de alteração para melhor no modo de viver.

Se uma mãe sonha que está deitada com os filhos, isso anuncia más notícias. Se ela sonha estar deitada com a filha, isso simboliza solidariedade nas situações difíceis. Se um homem ou uma mulher sonha estar deitado em companhia de uma pessoa feia e desconhecida, o sonho prediz falta de dinheiro e orçamento familiar apertado. Ver-se deitado com um indivíduo sujo indica que a própria posição causa inveja a outros. Ver-se deitado com um homem bem vestido ou de bela aparência denuncia negócios duvidosos e perigo de falência. Ver-se deitado com um aleijado pressagia novos amores. Ver-se deitado com um velho ou uma velha sugere dificuldades, intrigas e aborrecimentos.

G. 02, 11, 21. D. 07, 44, 83. C. 208, 243, 482. M. 1682.

DENTE(S) Se os dentes vistos em um sonho são alvos e perfeitos, pressagiam prosperidade; se estão sujos, pobreza; se estão cariados, tristezas e aborrecimentos; se são muito grandes, uma viagem; se estão obturados ou são de ouro, sorte no jogo; se são postiços, cautela com as inimizades; se estão nascendo, nascimento de um filho; se não têm firmeza, doença de amigo. Sentir dor de dentes em sonhos é sinal de contrariedades. Ver-se arrancando um dente, de imprudência funesta. Sonhar com a queda dos dentes é um mau presságio: para uma mulher significa o rompimento de namoro, noivado ou amizade amorosa; para um homem, doença e velhice precoce.

G. 06, 09, 14. D. 22, 33, 53. C. 156, 534, 721. M. 6554.

DENTISTA Ver em sonhos um dentista é um alerta contra a deslealdade de pessoa amiga. Ver-se exercendo a profissão de dentista pressagia desavenças ou questão judicial por causa de dinheiro. Ver-se pedindo a um dentista que extraia um dente denuncia o recebimento de informações falsas.

G. 01, 04, 21. D. 01, 14, 82. C. 513, 684, 903. M. 6304.

DEPUTADO Ver em sonhos um grupo de deputados em uma sessão da Câmara denuncia uma situação de incertezas. Ver um falando na tribuna pressagia projetos de negócios que não se realizarão. Falar com um é aviso para ter cautela com inimigos. Ver-se como um deputado pressagia boa situação no futuro.

G. 11, 14, 22. D. 44, 56, 85. C. 188, 354, 942. M. 8641.

DESABAMENTO Todos os sonhos de desabamento significam desastres, perigos. Ver em sonho uma casa ou um edifício desabando pressagia perigo de acidente.
G. 05, 07, 13. D. 18, 28, 52. C. 419, 549, 827. M. 8749.

DESCER São pouco favoráveis os sonhos com descidas: simbolizam dificuldades e obstáculos.
G. 07, 11, 25. D. 26, 42, 97. C. 144, 425, 597. M. 9041.

DESCOBERTA Os sonhos em que se descobrem ou acham objetos pressagiam surpresas agradáveis.
G. 18, 23, 24. D. 69, 92, 96. C. 069, 795, 991. M. 5869.

DESEJO Sentir desejos em sonho alerta para a necessidade de distrações.
G. 15, 20, 24. D. 59, 79, 95. C. 160, 178, 796. M. 8077.

DESENHO Ver em sonhos um desenho pressagia o recebimento de uma proposta de negócio pouco vantajosa. Ver muitos desenhos significa que a carreira ainda não está definida. Ver-se fazendo um desenho prenuncia bom êxito profissional. Não concluir um desenho começado denuncia esforços mal recompensados.
G. 08, 10, 12. D. 29, 39, 47. C. 632, 838, 848. M. 6940.

DESENTERRAR Ver-se em sonhos desenterrando um tesouro denuncia uma amizade incerta. Desenterrar um morto pressagia desditas e dificuldades na vida. Desenterrar uma pessoa que está viva prediz boa sorte.
G. 10, 13, 17. D. 37, 52, 65. C. 639, 768, 850. M. 1768.

DESERTO Ver em sonhos um deserto à distância é presságio de um futuro incerto. Ver-se no meio de um deserto pressagia desamparo. Ver-se saindo de um ou vê-lo atrás de si significa mudança de vida.
G. 05, 11, 24. D. 19, 42, 95. C. 194, 444, 817. M. 9995.

DESGOSTO Sentir um desgosto em sonhos pressagia uma boa surpresa ou uma mudança de situação para melhor.
G. 02, 03, 11. D. 08, 11, 42. C. 441, 611, 705. M. 0944.

DESMAIO Em geral, o sonho com um desmaio pressagia doença.
G. 11, 12, 19. D. 42, 46, 73. C. 048, 443, 573. M. 8775.

DESPEDIDA Sonhar com uma despedida pressagia o rompimento de relações amorosas.
G. 02, 06, 20. D. 05, 22, 79. C. 079, 122, 906. M. 4277.

DESPIDO Segundo os psicanalistas, o sonho com uma situação de nudez significa desejo sexual insatisfeito. Ver-se em sonhos despido diante de alguém pressagia namoro, noivado ou casamento. Ver alguém despido prediz uma reconciliação. Ver uma mulher despida indica demora para realizar uma ambição. Ver Nu.
G. 08, 20, 21. D. 32, 80, 82. C. 079, 130, 183. M. 0284.

DESPREZO Ver-se desprezado em um sonho pressagia a obtenção de um bom trabalho.
G. 07, 13, 24. D. 27, 50, 94. C. 251, 496, 925. M. 4950.

DEUS Os sonhos com Deus são favoráveis, embora sejam raros. Os psicanalistas ensinam que a figura de Deus simboliza o pai ou a autoridade paterna.
G. 07, 12, 16. D. 25, 47, 63. C. 025, 464, 545. M. 4661.

DIA Ver em sonhos o nascimento de um dia claro pressagia ganho na loteria. Um dia nublado prediz prejuízo em transações financeiras; um dia chuvoso, negócios instáveis. Ver Aurora.
G. 02, 10, 13. D. 07, 40, 51. C. 451, 605, 838. M. 8649.

DIABO Qualquer sonho com o diabo encerra um mau prognóstico. Ver Alma.
G. 06, 18, 24. D. 21, 69, 96. C. 721, 770, 794. M. 9196.

DIADEMA Ver em sonhos um diadema pressagia uma boa posição social. Se for de brilhantes, simboliza promessas para o futuro. Ver uma senhora usando um prediz prejuízos materiais. Ver-se usando um, é um presságio favorável aos desejos. Ver Pedra Preciosa.
G. 01, 16, 24. D. 01, 64, 95. C. 196, 502, 761. M. 0595.

DIAMANTE(S) Do ponto de vista psicológico, o diamante significa pertinácia, força de vontade que será recompensada. Vê-los em sonhos expostos em uma vitrina simboliza ambições que talvez não se realizem. Usar um anel ou outra jóia com diamantes pressagia progresso na profissão, nos negócios ou na vida social. Ver-se achando diamantes prenuncia vitória em questões judiciais ou em uma situação complicada. Se ele for encontrado em uma mina ou entre o cascalho, pressagia desavenças ou questões por motivo de dinheiro. Perder um diamante sugere ganho de causa judicial. Lapidá-lo, situação futura próspera. Ver Pedra Preciosa.

G. 03, 18, 20. D. 11, 69, 79. C. 477, 509, 970. M. 9412.

DICIONÁRIO Ver-se em sonhos folheando um dicionário é um bom prognóstico, do ponto de vista moral. Ver-se comprando um pressagia a obtenção de um bom emprego. Redigir um simboliza dificuldades na vida.

G. 03, 09, 13. D. 10, 36, 49. C. 310, 349, 636. M. 4433.

DIGESTÃO Sentir-se fazendo uma boa digestão no sonho é um bom sinal para a saúde e os negócios. Má digestão pressagia dificuldades passageiras.

G. 20, 22, 25. D. 77, 98, 99. C. 377, 785, 900. M. 2780.

DILÚVIO Os sonhos com dilúvios são pouco favoráveis para pessoas em posição de autoridade, pois pressagiam derrota política.

G. 15, 21, 24. D. 58, 81, 94. C. 181, 496, 657. M. 3158.

DINHEIRO Ver-se em sonhos encontrando dinheiro pressagia uma boa perspectiva para a vida profissional. Contar dinheiro anuncia perda em jogo. Perdê-lo, ganho na loteria. Gastá-lo, recebimento de herança. Recebê-lo, boas notícias. Guardá-lo, bons negócios. Ver-se queimando cédulas pressagia o nascimento de um filho. Ver dinheiro em moedas é um bom prognóstico para o futuro. Ver pacotes de cédulas ou moedas amontoadas em uma mesa alerta para a necessidade de cautela nos negócios e para a possibilidade de prejuízos. Ver Moeda, Rico, Milionário.

G. 03, 08, 11. D. 09, 30, 44. C. 112, 529, 843. M. 9111.

DIRIGÍVEL Ver Balão.

DISCÓRDIA Sonhar com uma discórdia entre marido e mulher pressagia tranqüilidade no lar. Se for entre amigos, anuncia prestígio na sociedade.
G. 13, 14, 22. D. 52, 55, 85. C. 053, 549, 985. M. 1387.

DISCURSO Ouvir em sonhos alguém discursando alerta para a necessidade de cautela no trato com pessoas conhecidas ou desconhecidas. Ver-se fazendo um discurso pressagia perigo. Ver-se redigindo um, denuncia projeto irrealizável.
G. 10, 18, 24. D. 40, 69, 95. C. 639, 696, 871. M. 1895.

DISCUSSÃO Os sonhos com discussões revelam que a pessoa que sonha tem muitos problemas a resolver. Significam a vontade de superação dos problemas. Ver Altercação.
G. 02, 03, 17. D. 08, 11, 66. C. 111, 865, 907. M. 3012.

DISPNÉIA Sonhar que se está com falta de ar é um indício de alguma irregularidade no funcionamento do organismo. Ver no sonho outra pessoa com dispnéia sugere preocupações com as despesas familiares. Ver Doença.
G. 04, 14, 18. D. 13, 54, 70. C. 016, 555. 672. M. 6615.

DISPUTA Ver Discussão.

DÍVIDA(S) Sonhar que se está pagando uma dívida prenuncia sorte no jogo. Sonhar que se está endividado pressagia próxima mudança para melhor na situação financeira. Negar uma dívida prediz uma viagem.
G. 08, 17, 20. D. 32, 66, 79. C. 429, 666, 979. M. 0929.

DIVÓRCIO Se um homem sonha que está se divorciando, o sonho alerta para uma doença do estômago. Se for mulher, para uma doença nervosa.
G. 03, 14, 25. D. 10, 53, 98. C. 509, 653, 799. M. 1000.

DOCE(S) Ver-se em sonhos comendo doces pressagia tranqüilidade doméstica. Ver-se fazendo doces sugere pequenas preocupações,

dificuldades transitórias. Ver-se oferecendo doces a alguém representa boas amizades. Receber doces de alguém denuncia uma situação enganosa. Ver Chocolate, Marmelada.
G. 17, 18, 24. D. 68, 69, 94. C. 268, 293, 871. M. 1194.

DOENÇA Sentir-se doente em sonhos significa boa saúde. Ver alguém doente simboliza preocupações. Socorrer um doente pressagia a derrota de inimigos. Ver Acamado, Asma, Convalescença, Dispnéia, Doente, Dor, Enfermo, Febre, Sarna, Saúde.
G. 07, 10, 18. D. 28, 37, 69. C. 337, 528, 972. M. 3937.

DOENTE Ver em sonhos alguém doente denuncia preocupações. Ver doentes em um hospital pressagia a cura de uma enfermidade. Ver Doença.
G. 06, 07, 18. D. 22, 25, 71. C. 472, 624, 927. M. 6822.

DONATIVO Ver-se em sonhos recebendo um donativo de uma pessoa rica anuncia uma perspectiva feliz para os negócios. Receber um donativo de uma moça pressagia rompimento de noivado. Ver-se fazendo um donativo a alguém prediz mudança de profissão.
G. 20, 21, 23. D. 80, 84, 91. C. 382, 780, 892. M. 7881.

DOR Sentir dor em sonhos ou ver alguém sofrendo dores pressagia o restabelecimento de algum doente. Ver Doença.
G. 06, 15, 16. D. 22, 59, 64. C. 421, 563, 959. M. 7324.

DORMIR O sonho em que a pessoa se vê ou vê outra pessoa dormindo tem sempre um sentido negativo.
G. 08, 14, 24. D. 30, 54, 93. C. 329, 954, 995. M. 5453.

DRAGÃO Ver um dragão em sonhos representa a existência de amigos influentes na política ou na sociedade. Ver-se sendo atacado por um pressagia embaraços transitórios. Lutar com um e vencê-lo anuncia a derrota de inimigos intrigantes. Vê-lo atacando outra pessoa alerta contra a existência de inimigos impertinentes.
G. 04, 05, 10. D. 14, 18, 39. C. 216, 338, 417. M. 4638.

DRAMA Ver em sonhos a representação de um drama denuncia a existência de inimigos. Ver-se participando da representação de um pressagia desavenças.
G. 06, 08, 17. D. 24, 29, 66. C. 029, 265, 522. M. 6266.

DUELO Ver-se em sonhos participando de um duelo denuncia a existência de intrigas. Ferir alguém em um duelo pressagia o restabelecimento da saúde de um doente. Matar alguém em duelo anuncia o regresso de uma pessoa ausente. Ver-se morto em duelo prediz a chegada de boas notícias.
G. 16, 20, 24. D. 64, 79, 95. C. 278, 595, 661. M. 8779

E

ÉBRIO Ver Bêbado.

ECLIPSE Ver em sonhos um eclipse parcial do Sol é presságio de pequenos prejuízos. Se o eclipse for total, pressagia dificuldades, obstáculos à realização de planos, falta de sorte.
G. 04, 21, 23. D. 15, 83, 90. C. 292, 616, 782. M. 9982.

ECO Ouvir em sonhos o som de um eco pressagia perigo de surdez. Ouvir vários ecos é um aviso contra intrigas.
G. 01, 14, 15. D. 01, 55, 60. C. 060, 304, 653. M. 1660.

EDIFÍCIO Todos os sonhos com edifícios têm bom significado. Ver um deles pressagia o recebimento de notícias de uma pessoa ausente. Ver-se construindo um representa boa situação financeira e futuro promissor.
G. 07, 16, 20. D. 27, 62, 79. C. 125, 278, 661. M. 3228.

EDITOR Ver-se em sonhos sendo um editor pressagia que seus esforços serão lucrativos. Ser empregado de um editor prediz embaraços na vida.
G. 06, 07, 16. D. 24, 27, 61. C. 463, 724, 926. M. 4927.

ÉGUA Ver em sonhos uma égua bem tratada é um presságio de casamento. Ver-se montando em uma anuncia aventuras com mulheres.
G. 03, 08, 11. D. 12, 29, 44. C. 229, 241, 512. M. 7330.

ELEFANTE Ver em sonhos um elefante é um bom presságio. Se ele estiver no circo, alerta contra a existência de inimigos atentos. Ver-se montando um elefante pressagia o rompimento de compromisso ou de amizade. Ver-se dando comida a um, prenuncia casamento. Ser perseguido por um, sugere a derrota dos inimigos.
G. 08, 09, 12. D. 31, 35, 45. C. 435, 631, 745. M. 3236.

ELEIÇÃO Ver-se votando em uma eleição pressagia a obtenção de um emprego mal remunerado.
G. 15, 20, 22. D. 57, 77, 87. C. 079, 158, 185. M. 6886.

ELETROLA Ver Toca-discos.

ELEVADOR Ver-se em sonhos entrando em um elevador é presságio de iniciativas promissoras. Ver-se saindo de um anuncia desavenças. Subir em um sugere intranqüilidade doméstica. Descer nele, desenganos. Ver-se como o ascensorista, contrariedades.
G. 05, 09, 22. D. 17, 35, 87. C. 088, 734, 820. M. 7718.

EMAGRECER Ver-se magro em sonho pressagia questões judiciais, prejuízos e aborrecimentos.
G. 02, 09, 12. D. 05, 34, 45. C. 033, 608, 645. M. 2308.

EMBOSCADA Ver-se em sonhos surpreendido em uma emboscada pressagia bom resultado em um negócio. Ver-se preparando uma sugere que é necessária prudência nos atos.
G. 15, 23, 24. D. 58, 89, 96. C. 294, 457, 789. M. 5893.

EMBRIAGUEZ Ver-se em sonhos embriagado é presságio de boa saúde. Ver alguém embriagado é recomendação de prudência nas ações ou presságio de surpresas desagradáveis. Ver-se amparando um embriagado denuncia preocupações. Ver Bêbado.
G. 16, 23, 25. D. 61, 92, 98. C. 090, 198, 364. M. 6292.

EMBRULHO Ver-se em sonhos carregando um embrulho pressagia uma existência sossegada. Encontrar um denuncia indiscrições de outrem a respeito de quem sonha. Receber um prediz a possibilidade de mudança de posição.
G. 02, 22, 24. D. 06, 88, 95. C. 405, 685, 996. M. 3588.

EMPREGO Sonhar que se está desempregado é um presságio de melhoria financeira. Ver-se começando a trabalhar em um emprego novo denuncia dificuldades. Ver-se procurando um emprego prediz incômodos físicos.
G. 01, 05, 16. D. 04, 19, 61. C. 401, 563, 718. M. 6320

EMPRÉSTIMO Ver-se em sonhos emprestando dinheiro denuncia gastos em jogo. Ver-se pedindo dinheiro emprestado pressagia prosperidade futura.
G. 08, 09, 18. D. 29, 35, 69. C. 270, 729, 733. M. 2832.

ENFERMEIRO Ver em sonhos um enfermeiro é presságio de boas notícias. Ver-se como um enfermeiro anuncia embaraços por dinheiro.
G. 04, 21, 24. D. 15, 81, 93. C. 195, 314, 384. M. 9293.

ENFERMO Ver em sonhos um enfermo é presságio de tristeza. Ver-se enfermo simboliza boa disposição física e otimismo para enfrentar dificuldades. Ajudar em sonhos a um enfermo prediz o recebimento de palavras amigas de pessoa conhecida. Ver muitos enfermos prenuncia um desastre na rua ou em viagem. Ver Doença, Doente.
G. 03, 10, 22. D. 11, 38, 86. C. 412, 588, 738. M. 2511.

ENFORCADO Ver em sonhos um enforcado pressagia sorte no jogo. Ver-se morrendo enforcado simboliza luta pela vida. Ver um conhecido enforcado denuncia a existência de inimigos ocultos. Ver-se tirando alguém de uma forca prediz o recebimento de auxílio em uma situação difícil.
G. 03, 04, 07. D. 12, 16, 28. C. 027, 416, 710. M. 1609.

ENGANO Ver-se em sonhos enganando alguém pressagia má sorte no jogo. Ser enganado por outrem anuncia recebimento de dinheiro.
G. 05, 10, 19. D. 20, 38, 74. C. 140, 374, 920. M. 0220.

ENGASGO Engasgar-se em sonhos com uma espinha de peixe alerta para a necessidade de prudência nos atos, pois existem inimigos à espreita de momento favorável a uma emboscada ou intriga perigosa. Engasgar-se com moeda, dedal ou outro pequeno objeto simboliza dificuldades transitórias. Engasgar-se com comida pressagia uma viagem. Engasgar-se com bebida prediz um período pouco favorável para amores.
G. 04, 10, 24. D. 15, 37, 93. C. 116, 439, 794. M. 7538.

ENIGMA Decifrar um enigma em sonhos é presságio de prosperidade. Ver Charada.
G. 03, 05, 13. D. 09, 19, 52. C. 051, 318, 712. M. 2450.

ENTERRADO Ver-se em sonhos enterrado vivo é presságio de uma enfermidade longa. Ver alguém conhecido enterrado vivo prediz infortúnios.
G. 02, 06, 17. D. 05, 24, 68. C. 307, 466, 524. M. 5324.

ENTERRO Ver em sonhos um enterro feito de dia é presságio de boas novidades; mas, se ele for feito à noite, é um mau presságio. Ver-se acompanhando o enterro de parente ou amigo denuncia deslealdades. Ver muitos enterros é aviso acerca de doença grave de parente. Ver o próprio enterro pressagia felicidade no jogo. Ver Morto.
G. 06, 08, 11. D. 23, 29, 44. C. 342, 522, 830. M. 0029.

ENXADA Ver-se em sonhos usando uma enxada é presságio de uma boa situação futura. Ver alguém trabalhando com uma, pressagia tranqüilidade doméstica.
G. 05, 09, 23. D. 18, 36, 92. C. 135, 490, 517. M. 3289.

ENXOFRE Ver em sonhos pedras de enxofre pressagia embaraços nos negócios. Ver-se queimando enxofre anuncia contrariedades sérias.
G. 12, 17, 19. D. 45, 67, 76. C. 067, 073, 246. M. 5475.

ENXOVAL Ver em sonhos um enxoval de casamento pressagia, para as pessoas casadas, aborrecimentos; para as solteiras, noivado ou namoro desfeito; para as viúvas, casamento. Ver-se comprando um enxoval anuncia o nascimento de uma criança ou um noivado na família. Ver-se vendendo um enxoval prediz uma mudança.
G. 02, 08, 15. D. 06, 32, 60. C. 632, 757, 905. M. 1629.

ERMITÃO Ver em sonhos um ermitão é presságio de traição por parte de uma pessoa conhecida. Ver-se como um ermitão denuncia o desejo de ganhar muito dinheiro ou prediz uma viagem.
G. 10, 11. 12. D. 40, 44, 47. C. 143, 348, 440. M. 8047.

ERVA Quando aparece em sonhos, a erva tem um simbolismo relacionado com a sua humildade de planta silvestre. Uma erva verde representa a vida difícil dos que são fracos e pequenos. Se estiver seca, anuncia um amor desfeito e morto. Comer ervas, o que pode haver de mais pobre, alerta contra a perda do emprego.
G. 03, 06, 16. D. 11, 22, 63. C. 012, 722, 864. M. 8061.

ERVILHA(S) Ver em sonhos ervilhas cruas indica a existência de projetos a serem realizados. Ervilhas cozidas pressagiam mudanças na carreira. Ver-se comendo purê de ervilhas simboliza sossego familiar ou divertimentos noturnos.
G. 03, 05, 16. D. 11, 18, 61. C. 220, 411, 764. M. 9463.

ESCADA Segundo a Psicanálise, a escada é um símbolo sexual. Assim, ver-se em sonhos subindo por uma escada significa, para uma pessoa casada ou solteira, o desejo inconsciente de praticar a atividade sexual; a queda de uma escada pode significar medo da sexualidade ou perigo de impotência. Além desse simbolismo, ver-se subindo em uma escada pode pressagiar melhoria nas finanças; descer, negócios em situação decadente; ver alguém caindo de uma escada, derrota de inimigo; ver a si mesmo caindo de uma, doença grave.
G. 10, 14, 23. D. 38, 56, 90. C. 089, 539, 655. M. 0489.

ESCAFANDRO Ver em sonhos um escafandro fora da água simboliza pobreza. Se estiver submerso, pressagia prejuízos. Ver-se vestindo um anuncia dificuldades.
G. 02, 17, 23. D. 06, 66, 92. C. 006, 392, 967. M. 7691.

ESCÂNDALO Ver em sonhos um escândalo denuncia o risco de calúnias por parte de pessoas inimigas. Ver-se provocando um pressagia desgostos na família.
G. 02, 05, 23. D. 07, 19, 92. C. 390, 419, 708. M. 1806.

ESCOLA Ver-se em sonhos como estudante em uma escola é um bom presságio.
G. 05, 11, 17. D. 20, 41, 67. C. 220, 543, 565. M. 3518.

ESCORPIÃO Um escorpião visto em sonhos pressagia traição; muitos simbolizam dificuldades. Ver-se matando um escorpião prediz a derrota de inimigos. Ser picado por um anuncia prejuízos.
G. 01, 09, 23. D. 03, 34, 92. C. 501, 636, 790. M. 6233.

ESCOVA Ver-se em sonhos comprando uma escova de qualquer tipo alerta para o perigo de enfermidade. Ver-se usando uma escova de dentes pressagia o rompimento de um compromisso de amor ou de casamento, ou uma ameaça de doença. Ver-se usando uma escova de roupa prediz a tomada de uma resolução aproveitável para os negócios.
G. 05, 06, 10. D. 20, 23, 37. C. 040, 323, 717. M. 4924.

ESCREVER Ver-se em sonhos escrevendo uma carta pressagia a chegada de notícia sem importância; muitas cartas pressagiam sorte no jogo. Escrever a parentes anuncia uma doença na família; a uma pessoa falecida, regresso de pessoa ausente; a um parente ou amigo, aborrecimentos; a um inimigo, boas ou novas amizades. Ver-se escrevendo um requerimento a uma autoridade prediz embaraços no exercício da profissão ou pedido de empréstimo ao governo ou a um banco. Escrever o próprio testamento anuncia possibilidade de acidente. Escrever com tinta vermelha pressagia a possibilidade de uma operação cirúrgica. Com tinta preta, possível morte na família. Com tinta branca, noivado. Com tinta azul, esperança de progredir no emprego ou nos negócios. Escrever bilhetes a lápis ou tinta denuncia despreocupação, desinteresse, falta de ambição e de paciência.
G. 01, 12, 23. D. 01, 48, 90. C. 103, 491, 946. M. 3247.

ESCRITÓRIO Ver-se em sonhos entrando em um escritório pressagia boa reputação e amizades úteis. Ver-se trabalhando em um avisa sobre o resultado lento dos esforços.
G. 03, 04, 21. D. 09, 15, 83. C. 083, 409, 916. M. 6709.

ESCRIVANINHA Ver-se em sonhos escrevendo em uma escrivaninha denuncia a existência de maledicência. Ver alguém escrevendo em uma pressagia intrigas. Ver uma escrivaninha fechada sugere falta de trabalho, desemprego.
G. 13, 19, 21. D. 52, 75, 83. C. 281, 474, 750. M. 2151.

ESCURIDÃO Ver-se em sonhos dentro de uma grande escuridão pressagia a existência de inimigos perigosos.
G. 03, 05, 11. D. 10, 17, 44. C. 042, 410, 619. M. 8219.

ESMERALDA Todos os sonhos com esmeraldas têm bom significado, esteja a pedra em uma jóia ou isolada. Ver Pedra Preciosa.
G. 03, 21, 24. D. 10, 82, 94. C. 081, 695, 811. M. 0584.

ESMOLA Ver-se em sonhos pedindo esmola pressagia boa sorte no jogo. Dar esmolas anuncia uma boa surpresa. Receber uma esmola denuncia uma crise moral transitória ou desentendimentos com parentes ou conhecidos. Ver alguém pedir esmolas sugere a necessidade de cautela com inimigos. Ver Caridade, Mendigo.
G. 15, 17, 20. D. 59, 66, 80. C. 057, 366, 780. M. 0077.

ESPADA Segundo a Psicanálise, a espada é um símbolo sexual, significando virilidade no homem e frustração erótica na mulher. Em geral, o sonho com uma espada adquire mais valor simbólico para homens e mulheres afastados da vida militar pois, para os militares, a espada é um objeto comum cujo significado é menos traumático do que para os civis. Ver em sonhos uma espada pressagia traição por parte de pessoa conhecida, de colega ou de mulher livre. Ser dono de uma espada anuncia prestígio, posição segura. Ferir-se com uma alerta contra desastre. Usar uma espada para defender-se sugere progresso financeiro. Quebrar uma prediz vitória sobre inimigos. Uma espada na bainha simboliza sentimento de capacidade pessoal para ganhar a vida ou tratar dos próprios interesses. Ver-se afiando uma espada indica disposição para o trabalho em situação difícil e, para o homem, desejo sexual. Ver Armas.
G. 17, 19, 25. D. 67, 74, 99. C. 074, 098, 267. M. 9273.

ESPELHO Em geral, o sonho com espelhos é desfavorável. Ver-se em sonhos em um espelho denuncia leviandade, descuido de interesses sociais importantes. Ver um espelho quebrado pressagia projetos, planos ou desejos contrariados. Ver-se quebrando um espelho alerta acerca de negócios prejudiciais.
G. 01, 04, 15. D. 02, 16, 60. C. 002, 815, 960. M. 7857.

ESPIÃO Ver em sonhos um espião preso é um mau presságio orn referência a amizades.
G. 10, 13 , 20. D. 39, 49, 77. C. 351, 637, 878. M. 3077.

ESPINGARDA A espingarda é interpretada pelos psicanalistas como um símbolo sexual, relacionado com a função dos órgãos genitais; mas pode ter outros significados nos sonhos. Ver-se possuindo uma espingarda pressagia lucro sem importância, ver-se atirando com ela prediz aborrecimentos. Negociar com espingardas sugere brigas sem resultado para quem sonha. Ver Armas.
G. 05, 23, 25. D. 18, 90, 00. C. 318, 591, 697. M. 6890.

ESPINHOS Ver espinhos em um sonho alerta contra a má vizinhança. Ferir-se com um pressagia perda de emprego ou prejuízos nos negócios.
G. 05, 09, 16. D. 18, 35, 62. C. 617, 633, 761. M. 3861.

ESPÍRITO(S) Sonhar com espíritos não tem grande significado, quer se trate de crentes ou de adversários do espiritismo. Às vezes, entretanto, é possível haver algum indício favorável, quando se trata da visão de espíritos de aspecto claro. Muitas vezes, sonhar com um espírito é sinal de tristeza e de dificuldades, sentimentais ou materiais, que sem dúvida poderão ser transitórias. Ver Alma.
G. 04, 11, 14. D. 14, 41, 55. C. 556, 814, 842. M. 2041.

ESPIRRO Ver-se em sonhos espirrando é um bom presságio. Muitos espirros seguidos, entretanto, pressagiam desavenças com amigos ou traições de inimigos.
G. 12, 16, 25. D. 45, 61, 00. C. 347, 298, 863. M. 5846.

ESPONJA Ver muitas esponjas em um sonho é presságio de acidentes. Ver-se usando uma esponja simboliza a necessidade de economia forçada.
G. 04, 09, 14. D. 13, 34, 54. C. 215, 433, 553. M. 2056.

ESPOSA Para um homem casado, ver em sonhos a esposa em casa é um bom presságio. Vê-la na rua prenuncia doenças passageiras no lar. Vê-la com os filhos simboliza tranqüilidade doméstica.
G. 01, 06, 09. D. 01, 24, 34. C. 536, 804, 824. M. 6034.

ESPUMA A espuma de sabão, vista em sonhos, pressagia aborrecimentos. A espuma de cerveja denuncia despreocupação.
G. 09, 11, 21. D. 33, 42, 81. C. 435, 542, 881. M. 2942.

ESQUELETO Ver em sonhos um esqueleto é presságio de más notícias. Se ele estiver correndo, pressagia doença. Ver-se falando com ele anuncia traição. Ver-se lutando com ele pressagia a derrota de inimigos. Ver-se enterrando um esqueleto prediz o recebimento de uma herança. Desenterrar um sugere o recebimento de um legado em dinheiro de um parente. Ver Ossos.
G. 05, 06, 14. D. 17, 24, 55. C. 219, 423, 653. M. 7455.

ESQUIFE Ver em sonhos um esquife vazio pressagia morte na família. Se ele tiver dentro um cadáver, anuncia a cura da doença de parente; se tiver uma pessoa viva, prediz a derrota de inimigos. Ver-se carregando um esquife pressagia uma viagem. Colocar um na sepultura alerta contra o perigo de um desastre.
G. 04, 09, 17. D. 14, 34, 68. C. 814, 834, 867. M. 9613.

ESTALAGEM Ver-se em sonhos hospedado em uma estalagem simboliza uma vida difícil. Ver uma estalagem sem entrar nela pressagia negócios lucrativos. Ver Abrigo, Hospital, Hotel.
G. 14, 21, 23. D. 54, 81, 92. C. 683, 692, 756. M. 1492.

ESTAMPA(S) Ver estampas em sonhos é um presságio de sossego nos próximos dias. Ver-se colecionando-as sugere uma existência tranqüila. Negociar com elas denuncia estagnação dos negócios.
G. 22, 23, 25. D. 85, 91, 98. C. 400, 585, 591. M. 9886.

ESTANDARTE Ver em sonhos um estandarte flutuando ao vento pressagia satisfações. Ver-se como um porta-estandarte anuncia novas amizades. Ver Bandeira.
G. 11, 14, 25. D. 43, 55, 98. C. 241, 255, 398. M. 2044.

ESTANHO Ver em sonhos estanho em barras é presságio de aborrecimentos. Ver-se trabalhando com estanho sugere dificuldades.
G. 08, 11, 23, D. 32, 41, 90. C. 242, 429, 989. M. 9030.

ESTANTE Ver em sonhos uma estante com livros é presságio de uma vida normal. Se ela estiver vazia, simboliza uma esperança que não se realizará.
G. 11, 14, 17. D. 42, 54, 68. C. 341, 465, 853. M. 2968.

ESTÁTUA Os sonhos com estátuas não têm bom significado: prognosticam aborrecimentos e dificuldades.
G. 05, 14, 25. D. 17, 55, 99. C. 518, 699, 756. M. 3956.

ESTEIRA Ver-se em sonhos deitado em uma esteira pressagia tranqüilidade doméstica. Negociar com esteiras sugere vida despreocupada.
G. 11, 23, 25. D. 44, 89, 98. C. 091, 144, 797. M. 7490.

ESTOJO Ver em sonhos um estojo alerta contra um possível roubo. Ver-se recebendo um pressagia embaraços financeiros. Dar um a alguém anuncia questões e desavenças.
G. 01, 06, 09. D. 03, 22, 36. C. 135, 302, 621. M. 4736.

ESTÔMAGO Ver-se em sonhos com o estômago inchado é sinal de doença. Dores de estômago sentidas em sonhos pressagiam prejuízos.
G. 02, 07, 12. D. 08, 28, 48. C. 025, 106, 848. M. 7145.

ESTRADA O significado de uma estrada vista em um sonho depende do seu aspecto. Se ela for longa e reta, pressagia vida longa. Se estiver asfaltada, boa carreira profissional. Se for de barro, esforços recompensados; se tiver muitas curvas, dificuldades. Se for larga e ensolarada, futuro promissor. Se for escura, lutas e inimigos persistentes. Uma estrada de ferro pressagia viagem. Ver Avenida, Rua.
G. 03, 08, 10. D. 12, 32, 39. C. 309, 540, 829. M. 5630.

ESTREBARIA Ver em um sonho uma estrebaria vazia pressagia imprevistos prejudiciais. Se ela estiver com animais, simboliza profissão trabalhosa.
G. 03, 19, 21. D. 09, 73, 83. C. 281, 774, 912. M. 9983.

ESTRELA(S) Ver em um sonho estrelas brilhantes é presságio de felicidade; se estiverem pálidas, predizem pouca sorte; estrelas cadentes denunciam infidelidade no amor. Ver a estrela matutina pressagia progresso material.
G. 05, 10, 17. D. 18, 40, 67. C. 517, 567, 638. M. 1819.

ESTRUME Ver em um sonho um monte de estrume simboliza dinheiro a receber. Ver-se pisando nele pressagia um negócio lucrativo.
G. 08, 15, 18. D. 29, 57, 69. C. 258, 532, 671. M. 5857.

ESTUDO Ver em sonhos alguém estudando é presságio de boa sorte.
G. 07, 08, 09. D. 26, 31, 35. C. 132, 428, 636. M. 4836.

ESTUFA Ver em sonhos uma estufa acesa pressagia boa sorte. Se ela estiver apagada, anuncia prejuízos. Ver-se dentro de uma denuncia gastos inúteis.
G. 06, 11, 12. D. 24, 43, 47. C. 721, 844, 848. M. 6948.

EVANGELHO Ver-se em um sonho lendo o Evangelho pressagia uma mudança de vida. Ver Sermão.
G. 03, 07, 12. D. 10, 26, 45. C. 128, 510, 645. M. 4611.

EVASÃO Ver Fuga.

EXCREMENTO Ver excrementos em sonhos pressagia progresso nos negócios e possível recebimento de dinheiro. Excremento de animais simbolizam boa sorte; mas ver-se pisando em excrementos pressagia atrasos na vida. Sonhar que se defeca com facilidade indica boa saúde; com dificuldade, doença. Defecar na cama pressagia a separação de marido e mulher.
G. 05, 19, 21. D. 19, 73, 84. C. 184, 319, 374. M. 5282.

EXÉQUIAS Presenciar exéquias em um sonho pressagia uma viagem. Ver Morto.
G. 12, 13, 15. D. 47, 51, 59. C. 045, 252, 858. M. 7652.

EXÉRCITO Sonhar com um exército em marcha pressagia uma doença grave. Vê-lo em combate denuncia desavenças na família. Vê-lo derrotado sugere aborrecimentos por dinheiro. Ver-se como soldado pressagia uma ocupação mal remunerada. Ver Militar.
G. 11, 19, 25. D. 44, 73, 97. C. 076, 500, 841. M. 7674.

EXÍLIO Ver-se em sonhos partindo para o exílio pressagia próximo ganho de dinheiro. Ver-se voltando do exílio prediz uma questão judicial.
G. 01, 04, 06. D. 04, 13, 22. C. 602, 915, 921. M. 3915.

EXPLOSÃO Sonhar com a explosão de um fogão pressagia desordem em casa; de uma caldeira, desquite; de um avião, perigo futuro; de uma fábrica, prejuízos.
G. 01, 04, 07. D. 02, 14, 28. C. 015, 325, 603. M. 8526.

EXPOSIÇÃO Ver em sonhos uma exposição de arte denuncia gastos excessivos. Uma exposição de flores pressagia a chegada de boas notícias de pessoa ausente; de animais, desavenças no lar; de objetos variados, desemprego.
G. 11, 21, 25. D. 42, 82, 99. C. 097, 583, 844. M. 3883.

EXTREMA-UNÇÃO Ver em sonhos alguém recebendo a extrema-unção pressagia a chegada da notícia da morte de outra pessoa. Ver-se recebendo a extrema-unção denuncia a necessidade de economizar dinheiro.
G. 04, 07, 09. D. 14, 28, 36. C. 133, 726, 813. M. 3214.

F

FÁBRICA Ver em sonhos uma fábrica funcionando pressagia a realização de desejos e progresso nas finanças. Ver-se trabalhando em uma fábrica simboliza casamento. Ver um incêndio em uma fábrica denuncia situação financeira difícil.
G. 04, 09, 15. D. 16, 34, 60. C. 036, 213, 958. M. 9214.

FÁBULA Ver-se em sonhos narrando uma fábula é sinal de despreocupação. Ouvir uma pressagia vida calma.
G. 17, 21, 25. D. 67, 81, 98. C. 066, 081, 298. M. 0683.

FACA Ver em sonhos uma faca de mesa pressagia a chegada de uma visita. Ver-se usando uma faca alerta contra uma profissão arriscada. Ver-se dando uma faca a alguém prediz questões policiais. Ver-se amolando uma denuncia projetos de difícil execução. Ver Armas.
G. 08, 09, 24. D. 29, 36, 96. C. 030, 096, 434. M. 1131.

FACADA Receber em sonhos uma facada é presságio de doença. Ver-se esfaqueando alguém prenuncia uma viagem. Ver uma luta com facas prediz dificuldades com inimigos. Ver alguém ferido a faca anuncia casamento ou nascimento na família.
G. 12, 18, 19. D. 45, 70, 76. C. 045, 072, 476. M. 1770.

FACE Ver Rosto.

FACHADA Ver em sonhos a fachada de uma casa alerta contra um projeto irrealizável. A fachada de uma igreja simboliza paz e tranqüilidade espiritual.
G. 01, 10, 25. D. 01, 38, 00. C. 248, 400, 901. M. 0204.

FADA Ver em sonhos uma fada pressagia aborrecimentos. Se ela estiver voando, prediz a morte de pessoa conhecida. Ver-se falando com uma fada é presságio de noivado.
G. 01, 05, 11. D. 04, 18, 42. C. 019, 204, 941. M. 2420.

FADIGA Esse sonho tem sempre um mau significado. Ver Cansaço.

FAISÃO Ver em sonhos um faisão voando pressagia um bom futuro. Vê-lo andando no chão anuncia uma vida difícil. Comer um faisão é sinal de boa saúde.
G. 04, 10, 17. D. 14, 38, 68. C. 037, 766, 914. M. 4165.

FALAR Ver-se em sonhos falando a uma pessoa denuncia a existência de um problema a ser resolvido. Falar a um animal pressagia notícias desagradáveis. Ouvir um morto falar prediz o restabelecimento da saúde. Se for uma pessoa viva, sugere possibilidade de melhoria na vida; se for um animal, uma viagem. Ver Conversar.
G. 21. 23, 25. D. 84, 91, 99. C. 089, 583, 597. M. 1991.

FALÊNCIA Se a pessoa que sonha com a falência do seu estabelecimento é comerciante ou industrial, o sonho pressagia prosperidade financeira. Sonhar com a falência de outrem pressagia dificuldade no próprio negócio. Ver-se em sonhos como síndico de uma falência prediz bons negócios futuros.
G. 05, 15, 20. D. 18, 59, 78. C. 117, 359, 378. M. 7678.

FAMÍLIA Sonhar com a família ausente é presságio de boas novidades. Sonhar com a família alheia simboliza boas amizades. Separar-se da família em um sonho pressagia o nascimento de um filho. Sonhar com uma festa familiar anuncia a separação de namorados ou amantes. Ver em sonhos uma pessoa da família tendo relações sexuais com alguém é presságio de viagem. Sonhar com discussões no ambiente da família pressagia paz doméstica.
G. 01, 08, 10. D. 01, 29, 39. C. 129, 637, 901. M. 4901.

FANTASMA Sonhar com um fantasma branco é prenúncio de boas notícias. Se ele for preto, pressagia contrariedades; se for de mulher, morte de pessoa ausente. De homem, regresso de alguém em viagem. Muitos fantasmas pressagiam desgostos ou prejuízos monetários. Ver-se falando com um fantasma é prenúncio de doença. Ver-se perseguido por um denuncia a existência de inimigos desleais.
G. 15, 17, 25. D. 59, 67, 00. C. 059, 866, 898. M. 6699.

FARDO Ver em sonhos um fardo é presságio de dificuldades. Carregar um prediz infortúnios.
G. 17, 19, 23. D. 66, 75, 92. C. 174, 567, 691. M. 0765.

FARINHA Sonhar com farinha de mandioca é presságio de refeições fartas. Farinha de milho previne contra despesas na cozinha. Farinha de trigo indica falta de apetite. Ver-se derramando farinha denuncia dinheiro perdido no jogo. Ver-se fazendo farinha prediz dificuldades na vida. Ver-se ensacando farinha anuncia dinheiro ganho em loteria.
G. 05, 09, 14. D. 17, 34, 54. C. 120, 535, 655. M. 5134.

FARMÁCIA Ver-se em sonhos como dono de uma farmácia ou trabalhando nela é presságio de doença de parente.
G. 06, 09, 15. D. 23, 34, 60. C. 135, 159, 723. M. 6636.

FAROL Ver em sonhos um farol ao longe simboliza esperanças de realização incerta. Ver-se como faroleiro ou empregado em um farol pressagia contrariedades.
G. 04, 06, 09. D. 16, 21, 35. C. 322, 615, 936. M. 3436.

FATURA Ver em sonhos uma fatura pressagia negócios normais.
G. 06, 17, 25. D. 22, 65, 99. C. 322, 368, 799. M. 8868.

FAVA(S) Ver favas em um sonho é um alerta contra dívidas. Ver-se colhendo favas pressagia amores felizes. Vender e comprar favas anuncia uma doença leve. Ver-se comendo favas prediz um perigo próximo.
G. 04, 07, 10. D. 13, 26, 37. C. 013, 528, 738. M. 1827.

FAVOR Ver-se em sonhos recebendo um favor de alguém alerta contra a escolha de uma profissão pouco rentável. Ver-se prestando um favor a outrem pressagia melhoria no futuro.
G. 13, 21, 25. D. 49, 81, 00. C. 100, 682, 749. M. 0050.

FEBRE Sentir-se febril em sonhos anuncia a convalescença de pessoa conhecida. Ver alguém com febre pressagia casamento. Ver Doença, Acesso.
G. 02, 07, 15. D. 06, 27, 57. C. 459, 605, 727. M. 0228.

FECHADURA Ver em sonhos uma fechadura pressagia roubo ou perda de dinheiro. Ver-se colocando uma fechadura em uma porta anuncia progresso nos negócios, depois de dificuldades.
G. 05, 08, 15. D. 18, 31, 59. C. 317, 329, 557. M. 9018.

FEIJÃO Ver em sonhos feijão preto é presságio de doença na família. Feijão branco pressagia noivado ou casamento; manteiga, mudança de situação; verde, desquite ou separação. Se o feijão estiver bichado, prediz uma vida difícil. Ver-se comendo feijão alerta contra amizades falsas. Ver-se plantando feijão anuncia melhoria na situação financeira.
G. 01, 05, 08. D. 02, 17, 30. C. 318, 601, 732. M. 1618.

FEIRA Ver-se em sonhos em uma feira é presságio de discussões e desavenças. Ver-se fazendo compras em uma anuncia prosperidade, fartura em casa. Ver-se negociando em uma é sinal de harmonia no lar.
G. 03, 05, 07. D. 12, 18, 25. C. 320, 411, 928. M. 2517.

FEITICEIRO Ver-se em sonhos consultando um feiticeiro é presságio de uma vida difícil. Ver-se exercendo a profissão de feiticeiro anuncia o falecimento de um inimigo. Ver uma pessoa conhecida como feiticeiro denuncia uma falsa amizade.
G. 04, 06, 08. D. 13, 23, 31. C. 630, 914, 923. M. 8132.

FEL Ver em sonhos uma porção de fel pressagia aborrecimentos no futuro. Ver alguém beber fel anuncia desgostos.
G. 02, 04, 06. D. 08, 16, 23. C. 723, 806, 816. M. 1105.

FERA Ver em sonhos muitas feras denuncia a falsidade de pessoas conhecidas. Ver-se atacado por feras sugere que é necessário ter cautela com as amizades. Ver-se matando feras anuncia a derrota de inimigos. Vê-las em uma jaula significa projetos realizáveis sem muita dificuldade. Vê-las em uma jaula de circo pressagia casamento. Ver uma luta entre feras prediz a chegada de boas notícias. Ver-se caçando feras é sinal de separação.
G. 01, 04, 06. D. 04, 15, 21. C. 214, 224, 304. M. 9124.

FÉRETRO Ver em sonhos um féretro de criança é prenúncio de tristeza. Se for de adulto, pressagia a realização de esperanças. Ver-se segurando um féretro é presságio de uma viagem.
G. 03, 06, 09. D. 12, 24, 34. C. 011, 333, 421. M. 2609.

FÉRIAS Sonhar que se está em férias é presságio de questões judiciais.
G. 05, 08, 14. D. 17, 32, 53. C. 520, 854, 930. M. 7953.

FERRADURA Ver-se em sonhos encontrando uma ferradura é presságio de sorte no jogo. Ver uma ferradura quebrada anuncia perigo de acidente em viagem. Uma ferradura neva indica boa sorte.
G. 04, 08, 14. D. 14, 30, 56. C. 753, 814, 929. M. 4129.

FERRAR Ver-se em sonhos ferrando um cavalo é anúncio de uma viagem. Ferrar um burro pressagia uma vida difícil.
G. 05, 07, 23. D. 20, 28, 92. C. 819, 892, 927. M. 6628.

FERREIRO Ver-se em sonhos como um ferreiro pressagia a realização de ambições. Ver-se entrando na oficina de um ferreiro anuncia negócios difíceis. Ver um ferreiro. trabalhar sugere a possibilidade de melhoria financeira.
G. 06, 15, 18. D. 21, 60, 72. C. 322, 760, 871. M. 5271.

FERRO Ver em sonhos uma barra de ferro frio prenuncia uma profissão trabalhosa, com dinheiro escasso. Ver ferro cor de fogo, incandescente, alerta para a possibilidade de derramamento de sangue. Ver-se trabalhando em ferro, como ferreiro, é presságio de dificuldades financeiras.
G. 02, 05, 09. D. 08, 19, 34. C. 320, 608, 633. M. 5509.

FESTA Ver em sonhos uma festa familiar é presságio de tranqüilidade próxima. Se a festa for de casamento, prenuncia uma viagem; se for uma festa oficial, melhoria na carreira.
G. 04, 07, 15. D. 14, 28, 59. C. 527, 558, 915. M. 5813.

FEZES Ver Excremento.

FÍGADO Ver em sonhos um fígado. de animal pressagia e recebimento de uma herança. Sentir-se doente do fígado anuncia desavenças e separação. Ver um pedaço de fígado humano prediz uma doença. Ver-se comendo fígado cozido é presságio de lucros próximos.
G. 04, 07, 09. D. 15, 25, 36. C. 215, 428, 636. M. 4635.

FIGO Figos frescos vistos em um sonho pressagiam uma sorte favorável. Se estiverem secos, predizem pequenos prejuízos; se estiverem verdes, casamento. Ver-se em sonhos comendo figos anuncia melhoria de vida. Ver-se cozinhando figos indica aumento na família. Apanhar figos na árvore é presságio de aborrecimentos. Ver Fruta.
G. 03, 05, 08. D. 11, 20, 31. C. 332, 609, 817. M. 7029.

FIGURA Ver-se em sonhos desenhando uma figura é presságio de perda de emprego. Ver uma figura desenhada anuncia o regresso de pessoa que viajava. Uma coleção de figuras vista em sonhos denuncia intrigas.
G. 02, 04, 07. D. 08, 14, 25. C. 016, 126, 807. M. 8405.

FILHO(S) Se um solteiro sonha que tem um filho, o sonho pressagia o rompimento de relações amorosas. Se é casado, o sonho anuncia doença na família. Se é viúvo, casamento. Sonhar com muitos filhos é sinal de sorte no jogo. Sonhar com um filho chorando é aviso de aumento na família. Se uma mulher vê em sonhos um ou mais filhos doentes, isto é sinal de gravidez. Se um homem tiver esse sonho, ele pressagia problemas complicados que exigem solução. Para uma mulher grávida, sonhar com um filho morto pressagia um bom parto; sonhar com ele ferido prediz aborto.
G. 02, 11, 25. D. 06, 42, 99. C. 106, 499, 941. M. 3907.

FIO(S) Todos os sonhos com fios simbolizam aborrecimentos, dificuldades, prejuízos e intrigas. Ver Meada.
G. 01, 04, 07. D. 01, 15, 25. C. 103, 326, 913. M. 6402.

FIRMAMENTO Sonhar com um céu azul-claro é presságio de noivado ou casamento. Um céu nublado pressagia desejos de difícil realização; com barra vermelha na linha do horizonte, perigo; com nu-

vens brancas, amor feliz; com nuvens negras, rompimento de relações amorosas; com luar, sorte em loteria.
G. 04, 08, 14. D. 16, 29, 55. C. 613, 653, 831. M. 7532.

FITA(S) Os sonhos com fitas prognosticam satisfação e alegrias. Entretanto, uma ou várias fitas negras indicam situação triste.
G. 03, 07, 17. D. 10, 27, 66. C. 126, 209, 568. M. 3226.

FLAUTA Ver-se em sonhos tocando flauta é presságio de desavença doméstica. Ver outra pessoa tocar o instrumento pressagia reconciliação. Ver Música.
G. 06, 09, 18. D. 23, 35, 72. C. 423, 636, 872. M. 8271.

FLECHA(S) Ver em sonhos uma flecha voando no ar pressagia sofrimento. Ver-se disparando uma flecha com o arco anuncia a derrota de inimigos. Flechas quebradas prenunciam ruína da família ou falência industrial. Ver Arco, Seta.
G. 02, 09, 19. D. 07, 33, 73. C. 236, 306, 373. M. 0506.

FLOR(ES) Ver-se em sonhos colhendo flores é presságio de benefícios inesperados. Recebê-las pressagia felicidade no amor. Dá-las anuncia desavenças. Vê-las em um vaso prediz uma vitória judicial. Flores artificiais denunciam deslealdade de pessoa conhecida. Um ramalhete de flores pressagia reconciliação. Flores murchas alertam contra prejuízo nos negócios. Flores vistas na planta sugerem amor feliz, noivado, casamento; flores brancas anunciam o nascimento de um filho; flores vermelhas, amor sincero; amarelas, doença. Muitas flores simbolizam desejos realizáveis.
G. 05, 18, 22. D. 18, 70, 85. C. 171, 220, 587. M. 7587.

FLORESTA Ver em sonhos uma floresta pressagia melhoria na situação financeira. Ver-se perdido em uma, denuncia preocupações e aborrecimentos. Ver um incêndio em uma floresta é presságio de uma viagem. Ver Bosque.
G. 14, 23, 25. D. 54, 92, 99. C. 199, 455, 591. M. 3300.

FOGÃO Ver em sonhos um fogão aceso pressagia um perigo próximo. Se ele estiver apagado, é sinal de pouco dinheiro. Ver-se cozi-

nhando em um fogão apagado é presságio de discórdia familiar. Ver-se acendendo um fogão anuncia vitória sobre dificuldades.
G. 11, 15, 22. D. 44, 59, 86. C. 085, 142, 760. M. 9485.

FOGO Ver em sonhos fogo aceso simboliza ciúmes. Se tiver grandes chamas, sugere paixão amorosa. Fogo de artifício pressagia a separação de amantes, namorados ou noivos. Fogo solto no ar representa noivado ou casamento; apagado, perda de emprego. Ver-se acendendo fogo prediz o ganho de uma causa na justiça. Ver-se apagando um fogo indica impotência sexual. Ver-se um rapaz ou uma moça envoltos em chamas pressagia casamento ou noivado. Ver Incêndio.
G. 11, 23, 25. D. 41, 90, 98. C. 399, 642, 892. M. 2643.

FOGUETE(S) Ver-se em sonhos soltando foguetes simboliza confiança no futuro. Vê-los explodirem no ar pressagia casamento, noivado ou viagem.
G. 12, 16, 20. D. 48, 62, 77. C. 861, 946, 977. M. 0547.

FOLHA(S) Ver em sonhos folhas caindo das árvores é presságio de doença. Folhas soltas no chão prenunciam o ganho de um prêmio em loteria. Folhas secas ou amarelas indicam falta de sorte no jogo. Ver Árvore.
G. 08, 10, 21. D. 32, 38, 83. C. 931, 937, 982. M. 1681.

FOME Sentir fome em sonhos simboliza projetos que serão realizados. Ver-se a saciar a fome, comendo, prediz ganho de dinheiro. Se uma mulher casada sonha com um indivíduo faminto, isso é sinal de gravidez.
G. 02, 19, 21. D. 06, 73, 81. C. 107, 476, 482. M. 1306.

FONTE O significado de uma fonte vista em um sonho depende do estado da sua água. Se estiver limpa e clara, pressagia boa sorte. Água turva, barrenta ou suja prediz dificuldades e aborrecimentos. Água quente denuncia desavenças por dinheiro. Uma fonte jorrando sangue anuncia um desastre. Ver-se bebendo água de uma fonte é indício do nascimento de um filho. Ver uma fonte secar é sinal de falecimento de parente ou de pessoa conhecida. Ver Água.
G. 02, 13, 21. D. 06, 49, 81. C. 049, 182, 208 . M. 1907.

FORCA Ver em sonhos uma forca é prenúncio de contrariedades. Ver alguém pendurado em uma forca prediz a chegada de notícias de

uma pessoa ausente. Sonhar que está pendurado em uma forca presságia boa sorte e futuro promissor.
G. 01, 14, 23. D. 04, 55, 90. C. 155, 192, 204. M. 2404.

FORMIGA Ver em sonhos um formigueiro é presságio de intranqüilidade e de situação instável. Ver formigas saindo de um formigueiro anuncia ganho de causa na justiça, inimigos vencidos. Ser mordido em sonhos por uma formiga pressagia boa situação no futuro. Ver em sonhos a casa cheia de formigas prediz sorte no jogo. Ver uma briga de formigas é sinal de noivado ou casamento. Formigas voando pressagiam melhoria de situação financeira. Ver-se comendo formigas é presságio do nascimento de um filho. Ver-se matando formigas anuncia doença na família ou perda de bens.
G. 01, 12, 21. D. 03, 46, 82. C. 704, 746, 782. M. 0283.

FORMIGUEIRO Ver em sonhos muitos formigueiros é bom presságio, especialmente para trabalhos agrícolas. Ver-se destruindo um formigueiro pressagia prejuízos. Ver um formigueiro abandonado pelas formigas é prenúncio de mudança.
G. 11, 15, 19. D. 44, 57, 73. C. 076, 244, 360. M. 2175.

FORNO Ver-se em sonhos acendendo um forno é presságio de recebimento de dinheiro. Ver um forno aceso é prenúncio de felicidade; vê-lo apagado, de dificuldades e embaraços nos negócios. Um forno cheio de fumaça anuncia desavenças, separação de namorados. Ver-se entrando em um forno aceso alerta contra inimigos perigosos. Se ele estiver apagado, pressagia questões por motivo de dinheiro.Ver-se construindo um forno é sinal de prosperidade.
G. 18, 20, 22. D. 72, 80, 85. C. 269, 280, 586. M. 2579.

FORRAGEM Ver em sonhos forragem solta ou em fardos pressagia prosperidade financeira.
G. 03, 10, 23. D. 09, 38, 89. C. 390, 537, 809. M. 1610.

FORTALEZA Todos os sonhos em que se vê uma fortaleza são desfavoráveis: pressagiam aborrecimentos, questões judiciais, brigas ou inimizades.
G. 01, 02, 18. D. 04, 07, 69. C. 270, 607, 704. M. 9072.

FORTUNA Ver Dinheiro.

FÓSFORO Ver em sonhos um fósforo aceso pressagia traição. Se ele estiver apagado, sugere projetos irrealizáveis. Uma caixa de fósforos simboliza trabalhos, embaraços. Ver-se acendendo um fósforo alerta para o futuro duvidoso de um empreendimento. Ver-se apagando um fósforo é um aviso para afastar-se de uma situação difícil.
G. 01, 11, 13. D. 03, 43, 30. C. 204, 541, 549. M. 2441.

FOSSO Ver-se em sonhos caindo em um fosso pressagia uma traição. Cavar um fosso prenuncia dificuldades. Saltar sobre um prediz melhoria na situação. Um fosso cheio de fumaça é prenúncio de separação.
G. 15, 18,20. D. 60, 70, 79. C. 072, 657, 779. M. 7877.

FOTOGRAFIA Ver Retrato.

FRADE Ver em sonhos um frade pressagia uma situação perigosa. Falar a um sugere a necessidade de desconfiar de pessoas conhecidas. Confessar-se com um anuncia um período de vida calma. Ver-se recebendo a visita de um frade prenuncia tristezas. Ver Abade.
G. 10, 16, 24. D. 38, 62, 95. C. 193, 262, 937. M. 7539.

FREIRA Ver em sonhos uma freira é sinal de boa saúde. Ver uma no convento ou na igreja é presságio de falta de sorte, de desdita. Ver-se falando com uma anuncia a chegada de boas notícias. Ver Abadessa.
G. 17, 23, 24. D. 67. 89, 96. C. 496, 768, 992. M. 4693.

FRIAGEM Ver Frio.

FRIEIRAS Sonhar que se tem frieiras que incomodam simboliza desejos sexuais insatisfeitos ou intenções desonestas.
G. 16, 17, 19. D. 63, 68, 75. C. 075, 264, 466. M. 6262.

FRIO Sentir frio em sonhos pressagia o restabelecimento de uma doença. Sentir frio nas mãos anuncia sorte no jogo. Sentir frio na cabeça sugere melhoria na situação financeira. Sentir que está morrendo de frio prediz a derrota de inimigos. Sentir frio embora estando aga-

salhado alerta contra uma doença próxima. Ver alguém tremendo de frio prenuncia obstáculos nos negócios. Ver muitas pessoas com frio é indício de pobreza. Sonhar que sente frio, sendo verão, é presságio de separação.
G. 20, 23, 24. D. 79, 89, 93. C. 092, 295, 780. M. 5793.

FRONTE Ver Testa.

FRUTA(S) O significado dos sonhos com frutas depende do seu estado. Se estiverem maduras, pressagiam sorte no jogo; se estiverem verdes, embaraços financeiros; estragadas, noivado ou casamento; bichadas, falsidade de inimigos. Frutas vistas na árvore prenunciam desacordo entre amantes, namorados ou noivos. Ver Abacate, Abacaxi, Abricó, Ameixa, Amoras, Avelã, Banana, Caju, Damasco, Figo, Groselhas, Jabuticaba, Laranja, Lima, Limão, Maçã, Marmelo, Melão, Morango, Nozes, Pêra, Pêssego, Pinha, Pomar, Sapoti, Tâmaras, Tangerina, Uvas.
G. 11, 18, 24. D. 43, 69, 94. C. 143, 170, 794. M. 1342.

FUGA Se um homem sonha que está fugindo de outrem, o sonho pressagia o afastamento de dificuldades. Se sonha que quer fugir e não pode, o presságio é de melhoria financeira. Para a mulher casada, a fuga simboliza gravidez. Para a moça solteira, o sonho prediz noivado ou casamento.
G. 16, 19, 24. D. 62, 74, 93. C. 162, 594, 775. M. 2875.

FUMAÇA Ver em sonhos fumaça subindo para o alto pressagia sorte em loteria. Fumaça escura anuncia morte na família. Sentir-se em um sonho sufocado por fumaça é sinal de dificuldades financeiras.
G. 12, 16, 24. D. 45, 63, 96. C. 294, 461, 745. M. 4745.

FUMAR Ver-se em sonhos fumando cachimbo é presságio de tranqüilidade. Charuto pressagia prosperidade nos negócios; cigarros, boas notícias. Ver alguém fumando é prenúncio de recebimento de dinheiro. Ver Fumo.
G. 14, 22, 24. D. 53, 88, 94. C. 156, 288, 895. M. 7896.

FUMO Ver-se em sonhos plantando fumo é presságio de recebimento de dinheiro. Vender fumo anuncia negócios difíceis. Ver Fumar.
G. 19, 22, 24. D. 73, 85, 93. C. 088, 575, 893. M. 2974.

FUZIL Ver em sonhos um fuzil é presságio de questões com parentes ou amigos. Ver-se empunhando e disparando um anuncia ganho de causa depois de dificuldades judiciais. Ver Armas.
G. 13, 17, 20. D. 52, 65, 80. C. 068, 380, 550. M. 6465.

FUZILEIRO Ver Militar.

FUZILAMENTO Ver em sonhos um fuzilamento denuncia deslealdade em negócios ou amores. Ver-se disparando um fuzil contra alguém pressagia ganho de causa na justiça. Sonhar que vai ser fuzilado é presságio de contrariedades.
G. 12, 20, 24. D. 48, 77, 95. C. 293, 446, 680. M. 9380.

G

GABINETE Ver-se em sonhos dentro de um gabinete de higiene é presságio de êxito nos negócios ou de sorte no jogo. Ver um gabinete de higiene anuncia solução favorável aos projetos. Ver um gabinete de médico pressagia uma doença.
G. 14, 22, 24. D. 54, 86, 93. C. 393, 586, 855. M. 3787.

GADO Ver em sonhos uma grande quantidade de gado é prenúncio de prosperidade financeira. Ver-se comprando gado prediz a chegada de notícias de pessoas ausentes. Vendê-lo pressagia uma viagem. Ver-se matando reses alerta contra questões na justiça. Ver-se roubando reses recomenda cautela com inimigos. Ver-se perseguido por uma rês pressagia noivado ou casamento. Uma briga de reses anuncia progresso nas finanças.
G. 14, 17, 24. D. 55, 67, 95. C. 093, 256, 368. M. 1055.

GAFANHOTO Segundo a tradição, os sonhos com gafanhotos têm mau significado. Ver-se pegando um é presságio de traição. Matar um pressagia perigo. Uma nuvem de gafanhotos avisa sobre uma calamidade pública que se aproxima. Ver-se afugentando gafanhotos simboliza trabalhos sem proveito.
G. 12, 13, 22. D. 47, 49, 85. C. 451, 845, 987. M. 1888.

GAGO Sonhar que se é gago pressagia o nascimento de um menino na família. Ver em sonhos um gago alerta para uma situação indecisa. Ver um gago falando anuncia um casamento. Ver um gago falar sem gaguejar prediz lucros inesperados.
G. 08, 14, 18. D. 31, 53, 72. C. 572, 654, 729. M. 9372.

GAIOLA Ver em sonhos uma gaiola vazia é prenúncio de casamento. Uma gaiola com pássaros pressagia noivado. Ver-se abrindo

uma gaiola e soltando um pássaro é sinal de reconciliação. Comprar um pássaro é presságio de demanda judicial.
G. 03, 08, 17. D. 12, 31, 65. C. 167, 211, 732. M. 0865.

GALANTEIO Os sonhos com galanteios, segundo a tradição, significam desavenças; mas receber em um sonho um galanteio de uma pessoa feia é presságio de casamento.
G. 02, 12, 17. D. 07, 45, 68. C. 045, 305, 466. M. 5208.

GALERIA Ver em sonhos uma galeria é presságio de um bom futuro.
G. 11, 13, 18. D. 42, 49, 71. C. 271, 541, 651. M. 3572.

GALINHA Ver em sonhos uma galinha pondo ovos é presságio de sorte no jogo. Se a galinha estiver chocando, pressagia gravidez ou próximo nascimento de criança na família. Se estiver voando, anuncia uma viagem. Se estiver depenada, prediz doença, ou falecimento na família. Se estiver cacarejando, anuncia aborrecimentos. Se estiver rodeada por pintos, anuncia prejuízos. Ver um galinheiro cheio de galinhas é sinal de discussões. Ver-se enxotando uma galinha é anúncio de desgostos. Comprar uma galinha pressagia preocupações. Matar uma prediz desemprego. Cozinhar uma, vitória sobre inimigos. Preparar uma para ser servida na mesa, doença. Ver-se distribuindo comida a galinhas pressagia o regresso de uma pessoa ausente. Ver pés de galinha denuncia maledicência de pessoas conhecidas.
G. 01, 24, 25. D. 04, 95, 00. C. 401, 497, 593. M. 7196.

GALO Ouvir em sonhos o canto de um galo prediz a chegada de notícias de pessoa ausente. Ver um galo voando pressagia uma viagem. Um galo junto com galinhas pressagia aumento na família. Galos brigando sugerem desavenças por dinheiro. Um galo e uma galinha acasalando simbolizam desejo erótico insatisfeito. Um galo correndo atrás de uma galinha denuncia desajuste entre marido e mulher. Um galo dando bicadas em uma galinha representa intrigas. Um galo trepado no poleiro simboliza ambição.
G. 05, 10, 18. D. 19, 40, 71. C. 369, 440, 517. M. 5118.

GANHO Ver-se em sonhos ganhando uma herança é presságio de desemprego. Ver-se ganhando um presente anuncia namoro, noivado ou casamento. Ver-se ganhando dinheiro com um trabalho é sinal de sorte no jogo. Ver-se ganhando dinheiro em um jogo prediz aborrecimentos.
G. 07, 08, 11. D. 27, 32, 43. C. 144, 631, 728. M. 5429.

GANSO Ver em sonhos um ganso na água simboliza uma boa amizade. Ouvir um ganso grasnar é presságio de boas notícias. Ver um ganso voando anuncia alegrias. Ver-se comendo ganso é sinal de deslealdade de pessoa conhecida. Ver-se caçando gansos pressagia lucros.
G. 04, 05. 15. D. 16, 18, 60. C. 658, 716, 720. M. 6360.

GARFO Ver-se em um sonho comendo com garfo é presságio de prosperidade comercial. Ver-se lavando um garfo pressagia aborrecimentos. Quebrar um garfo simboliza a derrota de inimigos. Comprar garfos é presságio de dívidas.
G. 01, 04, 08. D. 03, 15, 32. C. 115, 230, 703. M. 3201.

GARGANTA Sentir dor na garganta em um sonho pressagia doença na família. Ver-se em um sonho apertando a garganta de alguém alerta para escassez de dinheiro. Sentir a garganta apertada por alguém anuncia desavenças por questão de dinheiro. Sentir que alguém corta a garganta de quem sonha pressagia rompimento de relação amorosa.
G. 04, 08, 17. D. 15, 31, 66. C. 466, 514, 530. M. 4531.

GARRAFA Sonhar com uma garrafa cheia é prenúncio de novos amores. Se ela estiver cheia de vinho, pressagia felicidade no jogo; de água, nascimento na família; de sangue, brigas. Uma garrafa vazia simboliza o rompimento de uma relação amorosa; quebrada, perda de emprego. Ver-se em um sonho comprando garrafas é presságio de melhoria da situação financeira.
G. 03, 05, 09. D. 11, 17, 34. C. 234, 711, 919. M. 6910.

GÁS Sonhar que o gás está aberto sem estar aceso é presságio de embaraços na vida. Sonhar com o gás aceso prenuncia melhoria na situação financeira. Uma explosão de gás prediz vitória sobre inimigos.
G. 05, 15, 20. D. 17, 58, 79. C. 020, 958, 978. M. 2777.

GATO Sonhar com um gato preto é preságio de boa sorte. Se o gato for amarelo, recomenda cuidado com novos amores. Se for cinzento, pressagia infidelidade; branco, noivado ou casamento. Se o gato estiver comendo, pressagia doença; se estiver no telhado da própria casa, deslealdade de inimigos. Se estiver furioso, alerta contra perda de dinheiro em jogo; se estiver deitado, contra inimigos falsos. Um gato perseguindo um rato pressagia questões por dinheiro. Um gato preso ou amarrado, doença nervosa. Um gato fugindo, solução de dificuldades. Um casal de gatos acasalando simboliza falsidade no amor. Ouvir no sonho o miado de um gato pressagia desgostos domésticos. Ver uma briga de gatos anuncia separação. Ver olhos de gato luzindo nas trevas é sinal de perigo. Vários gatinhos juntos pressagiam lucro no jogo.
G. 02, 05, 09. D. 07, 20, 36. C. 020, 208, 536. M. 8135.

GATUNO Ver Ladrão.

GAVETA O significado de uma gaveta vista em um sonho depende do seu estado. Se estiver vazia, pressagia prejuízos; se estiver cheia, prosperidade. Se estiver fechada, recomenda cautela com inimigos. se estiver arrombada, prediz uma mudança. Ver-se abrindo uma gaveta pressagia bons lucros.
G. 01, 09, 15. D. 04, 34, 58. C. 302, 757, 835. M. 2103.

GAVIÃO Ver em sonhos um gavião voando pressagia doença em uma criança; se estiver pousado em um galho, denuncia maledicência.
G. 05, 07, 14. D. 19, 28, 55. C. 128, 318, 854. M. 9428.

GELÉIA Ver em sonhos um prato de geléia pressagia uma doença grave.
G. 13, 19, 22. D. 51, 76, 86. C. 173, 949, 986. M. 0774.

GELO Ver gelo em um sonho denuncia a existência de inimigos. Ver-se andando sobre gelo pressagia desavenças. Chupar um pedaço de gelo prediz a chegada de notícias de uma pessoa ausente. Ver-se colocando pedacinhos de gelo em uma bebida é sinal de boas notícias. Ver-se fabricando gelo é preságio de doença.
G. 03, 06, 09. D. 11, 24, 34. C. 010, 121, 634. M. 0636.

GÊMEOS Ver gêmeos em sonho pode ter diversos significados. Para uma pessoa casada, pressagia o nascimento de um filho. Para uma pessoa solteira, prediz casamento. Para uma pessoa viúva, sugere o rompimento de relações amorosas. Para uma pessoa idosa, prediz boa saúde.
G. 03, 07, 09. D. 09, 26, 35. C. 309, 334, 927. M. 8910.

GENERAL Ver em sonhos um general pressagia vida difícil. Se uma moça solteira vê um, o presságio é de casamento. Se a pessoa que sonha é militar, ver um general em sonho significa desejo de promoção. Ver Militar.
G. 05, 09, 12. D. 19, 36, 47. C. 220, 448, 636. M. 1945.

GENGIVA Ver em sonhos a gengiva amarela é presságio de doença. Se ela estiver quase negra, o presságio é de morte.
G. 09, 11, 22. D. 35, 42, 87. C. 042, 188, 936. M. 9843.

GENRO Ver em sonhos o próprio genro é prenúncio de satisfação. Sonhar que se é genro de alguém, pressagia separação, rompimento de amizade.
G. 03, 06, 08. D. 09, 21, 30. C. 029, 509, 524. M. 9010.

GIGANTE Ver em sonhos um gigante é presságio de sucesso nos trabalhos e de prestígio social. Ver-se como um gigante simboliza poder social, êxito nos empreendimentos. Ver-se lutando com um gigante pressagia desavenças por dinheiro. Lutar e vencer um indica sorte no jogo. Matar um prediz êxito nos negócios. Ser perseguido por um sugere a necessidade de prudência nos atos e nos negócios.
G. 04, 06, 08. D. 15, 24, 29. C. 632, 824, 914. M. 9215.

GINÁSTICA Ver-se em sonhos fazendo ginástica é sinal de prestígio social. Ver alguém fazendo ginástica pressagia aborrecimentos. Ver uma mulher fazendo ginástica anuncia um casamento.
G. 03, 05, 09. D. 11, 17, 33. C. 420, 635, 809. M. 9133.

GIRAFA Ver em sonhos uma girafa andando é sinal de prestígio na sociedade. Se ela estiver parada, pressagia lucros em negócios.
G. 01, 04, 08. D. 03, 15, 32. C. 114, 303, 529. M. 8602.

GOLFE Ver-se em um sonho jogando golfe é presságio de contrariedades. Ver outra pessoa jogar é sinal de desavenças por dinheiro.
G. 06, 09, 14. D. 22, 34, 56. C. 134, 222, 355. M. 9754.

GORDURA Sonhar com uma grande quantidade de gordura é presságio de novos amores. Ver-se derretendo gordura simboliza inimigos derrotados.
G. 07, 08, 17. D. 28, 29, 65. C. 132, 528, 668. M. 8231.

GOTA Esse termo pode referir-se a uma doença ou a um pingo de algum líquido. No primeiro sentido, sonhar que se padece de gota é sinal de perigo. Ver alguém sofrendo de gota pressagia derrota de inimigos. Ver-se tendo um ataque de gota é presságio de uma viagem. No segundo sentido da palavra, ver em um sonho uma gota de vinho pressagia um acidente. Se a gota for de azeite, prediz brigas por dinheiro; de sangue, doença; de leite, amor feliz; de água, viagem; de tinta de escrever, luto na família; de tinta de pintura, regresso de pessoa ausente.
G. 01, 05, 09. D. 03, 20, 33. C. 003, 817, 835. M. 8302.

GRACEJO Dizer em sonhos um gracejo a alguém pressagia boas relações com outras pessoas. Ouvir um gracejo denuncia despreocupação.
G. 08, 16, 20. D. 30, 62, 77. C. 179, 532, 661. M. 3629.

GRADE Ver em sonhos uma grade prenuncia aborrecimentos por dinheiro.
G. 08, 16, 25. D. 30, 62, 99. C. 529, 694, 862. M. 4000.

GRAMA Ver Peso, Relva.

GRAMOFONE Ver Toca-discos.

GRANJA Ver-se me sonhos possuindo uma granja é presságio de perda de emprego. Ver uma granja desabitada alerta contra inimizades. se estiver habitada, pressagia o recebimento de uma herança. Ver-se morando em uma granja anuncia uma viagem.
G. 04, 07, 16. D. 14, 27, 64. C. 515, 561, 626. M. 3726.

GRAVATA Ver-se em um sonho dando o laço em uma gravata é prenúncio de casamento. Ver-se usando uma gravata de luto pressagia o nascimento de um filho. Uma gravata branca pressagia felicidade; vermelha, perigo de acidente; de cores variadas, deslealdade.
G. 06, 11, 22. D. 23, 44, 85. C. 023, 143, 486. M. 5743.

GRAVIDEZ Se uma mulher casada sonha que está grávida, o presságio é de nascimento de filho de parente. Se a mulher for solteira, o sonho pressagia o rompimento de relações amorosas. Ver em sonhos uma mulher grávida prediz a melhoria da situação financeira.
G. 04, 07, 08. D. 16, 28, 30. C. 330, 615, 725. M. 2725.

GREVE Ver-se em um sonho participando de uma greve prenuncia questões por dinheiro. Ver uma greve sugere a necessidade de ter cautela com inimigos.
G. 02, 06, 18. D. 08, 23, 70. C. 323, 408, 470. M. 3421.

GRINALDA Se uma moça vê em sonho uma grinalda, o presságio é de namoro ou noivado desfeito. Se a pessoa é casada, o sonho pressagia falsidade. Ver-se comprando uma grinalda pressagia uma mudança.
G. 07, 12, 23. D. 28, 45, 91. C. 247, 690, 726. M. 6691.

GRITO Ouvir um grito em um sonho pressagia discórdia doméstica. Ver-se gritando denuncia inimigos atentos. Sonhar que quer gritar e não pode pressagia perigo. Gritar de dor anuncia o recebimento de uma herança.
G. 03, 18, 20. D. 12, 71, 78. C. 209, 872, 877. M. 30 I O.

GROSELHA(S) Groselhas vermelhas vistas em sonhos simbolizam boa amizade. Groselhas brancas pressagiam satisfação; escuras, desgosto passageiro. Ver Fruta.
G. 17, 19, 24. D. 68, 76, 94. C. 095, 174, 867. M. 1975.

GUARDA-CHUVA Se o guarda-chuva visto em um sonho for novo, pressagia necessidade de amigos. Se estiver rasgado, recebimento de palavras amáveis. Velho, reencontro de um amor antigo. Aberto, perigo. Fechado, morte de inimigo. Perder um guarda-chuva pressagia prejuízo no jogo; achar um, melhoria financeira.

C. 17, 19, 20. D. 65, 76, 77. C. 166, 177, 374. M. 7766.

GUERRA Qualquer sonho com guerra é de péssimo prognóstico para os negócios e para a situação da pessoa na sociedade.

G. 07, 18, 24. D. 27, 72, 93. C. 095, 526, 872. M. 0870.

GUIA Ver-se em um sonho contratando um guia simboliza dificuldades. Ver-se como um guia pressagia pequenos ganhos como trabalho. Ver um guia com um grupo de turistas denuncia perda de tempo.

G. 01, 03, 07. D. 04, 10, 24. C. 204, 211, 827. M. 8602.

GUINDASTE Ver em sonhos um guindaste indica que a pessoa tem energia moral para vencer seus inimigos. Ver um guindaste trabalhando simboliza energia viril.

G. 11, 15, 19. D. 42, 60, 75. C. 142, 176, 259. M. 0260.

GUITARRA Ver-se em sonhos tocando guitarra pressagia aborrecimentos. Ouvir o som de uma denuncia esperanças falsas.

G. 05, 18, 25. D. 23, 70, 97. C. 223, 772, 998. M. 8524.

H

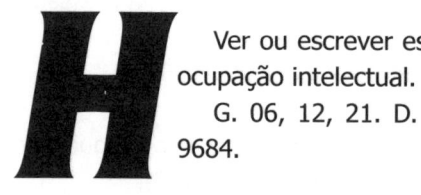

Ver ou escrever essa letra em sonhos simboliza uma ocupação intelectual.
G. 06, 12, 21. D. 23, 48, 83. C. 023, 445, 983. H. 9684.

HABITAÇÃO A casa simboliza a vida quotidiana, os bens e o próprio corpo. Construir em sonhos uma habitação anuncia aborrecimentos; ver alguém construindo prediz luto. Se a casa vista no sonho for nova. sugere satisfações; se for velha, doença; se estiver em ruínas, dificuldades financeiras; se estiver se incendiando, pobreza. Ver Tapera.
G. 18, 19, 23. D. 70. 76, 91. C. 273, 692, 869. M 9169.

HARÉM Ver em sonhos um harém, com uma multidão de mulheres que disputam o mesmo homem, simboliza discórdia familiar.
G. 6, 15, 20. D. 22, 58, 80. C. 259, 524, 877. M. 8321.

HARMÔNICA (Sanfona) A harmônica é um dos instrumentos preferidos nas festas populares mais alegres. Tocar em sonhos uma harmônica anuncia amor feliz. despreocupação ou profissão bem remunerada. Ouvir o som de uma pressagia felicidade no amor e companhias agradáveis. Ver alguém tocar avisa sobre rompimento de namoro. noivado ou amizade. Andar com uma a tiracolo denuncia pianos de realização longínqua.
G. 7, 11, 14. D. 27, 43, 55. C. 541, 653, 725. M. 0744.

HARPA O som da harpa evoca suavidade e sofisticação. Pode ser o instrumento dos anjos ou de recitais muito formais. Assim, ouvir em sonhos o som de uma harpa sugere aborrecimentos; já tocar uma, anuncia felicidade. Ver no sonho uma harpa indica reconciliação.
G, 7, 15, 18. D. 25, 58, 72. C. 358, 928, 969. M. 7859.

HEMORRAGIA O sonho com hemorragia pode predizer doenças ou perdas de algum tipo.
G, 13. 21, 22. D. 52, 83, 87. C. 288, 681, 752. M. 1887.

HERA Ver um muro ou parede coberto de hera anuncia uma boa amizade.
G. 01, 02, 13. D. 02, 07, 50. C. 008, 450, 502. M. 5402.

HERANÇA A herança simboliza ao mesmo tempo perda e ganho. Receber em sonhos uma herança pressagia perda de emprego; mas receber o aviso de que vai receber uma anuncia boa sorte no jogo. Sonhar que se deixou de receber uma, avisa contra inimizades. Redigir uma relação de herdeiros prediz uma doença.
G. 13, 22, 25. D. 51, 86, 98. C. 052, 198, 285. M. 6198.

HIDROFOBIA Esse tipo de sonho tem sempre um significado mau. Ver em sonhos um cão hidrófobo anuncia aborrecimentos com pessoa inimiga. Matar um cão hidrófobo previne contra pessoas invejosas. Ser mordido por um cão hidrófobo avisa sobre inimizade feminina. Ver uma pessoa doente de hidrofobia pressagia uma luta violenta.
G. 03, 14, 25. D. 18, 54, 00. C. 656, 710, 998. M. 1754.

HINO O hino é um canto de louvor e reverência. Cantar um hino em sonhos anuncia o regresso de uma pessoa ausente. Ouvir cantá-lo pressagia uma viagem. Escrever um indica melhoria financeira.
G. 10, 19, 23. D. 40, 76, 92. C. 492, 639, 876, M. 7091.

HOMEM Em geral, ver um homem em sonhos pressagia uma situação estável. Se ele for mal-encarado, sugere desavenças. Vê-lo assassinado prediz cura de doença; ser perseguido por ele, inimigos confundidos. Para as mulheres, o sonho com um homem tem significados diferentes de acordo com seu aspecto. Se for alto, indica ciúme sem fundamento; baixo, novo amor; louro, reconciliação; moreno, intrigas; rico, prejuízo em dinheiro; pobre, felicidade; velho, sorte no jogo; barbado, nascimento de criança; morto, desastre. Se uma moça sonha que ama um certo homem, isso prediz traição. Detestar um homem em sonho anuncia casamento. Ver Mulher.
G. 06, 14, 19. D. 24, 54, 75. C. 273, 321, 454. M. 2122.

HOMICÍDIO Ver Assassinato e Assassino.

HONRARIAS Esse é sempre um bom sonho. Receber honrarias em sonhos anuncia melhoria financeira. Dispensar honras a alguém pressagia boas notícias.
G. 01, 13, 16. D. 03, 49, 62. C. 604, 664, 950. M. 6351.

HORAS Ver em sonhos as horas no relógio pressagia uma vida difícil. Ouvir bater horas simboliza felicidade no amor. Adiantar a hora em um relógio significa que se devem evitar os jogos. Atrasá-lo anuncia sorte no jogo.
G. 16, 17, 24. D. 63, 68, 96. C. 166, 395, 661. M. 3264.

HOSPEDARIA Ver Estalagem.

HOSPITAL Ver em sonhos um hospital anuncia a cura de uma pessoa enferma. Ser internado nele, entretanto, indica morte na família. Sair curado de um hospital prediz que seus inimigos serão confundidos. Visitar um doente em um hospital avisa sobre questões por dinheiro. Sonhar com um hospital com muitos mortos, feridos ou doentes pressagia notícia desagradável. Ver uma operação em um hospital previne contra um acidente.
G. 11, 18, 19. D. 43, 72, 75. C. 271, 441, 876. M. 5344.

HÓSTIA A hóstia vista em sonhos tem sempre um bom significado. Se estiver na mão de um padre, simboliza satisfação. Pegar uma hóstia pressagia felicidade. Recebê-la da mão de um padre representa tranqüilidade. Vê-la luminosa em altar ou no ar anuncia um amor feliz.
G. 03, 12, 19. D. 11, 45, 76. C. 647, 674, 709. M. 4446.

HOTEL Em geral, os sonhos com hotéis podem relacionar-se com o sexo insatisfeito ou podem predizer viagens; mas podem ter outros significados. Entrar em hotel de luxo simboliza uma ambição satisfeita com demora. Sonhar que se está em um grande hotel anuncia despesas grandes com a família. Morar em hotel pressagia novos amores. Ver Estalagem.
G. 13, 17, 22. D. 50, 67, 86. C. 551, 767, 885. M. 3866.

I

Ver ou escrever em sonhos a letra I pressagia aborrecimentos.
G. 02, 17. 18. D. 08, 66, 70. C. 705, 065, 670. M 5672.

ÍDOLO (Imagem sagrada) De acordo com a imaginação popular, os ídolos de religiões exóticas representam divindades ameaçadoras. Assim, ver em sonhos um ídolo pressagia contrariedades; se ele move os membros, previne contra inimigos perigosos. Quebrar um diz que seus inimigos serão derrotados. Falar a um anuncia questões por dinheiro. Ver Imagem.
G. 01, 02, 10. D. 03, 05, 39. C. 702, 406, 538. M. 2138.

IGREJA Entrar em uma igreja pressagia bom êxito nos negócios. Rezar dentro de uma simboliza sorte. Ver uma igreja incendiada ou em ruínas anuncia desavenças com amante ou namorado. Estar à porta de uma, previne contra algum perigo. Ver Abadia.
G. 16, 17, 23. D. 63, 65, 91. C. 764, 667, 789. M. 7789.

ILHA A ilha simboliza lugares distantes e isolamento. Ver em sonhos uma ilha pressagia viuvez. Desembarcar em uma, anuncia viagem. Morar em uma, como um colono, simboliza um casamento com muitos filhos.
G. 17, 18, 23. D. 67, 70, 91. C. 868, 471, 190. M. 0069.

ILUMINAÇÃO Esse sonho tem simbolismo óbvio. Ver em sonhos a iluminação de um lugar acesa anuncia prazeres. Vê-la apagada pressagia tristeza.
G. 03, 06, 14. D. 10, 24, 56. C. 112, 121, 754. M. 7654.

IMAGEM Ver uma imagem em um altar, na igreja, anuncia reconciliação. Se ela estiver quebrada, previne contra doença. Se for preta, simboliza concessão de benefício; se for vermelha, tristeza. Fazer imagens simboliza um negócio lucrativo. Vendê-las prediz êxito em negócios. Comprá-las, prazer passageiro. Ver ídolo.
G. 01, 11, 17. D. 03, 44, 68. C. 704, 942, 766. M. 9466.

IMPERADOR Ver em sonhos um imperador anuncia boa sorte. Falar-lhe pressagia melhoria na situação. Ver Rei.
G. 01, 02, 18. D. 04, 05,71. C. 503, 606, 669. M. 9202.

IMPERATRIZ Ver uma imperatriz em sonhos prediz desejos realizados. Falar a uma simboliza boa sorte futura. Ver Rainha.
G. 03, 15, 18. D. 09, 58, 70. C. 569, 658, 909. M 0909.

IMPOSTO Todos os sonhos com impostos significam contrariedades para as pessoas que sonham.
G. 10, 17, 23. D. 38, 68, 91. C. 563, 837, 891. M. 7267.

IMPOTÊNCIA Esse tipo de sonho, geralmente, tem simbolismo reverso. Assim, sonhar que se está impotente anuncia felicidade nos amores; ver alguém sofrendo de impotência pressagia novos amores.
G. 15, 21, 24. D. 60, 84, 94. C. 358, 781, 793. M. 3159.

INCÊNDIO Ver em sonhos um incêndio anuncia mudança. Ver a própria casa incendiada prediz nascimento de filho; incêndio na casa de parente ou conhecido pressagia desavenças na família. Provocar um incêndio denuncia inimizades. Apagar um, indica boa situação social e financeira. Estar rodeado pelas chamas de um sem poder sair avisa sobre uma situação complicada. Sentir-se sufocado pela fumaça de um, fala sobre rompimento de amizade, namoro ou noivado. Ver alguém queimado em um incêndio significa notícias de pessoa ausente. Ver Fogo, Lume.
G. 13, 14, 21. D. 51, 55, 81. C. 551, 655, 883. M 5356.

INDIFERENÇA Sofrer pela indiferença da pessoa amada pressagia separação; mas sonhar com essa indiferença sem sofrer por ela sugere reconciliação. Ser indiferente a uma pessoa já amada anuncia novos amores.
G. 15, 18, 25. D. 57, 71, 00. C. 170, 198, 560. M. 5057.

INDIGESTÃO Sentir em sonhos o mal-estar da indigestão anuncia doença próxima. Entretanto, sonhar com indigestão sem sentir suas conseqüências, pode simbolizar dificuldade de "engolir" algo ou possibilidade de encher-se de alguma coisa. Assim, ver alguém com indiges-

tão pressagia desavença na família. Ver alguém morrer de indigestão sugere melhoria financeira.
G. 02, 14, 23. D. 06, 56, 90. C. 389, 554, 605. M. 3456.

INFANTICÍDIO Esse tipo de sonho simboliza sempre um sentimento mau. Assassinar uma criança simboliza matar um sonho ou um projeto, desejo de livrar-se de uma responsabilidade. Ver alguém matar uma criança representa uma separação, a ruptura de um compromisso.
G. 02, 16, 20. D. 05, 64, 78. C. 106, 180, 962. M. 7378.

INFERNO Ver em sonhos o inferno anuncia tristezas e aflições. Estar dentro dele denuncia falsas esperanças. Sair dele pressagia sorte. Estar sofrendo no inferno diz que uma melhoria nas finanças será obtida com muito trabalho.
G. 16, 19, 25. D. 63, 73, 97. C. 264, 300, 373. M. 1097.

INFLAMAÇÃO Ter uma parte do corpo inflamada anuncia a possibilidade de aborrecimentos sérios.
G. 02, 13, 21. D. 07, 52, 82. C. 082, 151, 805. M. 9183.

INFORTÚNIO Sonhar que não tem boa sorte anuncia ganho em loteria. Ver alguém vítima da má sorte denuncia inimigos atentos.
G. 15, 21, 23. D. 59, 81, 90. C. 384, 489, 757. M. 3084.

INGLÊS Na imaginação popular, os ingleses são ricos donos de empresas que exploram seus empregados. Assim, ver em sonhos um inglês anuncia dificuldades financeiras.
G. 02, 16, 20. D. 05, 63, 79. C. 364, 506, 577. M. 0764.

INGRATIDÃO Sonhar com a ingratidão de alguém pressagia sorte.
G. 05, 09, 11. D. 17, 34, 41. C. 317, 343, 433. M. 1717.

INIMIGO Ir procurar em sonhos um inimigo pressagia sorte. Discutir com ele prediz vitória sobre desafeto. Falar-lhe, maledicência. Ser atacado por ele, questões por dinheiro. Brigar, falsidades. Ser vencido, morte de inimigo. Fazer as pazes, questões na justiça. Vê-lo, reconciliação.
G. 06, 16, 23. D. 24, 64, 89. C. 361, 421, 891. M. 2593.

INJÚRIA Em geral, o sonho com injúrias é favorável a quem sonha. Injuriar alguém em sonhos anuncia uma viagem. Ser injuriado prediz uma boa notícia.
G. 09, 11, 15. D. 34, 42, 57. C. 044, 158, 335. M. 0236.

INJUSTIÇA Os sonhos em que a pessoa que sonha se vê vítima de uma injustiça são favoráveis.
G. 13, 18, 22. D. 51, 72, 87. C. 387, 769, 852. M. 3551.

INQUÉRITO Ver em sonhos um inquérito pressagia possível desavença familiar. Ser interrogado em um indica inimizades na família.
G. 06, 15, 17. D. 21, 59, 68. C. 024, 367, 460. M. 4828.

INSTRUMENTO MUSICAL Tocar em sonhos um instrumento anuncia nascimento de menino na família. Ouvir um indica convalescença de pessoa doente. Ver Música.
G. 04, 07, 14. D. 15, 25, 54. C. 456, 816, 827. M. 4828.

INSULTO(S) Receber insultos pressagia o rompimento de uma amizade. Insultar alguém anuncia reconciliação. Ver Afronta.
G. 03, 05, 09. D. 11, 20, 36. C. 236, 310, 320. M. 7517.

INTESTINOS Ver em sonhos intestinos fora de um corpo pressagia a morte de pessoa ausente. Ver os próprios intestinos anuncia o nascimento de uma criança na família.
G. 05, 08, 14. D. 20, 31, 56. C. 117, 230, 356. M. 6518.

INUNDAÇÃO A inundação sem más conseqüências está associada, nos sonhos, a um grande aumento de bens. Assim, ver uma inundação pressagia melhoria profissional.
G. 05, 07, 09. D. 17, 27, 33. C. 025, 233, 420. M. 6635.

INVALIDEZ Ver um inválido pressagia um desastre. Ver a si mesmo inválido, por simbolismo reverso, anuncia a cura de uma doença.
G. 06, 16, 23. D. 21, 63, 92. C. 063, 289, 324. M. 5761.

INVEJA Esse sonho tem significado óbvio. Sentir inveja de alguém anuncia que seus projetos não são realizáveis.
G. 05, 09, 15. D. 17, 33, 59. C. 120, 357, 436. M. 6433.

INVENTOR Ser em sonhos um inventor prediz progresso na vida.
G. 06, 12, 17. D. 24, 45, 68. C. 047, 322, 465. M. 5448.

INVENTÁRIO O inventário está sempre associado à morte e às perdas. Assim, ouvir em sonhos a leitura de um, pressagia um desastre. Ser beneficiado nele anuncia prejuízos.
G. 08, 11, 16. D. 31, 43, 63. C. 230, 261, 342. M. 7363.

INVERNO Sonhar com o inverno, a estação do frio e das chuvas, prognostica doenças.
G. 02, 05, 09. D. 07, 18, 34. C. 017, 105, 134. M. 4834.

IRMÃ, IRMÃO Os sonhos com irmãos têm bom significado. Indicam esforços com bons resultados. Ver Parentes.
G. 05, 13, 21. D. 18, 49, 81. C. 018, 052, 082. M. 7420.

J

Sonhar que se vê ou escreve a letra J significa inteligência capaz de estudar filosofia e ciências.
G. 01, 08, 18. D. 02, 30, 70. C. 304, 031, 070. M. 4270.

JABUTICABA Colher jabuticabas na árvore simboliza desejo de amor; comê-las indica realização do desejo. Vendê-las denuncia vida boêmia; comprá-las, conquista amorosa. Ver Fruta.
G. 07, 22, 24. D. 25, 87, 96. C. 025, 195, 287. M. 8896.

JACARÉ Em geral, o sonho com jacaré refere-se a pessoas inimigas ou a situações perigosas. Ver um jacaré boiando na água anuncia perigo de vida; vê-lo em terra denuncia traição de amigo. Ver uma briga de jacarés diz é necessária prudência no trato com pessoas desconhecidas ou inimigas. Matar um jacaré pressagia melhoria financeira. Ser atacado por um, sorte no jogo.
G. 09, 14, 15. D. 34, 54, 58. C. 258, 834, 954. M. 0060.

JACINTO (Flor) A flor do jacinto, vista em sonho, indica felicidade para as moças e para as senhoras casadas. Para outras pessoas, denuncia vaidade.
G. 07, 15, 20. D. 25, 59, 80. C. 028, 258, 979. M. 3327.

JANELA A janela simboliza uma passagem alternativa, um acontecimento inesperado. Seu significado no sonho depende de seu aspecto. Se estiver aberta, anuncia mudança na situação financeira, para melhor; se estiver fechada, dificuldades e perda de emprego. Abrir uma janela pressagia mudança em uma situação; fechá-la, reconciliação. Olhar para fora por uma janela denuncia desejo de fuga, de viajar. Ver alguém pular por uma janela avisa contra a deslealdade de outras pessoas.
G. 02, 04, 08. D. 05, 14, 30. C. 016, 908, 931. M. 9507.

JANTAR Jantar sozinho pressagia desavença no amor; pode significar também pouca tendência para relacionar-se com pessoas do outro

sexo. Jantar em companhia de uma outra pessoa anuncia realização de desejo amoroso. Jantar com um grupo de pessoas indica felicidade na vida social.
G. 01, 03, 06. D. 03, 10, 21. C. 121, 204, 711. M. 2723.

JARDIM Os sonhos com jardim têm significado favorável, exceto se ele contiver arbustos e árvores murchos ou secos; neste caso não se realizarão as esperanças da pessoa que sonha. Passear dentro de um jardim anuncia lucros inesperados. Se o jardim estiver florido, indica melhoria de situação financeira; com arbustos verdejantes, prediz um futuro promissor. Colher flores em um jardim pressagia novos amores.
G. 03, 04. 12. D. 10, 16, 48. C. 416, 511, 947. M. 0013.

JAVALI O javali, animal grosseiro e violento, simboliza um desafeto. Os sonhos com javalis significam, portanto, relacionamentos pouco amistosos com outras pessoas.
G. 12, 17, 18. D. 46, 68, 71. C. 248, 368, 369. M. 1771.

JEJUM Sonhar que se está em jejum pode significar doença, que não é grave mas exige cuidado. Também pode indicar que o sonhador deseja adquirir bens materiais.
G. 02, 04, 13. D. 08, 14, 51. C. 007, 551, 716. M. 0851.

JESUS Esse é um sonho expressivo da sinceridade da crença de quem sonha. Em geral, é um sonho benéfico, significando consolo.
G. 03, 07, 16. D. 09, 25, 61. C. 127, 563, 710. M. 0228.

JOELHO(S) Ficar de joelhos simboliza pedir auxílio com insistência e humildade. Assim, ver alguém de joelhos em sonhos representa planos que demoram para se realizar. Estar de joelhos anuncia um auxílio espiritual. Ver em sonhos joelhos inchados ou feridos pressagia um acidente.
G. 01, 03, 07. D. 03, 10, 27. C. 304, 311, 528. M. 2126.

JOGO O significado dos sonhos com jogos depende do tipo de jogo que aparece. Quando é um jogo de azar, associado ao vício, tem simbolismo inverso. Ver-se jogando baralho previne contra prejuízos;

ganhar no jogo anuncia a perda de um amigo; perder indica melhoria de situação. Praticar jogos de salão, que não sejam a dinheiro, tem significado positivo, pressagiando uma vida tranqüila e alegria. Jogar damas ou xadrez prediz melhoria financeira. Jogar dominó avisa sobre deslealdade feminina.
G. 06, 07, 18. D. 22, 25, 69. C. 426, 823, 970. M. 9025.

JÓIA(S) Jóias simbolizam coisas, pessoas ou situações valiosas para a pessoa. Ganhar jóias de presente em sonhos anuncia casamento; mas dar jóias de presente (ou seja, dar um presente formal) denuncia falta de sinceridade. Vender jóias previne contra perda de emprego; comprá-las pressagia felicidade no amor. Achar jóias prediz sorte; perdê-las, separação. Roubo de jóias anuncia uma mudança. Ver Pedra Preciosa.
G. 14, 18, 20. D. 54, 71, 78. C. 071, 177, 554. M. 4069.

JÓQUEI Sonhos com jóqueis podem estar associados às apostas em corridas ou ao hábito de andar a cavalo. Ver em sonhos um jóquei montado, pronto para uma corrida, anuncia negócios lucrativos. Se ele estiver desmontado, os negócios serão demorados. Se o sonhador se vê como jóquei, está sendo avisado sobre a possibilidade de viagens.
G. 06, 24, 25. D. 24, 95, 00. C. 324, 795, 799. M. 8423.

JORNAL Ver-se em sonhos lendo um jornal denuncia ociosidade. Comprar jornais prediz boa situação financeira; vendê-los alerta sobre preocupações. Ser redator de um jornal indica tendência para a vida política.
G. 04, 11, 25. D. 13, 44, 99. C. 198, 916, 941. M. 5216.

JUDEU Qualquer sonho com judeus tem bom significado.
G. 02, 08, 14. D. 08, 32, 54. C. 005, 456, 932. M. 6932.

JUIZ Ver em sonhos um juiz no cartório pressagia noivado ou casamento. Ver um no tribunal do júri previne contra questões judiciais. Ser juiz de futebol anuncia uma viagem.
G. 08, 14, 22. D. 31, 56, 86. C. 829, 888, 953. M. 6130.

JULGAMENTO O sonho com um julgamento tem significados ligados a dificuldades e inimizades. Ver um julgamento pressagia falta de sorte. Ser testemunha nele denuncia pessoas inimigas que tencionam prejudicar o sonhador. Ser membro do júri diz que os inimigos serão derrotados. Defender ou acusar um réu prediz dinheiro escasso. Ser um réu submetido a julgamento anuncia embaraços financeiros.
G. 15, 17, 20. D. 59, 68, 78. C. 257, 767, 780. M. 4859.

JUMENTO O jumento é um animal de carga forte e útil, mas que pode criar aborrecimentos com sua teimosia. Ver em sonhos um jumento gordo simboliza boa sorte e boa saúde. Montar um representa boa posição social. Ver no sonho um jumento comendo, mas atrelado a uma carroça ou a um veículo qualquer, pressagia aborrecimentos. Ouvir um jumento zurrar anuncia notícias escandalosas. Ver um escoiceando avisa sobre dificuldades imprevistas. Ver Asno.
G. 03, 13, 15. D. 09, 52, 57. C. 111, 660, 952. M. 8158.

JURAMENTO Ver em sonhos alguém fazer um juramento simboliza notícias ou boatos falsos. Sonhar que está jurando previne contra questões na justiça.
G. 11, 14, 25. D. 41, 55, 99. C. 097, 256, 644. M. 1598.

JÚRI Ver em sonhos uma sessão de júri simboliza a condenação de uma pessoa da família. Ser jurado indica que alguém lhe solicitará um favor.
G. 01, 08, 17. D. 03, 32, 65. C. 368, 429, 901. M. 2767.

JUSTIÇA Os sonhos relacionados com a justiça são pouco favoráveis a quem sonha. Sonhar que está envolvido em um processo na justiça anuncia tormentos na vida social.
G. 04, 18, 25. D. 15, 69, 00. C. 116, 471, 898. M. 9670.

JUVENTUDE Ver Mocidade.

K

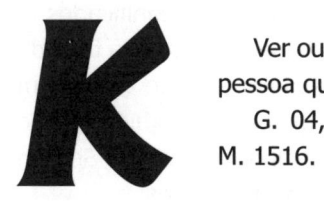

Ver ou escrever essa letra é sinal de inteligência na pessoa que sonha.

G. 04, 17, 20. D. 15, 68, 78. C. 065, 078, 614. M. 1516.

L Ver ou escrever essa letra é presságio de aborrecimentos.
G. 13, 15, 20. D. 51, 60, 79. C. 251, 460, 480. M. 1652

LÃ Sonhar com lã é presságio de prosperidade, aumento de bens e vida tranqüila.
G. 01, 16, 23. D. 01, 61, 89. C. 092, 201, 263. M. 9304.

LÁBIO(S) Se os lábios vistos em um sonho são vermelhos, pressagiam amor feliz. Se forem pálidos, acidente; se estiverem pintados, desejo erótico. Se forem grossos, alterações na vida. Se estiverem sangrando, dificuldades no amor.
G. 02, 14, 21. D. 08, 56, 81. C. 306, 483, 553. M. 2853.

LABORATÓRIO Ver-se em um sonho trabalhando em um laboratório é presságio de convalescença de uma pessoa doente. Ver um laboratório prediz uma operação cirúrgica.
G. 14, 15, 20. D. 56, 59, 80. C. 260, 754, 977. M. 7958.

LACAIO Ver em sonhos um lacaio denuncia a falsidade de uma pessoa conhecida.
G. 16, 18, 22. D. 63, 69, 86. C. 370, 585, 762. M. 3771.

LAÇO Sonhar com um ou vários laços significa progresso material e social.
G. 13, 14, 18. D. 49, 55, 69. C. 069, 150, 155. M. 6953.

LADRÃO Ver em sonhos um ladrão denuncia preocupações financeiras. Ver um entrando na casa de quem sonha pressagia prosperidade comercial. Ver um roubando anuncia o nascimento de uma criança na família. Ver-se atacado por um indica morte de inimigo. Ver-se ferido por um ou brigar com um, prenuncia uma viagem. Ver-se fazendo parte de um bando pressagia boa sorte no jogo. Ver passar um bando sugere questões na justiça. Ferir, prender ou matar um prediz a derrota de inimigos. Ver Bandido, Salteador.
G. 01, 02, 13. D. 04, 07, 49. C. 008, 602, 949. M. 4406.

LADRILHO(S) Sonhar com ladrilhos pressagia melhoria nas finanças e na vida social. Ver Azulejos.
G. 10, 16, 23. D. 39, 63, 89. C. 292, 361, 537. M. 6092.

LAGARTA Ver em sonho uma lagarta simboliza a chegada de notícias de uma pessoa ausente. Matar uma lagarta pressagia casamento ou noivado.
G. 12, 13, 16. D. 45, 49, 62. C. 451, 946, 961. M. 5548.

LAGARTO Sonhar com um lagarto significa dinheiro e boa vida na sociedade.
G. 02, 14, 16. D. 06, 54, 62. C. 661, 754, 806. M. 5361.

LAGO Ver em sonhos um lago pressagia recebimento de dinheiro, aumento de bens. Nadar nele anuncia o rompimento de relação amorosa. Ver alguém nadando denuncia deslealdade. Ver alguém se afogando prediz uma viagem. Afogar-se simboliza aborrecimentos. Pescar prenuncia novos amores. Um lago cheio de peixes representa boa sorte no jogo. Ver Água.
G. 14, 19, 24. D. 54, 75, 95. C. 094, 273, 555. M. 6676.

LAGOA Ver em sonhos uma lagoa pressagia vida tranqüila. Se ela for rasa, com pouca água, anuncia embaraços; se a água for barrenta, contrariedades ou obstáculos na profissão. Ver-se pescando em uma lagoa prediz o encontro de uma amizade amorosa. Passear de bote em uma simboliza felicidade em casa e com as pessoas amigas. Ver Água.
G. 14, 21, 25. D. 55, 81, 97. C. 353, 583, 798. M. 4483.

LAGOSTA Ver-se em sonhos pescando lagostas pressagia um futuro negócio rendoso. Comê-las simboliza ambições satisfeitas; vendê-las, trabalho sem resultado.
G. 11, 12, 18. D. 44, 46, 69. C. 070, 745, 944. M. 7446.

LÁGRIMAS(S) Ver-se em sonhos vertendo lágrimas prenuncia paz de espírito. Ver alguém verter lágrimas pressagia bom resultado nos negócios. Ver Chorar.
G. 16, 18, 22. D. 62, 71, 87. C. 262, 269, 786. M. 3862.

LAMA Ver-se em um sonho a andar na lama é presságio de dificuldades financeiras. Ver-se espalhando lama pela rua ou em lugares limpos denuncia amizades prejudiciais. Ver-se alvejado por bolas de lama atiradas por outrem alerta contra inimizades.
G. 11, 22, 23. D. 42, 85, 92. C. 292, 542, 686. M. 8144.

LÂMINA Uma lâmina de navalha vista em um sonho pressagia a resolução de um caso complicado. Se ela estiver usada, sem corte, simboliza derrota em processo ou falta de energia; se estiver enferrujada, contratempos e prejuízos. Ver Faca, Punhal.
G. 02, 11, 23. D. 08, 44, 91. C. 006, 491, 641. M. 3191.

LÂMPADA Uma lâmpada acesa vista em sonhos simboliza aborrecimentos e desavenças familiares. Uma lâmpada apagada pressagia deslealdade da pessoa amada. Uma quebrada, prejuízos. Ver Candeeiro, Lamparina, Lampião, Lanterna, Luz.
G. 10, 13, 21. D. 40, 49, 83. C. 052, 838, 882. M. 8882.

LAMPARINA Ver em sonhos uma lamparina acesa pressagia o nascimento de uma criança na família. Uma apagada prediz o falecimento de um parente. Ver Lâmpada.
G. 02, 19, 23. D. 07, 76, 91. C. 092, 507, 873. M. 2491.

LAMPIÃO Ver em sonhos um lampião aceso é sinal de satisfação. Se ele estiver apagado, pressagia dificuldades; se estiver quebrado, prejuízos. Ver Lâmpada.
G. 02, 20, 25. D. 06, 77, 94. C. 208, 380, 598. M. 9407.

LANTERNA Uma lanterna acesa vista em um sonho prediz a realização de projetos ou esperanças. Uma apagada anuncia contrariedades e tristezas.
G. 02, 13, 24. D. 08, 49, 95. C. 150, 696, 808. M. 2051.

LAPA Ver Pedra, Rochedo.

LÁPIS Ver em um sonho uma assinatura feita a lápis é um alerta contra compromissos prejudiciais. Um lápis sem ponta pressagia falta de recursos.
G. 13, 16, 21. D. 49, 62, 82. C. 264, 349, 881. M. 0183.

LARANJA Colher laranjas em sonhos é presságio de sorte no jogo. Chupá-las prenuncia novos amores. Descascá-las prediz contrariedades. Negociar com elas denuncia falsidade de pessoa conhecida. Laranjas podres pressagiam doença na família. Ver Fruta.
G. 12, 22, 25. D. 47, 86, 98. C. 585, 598, 946. M. 0885.

LARANJEIRA Ver em sonhos uma laranjeira florida é presságio de noivado ou casamento. Se a árvore estiver cheia de laranjas, prediz Melhoria financeira; se estiver seca e sem folhas, doença na família. Ver-se cultivando uma laranjeira pressagia uma viagem. Derrubá-la simboliza falta de sorte no jogo. Ver Árvore.
G. 12, 22, 25. D. 47, 86, 98. C. 099, 246, 588. M. 3245.

LAVADEIRA Ver em sonhos uma lavadeira é presságio de casamento.
G. 11, 12, 19. D. 43, 46, 75. C. 876, 941, 946. M. 0643.

LAVAGEM Ver em um sonho a lavagem de uma casa pressagia uma mudança de vida. Ver-se tomando uma lavagem intestinal indica que a saúde necessita de cuidados.
G. 10, 23, 24. D. 40, 92, 94. C. 092, 395, 637. M. 0090.

LAVAR Ver-se em sonhos lavando o rosto é presságio de amores novos. Lavar as mãos pressagia aumento nos vencimentos ou lucros; o corpo, uma viagem; os pés, contrariedades; a roupa, falsa amizade; um animal, reconciliação; outra pessoa, notícias de pessoa ausente. Lavar-se em água suja pressagia sorte no jogo; em água perfumada, rompimento de amizade ou de compromisso amoroso. Ver alguém lavar-se simboliza a derrota de inimigos.
G. 03, 22, 24. D. 12, 87, 96. C. 112, 896, 988. M. 2188.

LAVATÓRIO Ver em sonhos um lavatório limpo é presságio de uma boa situação futura. Ver um desasseado pressagia poucos ganhos e vida difícil.
G. 07, 13, 25. D. 25, 50, 00. C. 349, 725, 800. M. 8697.

LAVRADOR Sonhar que se é lavrador tem significado favorável para a pessoa que sonha, prenunciando negócios lucrativos, aquisição de bens imóveis, boa posição social e êxito nas amizades.
G. 03, 16, 18. D. 09, 64, 71. C. 372, 812, 864. M. 3562.

LEÃO Ver em sonhos um leão é indício de melhoria financeira. Se ele estiver em um circo, pressagia o nascimento de uma criança na família; se estiver lutando com outros animais, discórdia na família. Ver-se ao lado de um leão sem ser atacado por ele pressagia boa sorte no jogo. Ver-se ferido ou morto por um leão denuncia falsas amizades, traição de pessoa conhecida. Ver-se matando um leão anuncia vitória sobre inimigos.
G. 02, 16, 21. D. 05, 61, 83. C. 383, 706, 763. M. 5263.

LEBRE Ver em sonhos uma lebre é prenúncio de boas amizades. Ver muitas lebres pressagia atividades lucrativas. Ver Coelho.
G. 10, 20, 25. D. 38, 80, 97. C. 039, 497, 777. M. 3697.

LEGUME(S) O sonho com legumes, quaisquer que sejam, indica melhoria na vida, progresso nos negócios, boa saúde. O significado é o mesmo para os legumes crus a granel ou cozidos e preparados para a mesa.
G. 10, 19, 21. D. 37, 75, 84. C. 175, 184, 738. M. 7940.

LEILÃO Ver em sonhos um leilão pressagia prejuízos. Ver-se comprando objetos em um leilão denuncia projetos sem efeito.
G. 04, 08, 12. D. 15, 31, 48. C. 246, 731, 913. M. 4231.

LEITÃO Ouvir em sonhos o grunhido de um leitão pressagia desavenças e aborrecimentos. Ver um leitão dormindo previne contra uma contrariedade causada por pessoa conhecida. Um leitão morto prediz aumento de vencimentos ou de lucros.
G. 06, 18, 24. D. 24, 71, 94. C. 321, 869, 893. M. 6872.

LEITE Ver-se em um sonho bebendo leite simboliza a amizade de uma mulher. Entornar leite pressagia prejuízos; fervê-lo, uma viagem; vendê-lo, bons negócios. Ver-se tirando leite de cabra, de ovelha, ou de vaca pressagia o nascimento de uma criança na família.
G. 03, 06, 25. D. 12, 22, 00. C. 309, 521, 699. M. 4500.

LEITO Ver em sonhos um leito é presságio de felicidade; mas, se ele estiver desarrumado, pressagia situação desagradável por motivo

de escândalo. Ver um leito nupcial simboliza fidelidade da pessoa amada. Ver-se deitado em um prenuncia perigo. Ver Cama.
G. 09, 14, 21. D. 36, 55, 83. C. 156, 433, 782. M. 5836.

LEITURA Sonhar que se está lendo um livro simboliza tranqüilidade e alegria. Ler um livro de histórias eróticas denuncia insegurança nas atividades financeiras. Ler um livro religioso pressagia um bom futuro.
G. 10, 19, 22. D. 37, 75, 88. C. 288, 474, 540. M. 6076.

LENTILHAS Comer lentilhas em um sonho é preságio de melhoria financeira. Vendê-las ou comprá-las anuncia desavenças por dinheiro.
G. 20, 23, 24. D. 77, 90, 96. C. 494, 690, 978. M. 9796.

LENÇO Um lenço branco visto em um sonho é preságio de casamento ou noivado. Se for amarelo, pressagia tristeza; vermelho, sofrimento; verde, um bom futuro; azul, esperanças realizadas no futuro; de algodão ou de lã, falta de sorte no jogo; de seda, boa situação financeira e social. Se tiver bordados ou rendas, prediz doença em pessoa conhecida ou da família. Se estiver manchado de sangue, anuncia desastre ou acidente; molhado de lágrimas, desgostos; rasgado, luta corporal; no chão, fim de amor; sujo, volta de namorado. Achar um lenço pressagia um novo amor. Dar um lenço a alguém anuncia o regresso de uma pessoa ausente. Receber um lenço de presente simboliza mudança. Comprar ou vender um lenço sugere aborrecimentos. Perder um lenço prenuncia rompimento de namoro, de noivado ou de ligação amorosa.
G. 10, 22, 23. D. 39, 86, 90. C. 287, 640, 691. M. 3989.

LENÇOL Um lençol novo visto em um sonho pressagia uma doença. Um lençol branco, já usado, simboliza tranqüilidade doméstica. Ver-se a abrir um lençol dobrado anuncia o falecimento de pessoa conhecida ou parente.
G. 04, 13, 16. D. 14, 51, 64. C. 316, 362, 951. M. 6850.

LEPRA Ver em sonho um leproso anuncia derrota de pessoas inimigas ou que antipatizam com a pessoa que sonha. Sonhar que se está

com lepra pressagia negócios lucrativos. Ver um leproso morrer denuncia a deslealdade. de pessoas conhecidas.
G. 01, 04, 21. D. 02, 14, 84. C. 814, 881, 902. M. 7615.

LEQUE Ver em sonhos um leque denuncia inimizade, falsidade de pessoa conhecida. Um leque de várias cores simboliza a amizade de pessoas falsas. Ver alguém abanando-se com um leque é sinal de reconciliação. Achar um leque pressagia a cura da doença de um parente ou conhecido. Perder um leque pressagia uma mudança. Dar um leque de presente é prenúncio de viagem. Receber um de presente denuncia falsidade. Comprar ou vender leques simboliza amor não correspondido. Ser abanado por alguém sugere felicidade no amor.
G. 06, 19, 25. D. 21, 75, 98. C. 522, 774, 000. M. 3100.

LETRA Uma única letra vista em um sonho tem a possibilidade de ser a primeira letra do nome de um novo amor. Ver muitas letras simboliza preocupação por um emprego desejado. Letras vistas em linha reta são um bom indício para o futuro.
G. 12, 16, 20. D. 49, 64, 79. C. 377, 647, 664. M. 8161.

LICOR Ver-se em sonhos bebendo licor pressagia divertimentos. Ver alguém beber sugere situação duvidosa quanto a negócios. Fabricar ou vender licor é prenúncio de contrariedades.
G. 01, 15, 25. D. 02, 60, 99. C. 198, 504, 859. M. 1298.

LIGAS Ver ligas em sonho é presságio de doença. Ver-se usando ligas anuncia o rompimento de uma relação amorosa. Dar ligas de presente pressagia um novo amor. Receber ligas de presente é sinal de noivado ou casamento.
G. 09, 22, 23. D. 35, 86, 89. C. 235, 285, 291. M. 9333.

LIMA (De aço) Ver em sonhos uma lima pressagia preocupações. Ver-se usando uma alerta sobre um trabalho pouco rendoso.
G. 05, 18, 22. D. 17, 72, 88. C. 072, 087, 818. M. 0320.

LIMA (Fruta) Ver uma lima em um sonho prediz contentamento. Vê-la na árvore anuncia um bom futuro. Chupar limas pressagia uma boa situação financeira; descascá-la, contrariedades. Ver Fruta.
G. 01, 15, 17. D. 03. 60, 67. C. 158, 403, 567. M. 0565.

LIMÃO Ver um limão em sonhos é um presságio de saúde. Se estiver podre, alerta contra um grande prejuízo financeiro. Chupá-lo anuncia dinheiro no futuro. Comprá-lo prediz doença; vendê-lo, aborrecimentos. Ver Fruta.
G. 07, 16, 21. D. 27, 61, 83. C. 561, 725, 881. M. 9228.

LÍNGUA Ver-se em um sonho com a língua grande é presságio de grandes aborrecimentos. Se ela for pequena, prenuncia vida tranqüila; se estiver inchada, tristezas. Morder a língua em sonhos é sinal de traição de pessoa conhecida.
G. 04, 18, 22. D. 14, 72, 87. C. 016, 472, 885. M. 1786.

LÍRIO Ver lírios em sonhos é um presságio de esperanças que não se realizarão. Ver-se colhendo lírios é prenúncio de sofrimentos. Negociar com lírios anuncia uma doença. Plantar e cultivar lírios sugere ideais elevados.
G. 04, 16, 24. D. 14, 61, 93. C. 061, 293, 514. M. 5764.

LIVRO Ver um livro em um sonho pressagia boa sorte. Se ele for velho, simboliza boa posição social e vida longa. Entretanto, se estiver rasgado, anuncia contrariedades. Ver-se lendo um livro é sinal de progresso na profissão. Vender livros prediz ganho de dinheiro mediante o trabalho.
G. 03, 05, 12. D. 10, 19, 47. C. 246, 612, 819. M. 1448.

LOBO Todos os sonhos com lobos são desfavoráveis: significam inimizades, lutas com inimigos conhecidos ou desconhecidos.
G. 02, 11, 14. D. 06, 41, 55. C. 008, 644, 654. M. 1853.

LOCOMOTIVA Ver em sonhos uma locomotiva em movimento, de dia, pressagia boas notícias; sendo à noite, as notícias serão desfavoráveis. Uma locomotiva descarrilada ou tombada anuncia prejuízos. Ver-se dirigindo uma locomotiva é presságio de bons negócios. Entrar em uma fábrica de locomotivas simboliza boa capacidade de trabalho.
G. 05, 12, 18. D. 20, 47, 71. C. 247, 419, 571. M. 7847.

LOTERIA Ver-se em sonhos jogando em loteria é presságio de prejuízo. Ver-se perdendo dinheiro em loteria pressagia sorte no jogo; ver-se ganhando anuncia falta de sorte.
G. 17, 19, 25. D. 66, 74, 98. C. 268, 498, 875. M. 3175.

LOUCO Ver em sonhos um louco pressagia obstáculos na vida. Ver-se em sonhos enlouquecido prenuncia felicidade no amor e casamento. Visitar um louco prediz uma viagem. Falar a um, embaraços nos negócios. Ver Acesso.
G. 02, 11, 25. D. 06, 41, 98. C. 341, 398, 607. M. 7141.

LUA Ver em sonhos a lua simboliza ambições. Se estiver muito brilhante, anuncia noivado ou casamento; se estiver muito próxima, notícia de pessoa ausente. Se estiver cheia, pressagia ganho de dinheiro; se estiver crescente, o nascimento de uma criança; se estiver minguante, rompimento de amizade, namoro ou noivado. Se estiver vermelha, anuncia doença em casa; cor de sangue, acidente ou ferimento. Um eclipse da lua visto em um sonho pressagia perda de emprego.
G. 05, 09, 12. D. 20, 36, 46 C. 045, 117, 134. M. 3620.

LUCROS Ver-se em um sonho tendo lucro em um jogo, qualquer que seja, é um alerta sobre a necessidade de ter cuidado na direção dos negócios. Lucro em comércio, indústria ou negócio pressagia sorte em loteria. Lucro por herança previne contra perda de posição. Lucro adquirido facilmente prenuncia dívidas. Lucro em atividades ilícitas prediz mudança.
G. 08, 17, 19. D. 31, 65, 74. C. 673, 729, 765. M. 5976.

LUME Ver em sonhos um lume aceso é presságio de intrigas. Ver-se apagando um lume pressagia tristezas. Ver-se acendendo-o prediz contrariedades. Ver Incêndio.
G. 04, 06, 24. D. 13, 23, 93. C. I 15, 624, 994. M. 4323.

LUNETA Ver-se em sonhos usando uma luneta é presságio de doença. Ver alguém usando uma denuncia amizade falsa. Ver-se comprando uma simboliza projetos para o futuro.
G. 14, 15, 23. D. 53, 58, 89. C. 156, 159, 492. M. 4892.

LUTA Ver-se em um sonho lutando com um inimigo e vencendo-o é sinal de vaidade. Ver-se sendo vencido em uma luta pressagia aborrecimentos. Lutar com um amigo anuncia vida sossegada Ver outras pessoas lutando é presságio de preocupações. Ver-se separando pessoas em luta pressagia aborrecimentos domésticos.
G. 06, 10, 15. D. 21, 38, 57. C. 422, 537, 857. M. 5339.

LUVA Ver-se em um sonho usando luvas é presságio de melhoria financeira. Ver alguém a usá-las denuncia deslealdade. Luvas brancas pressagiam um novo amor; pretas, falecimento na família; de cor, boas notícias da pessoa amada; de pelica, boas amizades. Ver-se negociando com luvas anuncia a existência de inimigos desleais. Dar luvas de presente indica falta de sorte no jogo. Ver-se recebendo luvas de presente é um aviso para não jogar durante três dias. Perder as luvas pressagia uma nova amizade.
G. 19, 21, 25. D. 73, 82, 97. C. 400, 576, 782. M. 4181.

LUZ Todos os sonhos com luz têm bom significado. Ver uma luz distante pressagia vida longa; próxima, realização de desejos ou de projetos. Entretanto, se a pessoa sonha que está envolta em luz, deve evitar assumir compromissos durante alguns dias. Ver Lâmpada.
G. 03, 09, 22. D. 12, 36, 88. C. 034, 286, 709. M. 5611.

M

Ver em sonhos essa letra pressagia contrariedades, preocupações. Ver-se escrevendo-a indica que a pessoa que sonha tem bons sentimentos.
G. 13, 18, 20. D. 52, 71, 78. C. 078, 450, 969. M. 3552.

MACA Sonhar com uma maca vazia pressagia um bom casamento. Se ela estiver com um doente, é sinal de saúde. Ver-se deitado em uma anuncia prejuízos. Ver-se carregando uma previne acerca de contrariedades.
G. 01, 09, 14. D. 03, 35, 55. C. 855, 902, 934. M. 6153.

MAÇÃ Se uma maçã vista em um sonho for vermelha, pressagia um acidente. Se estiver verde, desavença entre namorados ou amantes. Se estiver madura, noivado ou casamento. Se for azeda, anuncia um conflito. Se estiver podre, infidelidade. Se estiver na macieira, prediz ganho de dinheiro; fora da macieira, herança. Ver-se comendo maçãs pressagia uma mudança. Cortar ou descascar maçãs prediz desavenças por dinheiro. Dar uma a alguém, perda de emprego. Assar ou cozer maçãs, nascimento de criança na família. Negociar com maçãs, vitória sobre inimigos. Ver Fruta.
G. 06, 18, 19. D. 23, 72, 74. C. 070, 173, 322. M. 2476.

MACACO Se um macaco visto em um sonho for pequeno, pressagia sorte no jogo; se for grande, atraso em negócios. Se ele estiver pulando, anuncia reconciliação; se estiver no circo, novo amor. Vários macacos em uma gaiola predizem contrariedades por motivo de dinheiro; soltos, mudança de situação para melhor. Ver-se brincando com um macaco denuncia falsidade. Ser atacado por um, derrota de inimigos.
G. 15, 17, 18. D. 57, 65, 71. C. 459, 470, 968. M. 1971.

MACARRÃO Ver em sonhos uma porção de macarrão simboliza divertimentos noturnos. Ver-se preparando macarrão pressagia reconciliação. Ver-se comendo macarrão é aviso para ter cuidado com desa-

fetos. Negociar com macarrão anuncia a vinda de notícias de pessoa ausente.
G. 08, 11, 13. D. 32, 41, 50. C. 043, 632, 850. M. 6942

MACAXEIRA Ver em sonhos uma grande quantidade de macaxeira pressagia abundância, prosperidade. Ver-se plantando macaxeira é presságio de prejuízos. Ver-se colhendo-a, de bons lucros. Cozinhando-a, de desavenças em casa. Comendo-a, da chegada de notícias de pessoa ausente. Ver Aipim.
G. 11, 19, 22. D. 43, 73, 88. C. 386, 444, 773. M. 6543.

MACHADO Ver-se em um sonho usando um machado pressagia uma luta com ferimento leve. Negociar com machados simboliza inimizades vencidas. Ferir-se com um prenuncia separação. Ferir alguém com um é sinal do nascimento de uma criança na família. Ver-se afiando um machado sugere boa sorte no jogo. Ver-se quebrando um, denuncia deslealdade.
G. 13, 23, 24. D. 50, 91, 93. C. 093, 552, 592. M. 0695.

MACIEIRA Ver em sonhos uma macieira é presságio de boas notícias. Ver Maçã.
G. 05, 08, 13. D. 20, 29, 50. C. 220, 350, 831. M. 8049.

MADEIRA Ver em sonhos uma grande quantidade de madeira pressagia dificuldades na vida. Ver-se serrando madeira denuncia falsidade de desafetos. Ver-se queimando madeira é um aviso contra intrigas. Negociar com madeira pressagia uma viagem.
G. 05, 08, 23. D. 17, 31, 92. C. 019, 432, 989. M. 0320.

MADRASTA Ver-se em sonhos sendo uma madrasta é presságio de discórdia na família. Ver uma madrasta anuncia a cura de uma pessoa doente. Sonhar que se tem uma madrasta prenuncia superação de obstáculos.
G. 10, 17, 22. D. 39, 65, 87. C. 239, 387, 667. M. 1365.

MADRINHA Ver-se em sonhos como madrinha de alguém pressagia o nascimento de uma criança na família. Ver uma madrinha é

sinal de reconciliação. Sonhar que se tem uma madrinha é presságio de casamento.
G. 04, 07, 25. D. 16, 26, 89. C. 025, 214, 500. M. 1314.

MÃE Ver em sonhos a mãe ausente prenuncia boa saúde para ela. Sonhar que a abraça é presságio de aumento de renda pessoal; que a beija, de aumento na família; que recebe a sua visita, de mudança; que a acaricia, de felicidade nos negócios; que briga com ela, de infelicidade; que a vê chorando, de doença; que faz as pazes com ela, de cura de doença. Se a mãe está idosa, vê-la moça pressagia felicidade nos amores. Ver a mãe que já está morta prediz uma vida longa. Ver-se beijando a mãe morta é sinal de sorte no jogo. Acompanhar o enterro da mãe é presságio da chegada de notícias de pessoa ausente. Se uma solteira sonha que é mãe, o sonho pressagia noivado ou casamento. Ver Parentes.
G. 15, 16, 24. D. 58, 64, 94. C. 859, 964, 995. M. 9157.

MAGIA Ver-se em sonhos praticando magia é presságio de infelicidade. Assistir em sonhos a práticas de magia é sinal de perigo. Ver-se como um mago denuncia ambições sem resultado.
G. 01, 13, 14. D. 02, 51, 53. C. 351, 501, 855. M. 9903.

MAGNETISMO (Hipnotismo) Sonhar que se está sob a ação de magnetismo pressagia perigo de pobreza. Ver alguém ser magnetizado prediz aborrecimentos. Sonhar que se é um magnetizador prenuncia vitória em situações embaraçosas.
G. 01, 08, 24. D. 01, 31, 96. C. 703, 796, 830. M. 9604.

MAGREZA Ver-se muito magro em sonho pressagia prejuízo financeiro. Ver alguém muito magro anuncia uma boa solução para dificuldades e questões com outras pessoas.
G. 01, 03, 22. D. 01, 09, 87. C. 103, 187, 309. M. 8687.

MALA Ver em sonhos uma mala cheia é sinal de prosperidade. Se ela estiver vazia, pressagia perda de emprego. Ver-se enchendo uma mala anuncia sorte em loteria. Carregar uma é presságio de viagem. Ver-se negociando com malas prenuncia uma mudança.
G. 06, 10, 20. D. 23, 37, 79. C. 037, 124, 880. M. 9921.

MAMÃO Ver Fruta.

MANCHA Ver Nódoa.

MANHA Ver em sonhos uma criança manhosa pressagia felicidade nos amores. Ver uma pessoa idosa com manhas é presságio de acidentes.
G. 01, 12, 20. D. 02, 48, 77. C. 279, 745, 801. M. 7904.

MANTA Ver-se em um sonho com uma manta enrolada no pescoço pressagia uma prole feliz. Ver alguém com uma manta no pescoço anuncia dias de diversão.
G. 01, 06, 11. D. 03, 23, 41. C. 124, 444, 701. M. 8543.

MANTEIGA Ver-se em um sonho fabricando manteiga é presságio de progresso material. Negociar com manteiga sugere êxito nas atividades. Ver-se comendo manteiga anuncia o recebimento de uma herança. Manteiga estragada é presságio de prejuízos.
G, 10, 12, 22. D. 39, 48, 88. C. 188, 348, 640. M. 1585.

MÃO Se a mão vista em um sonho for grande, é presságio de melhoria na situação financeira. Se for pequena, de prejuízos. Se for pálida, de aumento de bens. Se for cabeluda, de desavenças por motivo de dinheiro. Se estiver fria, de cura de doença. Se estiver com ferimento, de desafetos vencidos; se estiver ensangüentada, de acidente. Se estiver suja, de boa sorte no jogo. Se estiver com falta de dedos, de rompimento de relação amorosa. Se tiver muitos dedos, de noivado ou casamento. Se forem femininas, de sedução. Ver-se lavando as mãos denuncia deslealdade. Esconder as mãos é sinal de perigo. Não ter as mãos avisa sobre o perigo de assumir certos compromissos. Ver-se com quatro mãos simboliza virilidade. Comer com a mão esquerda pressagia novos amores. Comer com as duas mãos anuncia doenças.
G. 02, 06, 09. D. 05, 21, 35. C. 034, 607, 823. M. 7222.

MÁQUINA Ver em sonhos uma máquina em movimento é presságio de segurança nos negócios. Sonhar com uma máquina de costura, para uma mulher casada, pressagia o nascimento de um filho;

para uma solteira, noivado ou casamento; para uma viúva, felicidade inesperada.
G. 01, 04, 07. D. 04, 15, 28. C. 201, 513, 626. M. 2103.

MAR Sonhar com mar calmo é presságio de negócios pouco lucrativos, amor feliz ou viagem. Mar agitado prenuncia intrigas, discórdias, excesso de trabalho. Sonhar que está se afogando no mar pressagia uma doença. Sonhar que está nadando anuncia o regresso de pessoa conhecida ou parente. Ver Água.
G. 05, 11, 20. D. 20, 41, 79. C. 019, 843, 877. M. 6117.

MARECHAL Ver em sonhos um marechal é sinal de prosperidade. Sonhar que se é um marechal indica que um plano não será executado. Ver Militar.
G. 08, 14, 16. D. 29, 53, 63. C. 164, 430, 456. M. 3361.

MARIDO Se uma mulher sonha que o marido está ausente, terá boas notícias dele, se estiver viajando. Se sonha que o espera na estação ou no cais, de volta de viagem, é sinal de gravidez. Vê-lo em sonhos doente ou ferido denuncia maledicência e intrigas. Vê-lo morto pressagia vida longa. Vê-lo embriagado prediz melhoria na situação financeira. Ver-se separada dele denuncia ciúmes sem razão. Vê-lo em companhia de outra mulher anuncia desavenças na família. Se uma solteira sonha que tem marido, o sonho pressagia rompimento de compromisso. Se uma viúva sonha que tem marido, pressagia questões por motivo de dinheiro ou a possibilidade de um segundo casamento.
G. 11, 13, 22. D. 43, 51, 87. C. 042, 249, 486. M. 5042.

MARINHEIRO Em geral, o sonho com marinheiros prenuncia uma viagem. Ver em sonhos um marinheiro em um navio pressagia amores passageiros. Ver-se como marinheiro simboliza dificuldades. Vide Militar.
G. 05, 06, 23. D. 19, 23, 91. C. 023, 090, 619. M. 4323.

MARIPOSA Sonhar com uma mariposa branca é presságio de vida tranqüila. Se ela for preta, pressagia lucro no jogo. Se estiver mor-

ta, vida difícil. Mariposas voejando em torno da luz simbolizam falsos amores. Ver Borboleta.
G. 04, 05, 19. D. 13, 20, 73. C. 715, 718, 973. M. 3773.

MARMELADA Para as mulheres solteiras, o sonho com marmelada significa noivado ou casamento. Para as casadas, o sonho prenuncia gravidez. Ver Doce.
G. 03, 07, 09. D. 12, 26, 33. C. 310, 928, 934. M. 5434.

MARMELEIRO Ver em sonhos um marmeleiro carregado de frutos pressagia situação financeira favorável. Se estiver sem frutos, anuncia aborrecimentos. Ver-se plantando um marmeleiro é sinal de preocupações. Ver Árvore.
G. 11, 13, 15. D. 41, 50, 60. C. 352, 359, 743. M. 2342.

MARMELO Se os marmelos vistos em um sonho estiverem na árvore, pressagiam bons negócios. Um monte ou cesto de marmelos anuncia aumento de bens. Marmelos maduros prenunciam noivado ou casamento. Se estiverem verdes, anunciam rompimento de compromisso amoroso, namoro ou noivado. Se estiverem estragados, denunciam uma falsa amizade. Ver-se colhendo marmelos na árvore é presságio de boa mudança de situação. Descascar ou cortar marmelos anuncia contrariedades. Comê-los, boas surpresas. Dá-los a alguém, prejuízos. Cozinhá-los, nascimento de uma criança. Negociar com eles, êxito mercantil. Ver Fruta.
G. 01, 17, 19. D. 03, 66, 73. C. 173, 666, 802. M. 6574.

MÁRMORE Se o mármore visto em um sonho for branco, pressagia o nascimento de uma criança na família. Se for preto, prenuncia uma doença; se for de cor, intrigas. Ver uma estátua ou imagem de mármore é um aviso contra inimizades. Quebrar um objeto de mármore prediz sorte no jogo.
G. 02, 04, 08. D. 05, 13, 31. C. 607, 815, 932. M. 6330.

MARTELO Ver em sonhos um martelo pressagia dificuldades na profissão. Ver-se usando um martelo é sinal de bons negócios. Ver-se negociando com martelos é presságio de dificuldades financeiras. Ver-se fabricando martelos anuncia atividades lucrativas.
G. 03, 14, 15. D. 09, 53, 57. C. 156, 412, 558. M. 0856.

MÁSCARA Em geral, o sonho com máscaras prognostica traição. Ver uma máscara pressagia uma situação difícil. Ver alguém usando uma máscara avisa contra inimigos atuantes.
G. 03, 04, 20. D. 12, 14, 80. C. 478, 512, 613. M. 7415.

MATAR Sonhar que se está matando alguém pressagia a perda de uma causa judicial. Ver-se mandando matar alguém anuncia vitória em causa judicial. Ver matar um animal prediz uma atividade lucrativa. Ver alguém matar outrem simboliza vitória sobre inimigos. Ver Assassinar.
G. 03, 05, 24. D. 12, 20, 94. C. 417, 612, 896. M. 9495.

MATE Ver-se em sonhos colhendo mate é sinal de sorte em loteria. Ver-se negociando com mate pressagia a realização de projetos. Ver-se bebendo mate sugere melhoria de situação. Ver-se preparando mate anuncia mudança de emprego. Ver-se derramando a bebida pressagia doença.
G. 11, 12, 13. D. 43, 47, 51. C. 447, 943, 949. M. 8745.

MATO Ver-se em um sonho à beira do mato é presságio de melhoria de finanças. Ver-se perdido no mato pressagia contrariedades. Ver-se derrubando mato anuncia sorte no jogo. Ver Bosque.
G. 16, 20, 23. D. 61, 80, 91. C. 178, 289, 564. M. 0491.

MEADA Ver em sonhos uma meada de lã representa uma vida complicada. Enrolar fios em meada pressagiá melhoria de vencimentos. Desembaraçá-los denuncia intrigas. Trabalhar com fio de meada prediz noivado ou casamento. Ver Fios.
G. 12, 21, 22. D. 48, 84, 87. C. 483, 845, 987. M. 9983.

MECHA Ver-se em um sonho acendendo uma mecha é presságio de perigo de acidente. Ver-se atirando fora uma mecha acesa denuncia inquietação de espírito. Uma mecha apagada prediz prejuízos; muitas mechas acesas, desastre.
G. 06, 11, 22. D. 24, 41, 88. C. 642, 722, 786. M. 1543.

MEDALHA Ver-se em sonhos usando uma medalha denuncia ciúmes sem razão. Ver-se negociando com medalhas é presságio de sepa-

ração; dar uma medalha de presente também pressagia rompimento. Ganhar uma medalha é sinal de noivado, ou casamento; perder uma, de falta de sorte no jogo; achá-la, de sorte no jogo.
G. 11, 18, 21. D. 41, 72, 82. C. 182, 570, 841. M. 9384.

MÉDICO Em geral, o sonho com médicos prognostica doenças ou dificuldades. Ver-se no sonho falando a um médico denuncia a existência de pessoas conhecidas invejosas.
G. 03, 07, 19. D. 18, 26, 74. C. 710, 827, 875. M. 7176.

MÉDIUM Ver em sonhos um médium em transe pressagia possibilidade de prejuízo. Ver-se falando com um anuncia dificuldades na vida.
G. 08, 22, 23. D. 30, 85, 89. C. 186, 331, 691. M. 5432.

MEDO Sonhar que se está com medo é presságio de uma situação embaraçosa que pode ser dominada com força de vontade. Ver alguém com medo anuncia doença passageira na família.
G. 14, 22, 25. D. 53, 85, 97. C. 055, 599, 785. M. 1786.

MEIA(S) Se as meias vistas em um sonho forem de algodão, pressagiam o recebimento de uma herança; se forem de seda, anunciam sofrimentos; de náilon, bons negócios. Se estiverem sujas, predizem deslealdade; rasgadas, boa sorte no jogo; pelo avesso, vida difícil. Dar meias de presente pressagia o rompimento de uma amizade. Recebê-las anuncia um novo amor. Costurá-las prediz intrigas; lavá-las, noivado ou casamento; descalçá-las, melhoria na situação financeira. Ver-se negociando com meias anuncia a chegada de boas notícias.
G. 08, 19, 21. D. 32, 74, 82. C. 130, 674, 684. M. 5476.

MEL Ver-se em um sonho comendo mel é presságio de bons negócios. Entornar ou derramar mel anuncia desgostos. Negociar com mel sugere sucesso comercial.
G. 05, 13, 16. D. 20, 51, 61. C. 162, 350, 418. M. 1964.

MELÃO Ver-se em um sonho comendo melão é prenúncio de bons negócios. Colher a fruta anuncia o falecimento de uma pessoa conhecida. Vender melões é sinal de progresso comercial. Ver Fruta.
G. 05, 08, 10. D. 17, 32, 40. C. 031, 219, 938. M. 5437.

MELRO Ver em sonhos um melro voando denuncia maledicência. Ouvi-lo cantar é uma advertência com relação à saúde ou a possíveis prejuízos.
G. 03, 20, 21. D. 12, 78, 82. C. 310, 484, 679. M. 6884.

MENDIGO Ver em sonhos um mendigo pressagia desgostos domésticos. Dar-lhe esmola anuncia sorte em loteria. Sonhar que se é mendigo prediz melhoria de posição. Ver muitos mendigos denuncia a existência de inimigos desleais. Agasalhar um mendigo é presságio de felicidade. Ver um aleijado prenuncia a cura de uma doença. Ver um parente como mendigo é indício de doença na família. Ver Esmola.
G. 03, 18, 22. D. 12, 72, 87. C. 270, 288, 510. M. 7588.

MENINO(A) Ver em um sonho um menino ou uma menina é indício de preocupações morais. Muitos meninos ou meninas brincando pressagiam alegria passageira. Ver-se no sonho como um menino ou uma menina denuncia indecisão quanto aos negócios. Ver um menino chorando sugere aborrecimentos. Ver Criança.
G. 12, 14, 16. D. 48, 55, 62. C. 445, 453, 562. M. 4347.

MENSAGEIRO Ver em sonhos um mensageiro inesperado prediz a chegada de uma boa surpresa dentro de alguns dias.
G. 12, 16, 24. D. 47, 63, 96. C. 145, 264, 596. M. 3395.

MENTIRA Ouvir em sonhos alguém dizer algo que não é verdade denuncia a escolha de uma profissão pouco rendosa e a existência de deslealdades.
G. 13, 16, 21. D. 50, 61, 84. C. 261, 649, 681. M. 6752.

MERCADO Os sonhos com um mercado têm sempre bom significado.
G. 02, 13, 14. D. 07, 52, 55. C. 651, 853, 907. M. 6453.

MESA Se a mesa vista em um sonho está com uma toalha e arrumada para uma refeição, pressagia perda de emprego. Se estiver sem toalha, anuncia mudança. Se estiver vazia, falecimento de pessoa conhecida; quebrada, más notícias. Ver-se comprando ou vendendo uma

mesa é anúncio de noivado ou de casamento. Mesas vistas em uma sala de hotel pressagiam prosperidade.
G. 02, 08, 12. D. 05, 32, 48. C. 207, 746, 929. M. 4447.

METRALHADORA Ver uma metralhadora em um sonho pressagia casamento. Ver-se a manejar uma é sinal de boa sorte. Ver alguém manejar uma contra outrem prediz aborrecimentos. Se alguém aponta uma para quem sonha e acerta o tiro, o sonho previne contra a vitória de inimigos; se erra, sua derrota. Ver Armas.
G. 11, 15, 16. D. 44, 60, 62. C. 264, 658, 943. M. 5659.

METRO (Instrumento de medida) Ver em sonhos um metro é presságio de negócios rendosos, melhoria de renda ou de ordenado. Se for uma mulher quem sonha, o presságio é de casamento ou gravidez.
G. 01, 08, 24. D. 02, 32, 96. C. 031, 593, 703. M. 6430.

MILHO Os sonhos com milho, em geral, têm bom significado. Ver em sonhos espigas de milho é presságio de prosperidade. Ver um milharal anuncia casamento. Milho em grão é presságio de herança. Ver-se a colher espigas no pé é sinal de boa sorte no jogo. Debulhar espigas é prenúncio de dificuldades. Ensacá-las, de vitória em uma questão judicial. Comprar ou vender milho é um alerta para que se evite assumir compromissos. Semear milho em um campo anuncia boas notícias. Dar milho aos animais é indício de melhoria de finanças. Cozinhar milho simboliza boa saúde.
G. 02, 05, 15. D. 06, 19, 57. C. 117, 159, 306. M. 5219.

MILITAR Ver-se em sonhos falando com um militar é presságio de maledicência e intrigas. Ver um grupo de militares pressagia rompimento de namoro ou ligação amorosa. Sonhar com namoro ou casamento com um militar é indício de separação. Ver um militar ferido ou morto anuncia doença, talvez cirurgia. Militares em parada pressagiam uma viagem. Ver-se sorteado para o serviço militar é prenúncio de boa sorte. Ver-se dançando com um prediz um aumento na família. Ver-se como militar prediz novos amores. Ver-se lutando anuncia aborrecimentos. Ver Almirante, Coronel, Exército, Fuzileiro, General, Marechal, Marinheiro, Sentinela, Soldado.
G. 01, 12, 23. D. 03, 48, 90. C. 248, 403, 791. M. 6201.

MILIONÁRIO Se alguém sonha que é milionário, o sonho prediz dificuldades financeiras. Ver em sonhos um milionário prediz a existência de um plano de realização demorada. Falar com um milionário denuncia negócio pouco rendoso. Ver Dinheiro.
G. 01, 08, 15. D. 02, 31, 57. C. 303, 731, 757. M. 1932.

MINA Ver em sonhos uma mina de carvão pressagia lucros. Ver-se entrando em uma mina denuncia a existência de conhecidos desleais. Ver-se trabalhando em uma mina anuncia um negócio rendoso. Ver uma mina de ouro ou de prata é um aviso contra questões de dinheiro. Ver-se como dono de uma mina prediz preocupações com os negócios. Sofrer um acidente em uma mina é sinal de aborrecimentos.
G. 17, 20, 23. D. 65, 78, 90. C. 165, 190, 978. M, 7865.

MINERAÇÃO Sonhar com minerais extraídos de minas pressagia o recebimento de uma herança.
G. 02, 05, 20. D. 05, 19, 80. C. 105, 320, 380. M. 2118.

MINISTRO Falar em sonhos com um ministro é presságio de vida difícil. Ver um sem lhe falar sugere êxito nas atividades. Visitar um ministro prenuncia ganho de causa na justiça. Sonhar que é um ministro pressagia uma vida cheia de dificuldades.
G. 01, 04, 22. D. 02, 14, 88. C. 515, 602, 688. M. 5714.

MISSA Ouvir em sonhos uma missa é indício de melhoria financeira. Se a missa for cantada, anuncia uma doença na família; se for fúnebre, a cura de uma pessoa doente.
G. 04, 17, 18. D. 15, 68, 69. C. 168, 671, 914. M. 5870.

MÓ (Pedra de moer grãos) Ver em sonhos uma mó é presságio de prosperidade.
G. 06, 21, 25. D. 21, 84, 97. C. 097, 422, 884. M. 9884.

MOBÍLIA Se uma mobília vista em sonho for modesta, anuncia infelicidade no amor. Se for de luxo, diz que uma ambição será satisfeita. Ver-se comprando mobília é sinal de casamento; vendendo-a, de contrariedades por motivo de dinheiro. Ver-se mandando reformar ou

consertar a mobília pressagia melhoria nas finanças. Mudá-la de um lugar para outro dentro de casa é indício de uma viagem; quebrá-la, de desavença ou separação.
G. 10, 11, 12. D. 37, 42, 45. C. 238, 242, 947. M. 2545.

MOÇA Se uma moça vista em sonho é conhecida, pressagia o rompimento de um namoro ou de relações amorosas. Se ela aparecer no sonho muito clara, anuncia reconciliação; se estiver muito escura, melhoria de vencimento. Se for bonita, prenuncia uma doença; se for feia, boa sorte no jogo. Ver-se em sonho falando com uma moça é presságio de noivado ou casamento. Ver-se dançando com uma, de um novo amor; discutindo com uma, de ciúmes sem razão. Ver-se desprezado por uma moça é sinal da existência de intrigas. Ver-se rodeado por muitas moças é presságio de separação ou desavença. Para um homem, ver-se vestido de moça é prenúncio de aborrecimentos por dinheiro. Se uma mulher idosa sonha que é moça, o sonho pressagia desavença com a família.
G. 12, 13, 19. D. 47, 50, 74. C. 346, 450, 774. M. 9674.

MOCHO Ver Coruja.

MOCIDADE Se alguém já de idade madura vê-se jovem em sonho, isso é presságio de vida longa. Ver em um sonho uma pessoa idosa com aparência jovem é sinal de amizade fiel e duradoura.
G. 13, 17, 19. D. 50, 68, 74. C. 450, 474, 768. M. 6152.

MODA Sonhar que anda vestido de acordo com a moda é um prenúncio de que seus desejos não serão realizados. Estar vestido segundo uma moda que já não vigora mais é indício de falta de amizades.
G. 06, 10, 17. D. 21, 40, 66. C. 166, 437, 521. M. 3540.

MOEDA Ver em sonhos uma moeda em curso simboliza um trabalho útil. Se ela for de ouro, pressagia uma solução favorável aos negócios ou a dificuldades; de prata, perda de emprego; de cobre, deslealdade de empregado ou de amigo. Ver-se fazendo um pagamento em moedas prenuncia contrariedades, desavenças por dinheiro. Receber um pagamento em moedas é sinal de prejuízos. Fabricar moedas

prediz dificuldades na vida. Perder uma moeda simboliza melhoria na situação financeira. Receber uma moeda falsa sugere felicidade no jogo ou em loteria. Ver Dinheiro.
G. 02, 05, 08. D. 05, 19, 31. C. 130, 405, 919. M. 5108.

MOER Ver-se em sonho moendo trigo é presságio de ganho de dinheiro. Moer pimenta prenuncia uma situação incerta.
G. 05, 06, 18. D. 18, 24, 69. C. 021, 471, 518. M. 6972.

MOINHO Ver em sonhos um moinho em movimento pressagia felicidade no jogo. Se ele estiver parado, anuncia vida difícil; se estiver girando com rapidez, uma viagem longa. Se for movido por água, pressagia casamento.
G. 02, 09, 16. D. 08, 33, 61. C. 308, 363, 533. M. 5408.

MONSTRO São pouco favoráveis os sonhos em que aparece um monstro. Na maioria dos casos, significam frustração sexual e exprimem angústia por esse ou por outro motivo. Para o homem, ver um monstro em sonho significa prejuízos nos negócios, quando não revela alguma angústia pela má situação financeira. Para a mulher, desejos insatisfeitos ou rompimento de relação amorosa.
G. 02, 09, 19. D. 05, 36, 74. C. 105, 574, 633. M. 9675.

MONTANHA Ver em sonhos uma montanha ao longe pressagia obstáculos que podem ser afastados. Se ela estiver próxima, anuncia ganho de causa na justiça. Ver-se subindo uma montanha simboliza progresso material, financeiro e social. Descer sugere dificuldades por dinheiro. Uma montanha envolta em nuvens denuncia a existência de questão na justiça ou desavenças. Ver-se no alto de uma montanha prenuncia situação incerta ou discórdia familiar. Ver Serra.
G. 04, 08, 21. D. 14, 31, 82. C. 331, 682, 914. M. 7681.

MONUMENTO Ver em sonhos um monumento é presságio de negócios vantajosos.
G. 08, 15, 23. D. 30, 57, 89. C. 431, 499, 659. M. 4590.

MORANGO Ver morangos em um sonho é presságio de vida longa. Ver-se comendo morangos pressagia casamento; comprando-os ou

vendendo-os, bons lucros; apanhando-os no pé, novos amores; plantando um pé de morangos, derrota de inimigos. Ver Fruta.
G. 15, 19, 23. D. 59, 73, 90. C. 357, 792, 974. M. 0676

MORCEGO Segundo a tradição, esse sonho tem mau significado. Morcegos voejando prognosticam falecimento na família. Se uma mulher grávida sonha com morcego, o parto será difícil e demorado.
G. 09, 16, 19. D. 33, 63, 74. C. 576, 736, 961. M. 7864.

MORDAÇA Ver em sonhos alguém amordaçado é presságio de dificuldades financeiras. Ver-se amordaçado prenuncia aborrecimentos. Ver-se colocando uma mordaça em alguém anuncia ganho de causa judicial.
G. 05, 11, 17. D. 19, 44, 65. C. 017, 544, 865. M. 3818.

MORDEDURA Ser mordido em sonhos é presságio de prejuízos. Ser mordido por um cachorro pressagia enfermidade; por um gato, discórdia familiar; por uma aranha, novo amor; por uma cobra, maledicência e intrigas; por um macaco, perdas em jogo; por insetos, aborrecimentos; por uma fera, desafetos desleais. Ver-se mordendo alguém é sinal de desavença conjugal.
G. 02, 06, 07. D. 05, 24, 26. C. 223, 307, 626. M. 1323.

MORTALHA Qualquer sonho com mortalha prognostica um aumento na família, por nascimento de uma criança ou casamento. Pode significar também o regresso de uma pessoa conhecida que está viajando.
G. 04, 13, 17. D. 14, 49, 68. C. 449, 814, 865. M. 8313.

MORTE Sonhar que está morto é presságio de saúde. Ver a morte do pai ou da mãe pressagia amores novos. Ver a morte de um filho anuncia o nascimento de uma criança. Ver a morte de um parente ou amigo prediz o rompimento de um compromisso amoroso ou de noivado. A morte de um inimigo sugere contrariedades por dinheiro. A morte de avô ou de avó prediz a cura de uma doença. Ver morrer alguém que já está morto prenuncia sorte no jogo.
G. 04, 08, 15. D. 16, 31, 57. C. 216, 731, 757. M. 3131.

MORTO Abraçar um morto em sonho, assim como beijá-lo, pressagia uma vida longa. Ver-se sendo seguro por um morto prediz uma doença grave. Ver um morto no caixão simboliza embaraço gástrico. Se ele se levantar, anuncia vitória em questão judicial. Acompanhar um morto até o cemitério prenuncia ganho de dinheiro por herança. Ver-se em um velório pressagia a cura de uma doença. Ver um morto desconhecido sugere embaraços na vida. Ver Cadáver, Enterro, Exéquia.
G. 05, 14, 18. D. 18, 53, 69. C. 218, 653, 871. M. 0456.

MOSCA(S) Se as moscas vistas em um sonho estiverem voando, denunciam inveja por parte de pessoas conhecidas. Se estiverem pousadas, pressagiam prejuízos. Moscas pousadas na face anunciam boa notícia; na cabeça, paixão amorosa; no prato, desilusão; no leite, vida descuidada; na boca, injúrias e maledicência. Muitas moscas simbolizam desavença. Matar moscas em um sonho é sinal de prosperidade.
G. 12, 21, 24. D. 48, 84, 94. C. 084, 448, 495. M. 2484.

MOSQUITO(S) Ver Moscas.

MOTOR Se um motor visto em um sonho estiver em movimento, pressagia preocupações; se estiver parado, uma situação embaraçosa. Consertar um motor em sonhos pressagia recompensa para os esforços. Fabricar um, atividades rendosas. Comprar ou vender motores, situação financeira complicada. Ver Locomotiva, Máquina.
G. 20, 23, 25. D. 77, 91, 98. C. 191, 877, 899. M. 9592.

MOTORISTA Ver em sonhos um motorista guiando um carro pressagia aborrecimentos. Ver-se como motorista simboliza capacidade para trabalhar.
G. 05, 22, 24. D. 18, 85, 94. C. 094, 419, 587. M. 0187.

MUDANÇA Os sonhos com mudança de casa, de móveis, de situação, têm duplo sentido: se a pessoa está em boa situação, o sonho pode servir de aviso para prevenir-se contra adversidades; se a situação não é boa, o sonho pode significar melhoria.
G. 10, 16, 17. D. 39, 61, 66. C. 239, 363, 966. M. 2137.

MUDO Falar em sonhos a um mudo pressagia sorte no jogo. Ouvir um mudo falar anuncia o ganho de um prêmio em loteria. Ver-se brigando com um mudo é um aviso contra os riscos de um compromisso. Ver diversos mudos anuncia melhoria financeira. Ver um mudo gesticulando denuncia falsidades.
G. 12, 21, 25. D. 46, 82, 97. C. 048, 284, 997. M. 2999.

MULA Ver Asno.

MULETA(S) Ver-se em um sonho usando muletas é presságio de negócios difíceis. Ver alguém usando-as sugere a possibilidade de uma doença. Ver um mendigo de muletas prediz o restabelecimento da saúde. Ver alguém deixar as muletas pressagia um acidente.
G. 08, 11, 19. D. 29, 43, 74. C. 029, 141, 275. M. 4344.

MULHER Se uma mulher vista em um sonho for alta, pressagia um casamento rico. Se for baixa, um casamento inadequado; gorda, um aumento na família; magra, discórdia conjugal. Se for velha, o sonho recomenda cautela com as amizades. Se estiver cantando, pressagia tristezas; chorando, alegrias. Se estiver morta, alerta contra ingratidão. Se a mulher aparecer no sonho muito clara, prenuncia felicidade; se a tonalidade da imagem for média, alerta contra a inveja de alguém; se estiver totalmente escura, prediz separação. Ver-se ao lado de uma mulher bonita é sinal de felicidade; beijá-la pressagia a chegada de notícias boas; falar-lhe anuncia desenganos; brigar com ela prediz paz no lar; matá-la previne contra processos judiciais; fazer as pazes com ela anuncia separação. Ver-se namorando uma mulher jovem pressagia desavenças. Apertar a mão de uma anuncia o regresso de uma pessoa ausente. Ver-se namorando uma viúva denuncia inquietação amorosa. Casar com ela anuncia discórdia amorosa.
G. 05, 12, 15. D. 17, 46, 58. C. 248, 260, 917. M. 2246.

MULTA Os sonhos com multas previnem contra dificuldades financeiras.
G. 07, 16, 25. D. 26, 64, 97. C. 297, 363, 927. M. 8499.

MULTIDÃO Ver em sonhos uma multidão alerta contra a possibilidade de agitação pública. Ver-se no meio de uma pressagia discórdia familiar.
G. 07, 08, 10. D. 26, 29, 38. C. 238, 926, 930. M. 4138.

MURALHA Ver em sonhos uma muralha pressagia o aparecimento de um obstáculo imprevisto. Ver-se derrubando-a prenuncia êxito.
G. 02, 11, 18. D. 07, 41, 72. C. 042, 172, 907. M. 9706.

MURO Ver Muralha.

MÚSICA Ver-se em um sonho ouvindo música é presságio de satisfação, casamento ou convalescença. Ver-se tocando um instrumento sugere melhoria na situação. Ver-se tocando em uma orquestra prenuncia prestígio na sociedade, bom futuro. Ver Flauta, Instrumento, Piano, Violino, Violão.
G. 14, 20, 24. D. 53, 77, 96. C. 353, 979, 995. M. 1278.

N

Ver em sonhos essa letra denuncia pouca disposição para o trabalho. Escrevê-la sugere que a pessoa terá ocasião de falar, criticando alguém ou alguma coisa. Ver alguém escrevê-la pressagia preocupações e contrariedades.

G. 12, 16, 22. D. 46, 64, 85. C. 247, 386, 862. M. 1488.

NABABO Ver Dinheiro.

NABO(S) O nabo é um antigo símbolo de fertilidade, embora seja amargo. Assim, plantar essa hortaliça em sonhos indica prosperidade; colhê-la anuncia pequenas vantagens em dinheiro. Vê-la na horta significa alegria; mas vê-la no mercado alerta sobre planos que não se realizarão e desejos frustrados. Comer nabos pressagia desavença no lar. Comprá-lo ou vendê-lo denuncia falsidades.

G. 06, 07, 15. D. 21, 26, 58. C. 060, 322, 727. M. 1223.

NADAR A água é um símbolo do mundo emocional; de acordo com a Psicanálise, esse sonho pode significar evocação da vida pré-natal (quando o feto vivia em meio líquido) ou insatisfação sexual, principalmente quando ocorre a uma pessoa angustiada. O modo como a água aparece pode indicar o significado mais provável do sonho. Nadar em um rio simboliza felicidade próxima; no mar, viagem; em piscina, vida ociosa. Nadar em águas barrentas indica obstáculos nas atividades; em águas claras, melhoria financeira. Em águas calmas, tranqüilidade de espírito e vida normal; em águas agitadas, doença, desejo sexual insatisfeito ou vida trabalhosa. Ver alguém nadar anuncia notícias de pessoa ausente. Nadar contra a correnteza, inimigos vencidos. Saber nadar pressagia sorte e lucro; não saber, prejuízos. Ver Água.

G. 01, 05, 24. D. 01, 20, 96. C. 393, 604, 918. M. 2094.

NAMORADO Sonhar que se tem um novo namorado, ou namorada, pressagia o rompimento da relação atual. Ver de costas o namorado ou a namorada sugere a possibilidade de afastamento. Despedir-se do namorado ou da namorada indica a chegada de um novo amor. Beijar o namorado ou a namorada denuncia relações pessoais desleais. Ver dois namorados juntos e felizes prediz desavença com a pessoa amada.

Ver o namorado ou namorada com outra moça ou outro rapaz expressa sentimento de inferioridade e insegurança quanto ao seu amor. Brigar com o namorado anuncia noivado ou casamento. Sonhar que namora pessoa de cabelos castanhos simboliza boa sorte e dinheiro; de cabelos louros, prestígio na sociedade; de cabelos negros, aborrecimentos.
G. 10, 16, 18. D. 39, 61, 70. C. 172, 563, 739. M. 3039.

NAPOLEÃO O famoso imperador francês tornou-se símbolo de delírio de grandeza e de luta pelo poder. Assim, sonhar que se é Napoleão anuncia contrariedades. Vê-lo em batalha anuncia êxito nas atividades. Vê-lo prisioneiro avisa sobre vida difícil e tristezas.
C. 12, 15, 23. D. 46, 57, 89. C. 248, 290, 560. M. 0190.

NARIZ O significado de um nariz visto em sonho depende de seu aspecto. Se ele for grande, pressagia enfermidade; se for menor do que o normal, convalescença de pessoa conhecida; se for muito comprido; possível prejuízo. Um nariz vermelho anuncia questões e brigas. Se estiver sangrando, inimizades perigosas. Ter mais de um nariz previne contra discussões com parentes ou conhecidos.
G. 03, 04, 13. D. 12, 13, 52. C. 110, 813, 852. M. 4616.

NASCIMENTO Nascer simboliza ir para uma nova situação. Assim, ver em sonhos uma criança nascer anuncia a cura de doença de uma pessoa conhecida; mas ver o nascimento de muitas crianças simboliza o rompimento de amizade amorosa, namoro ou noivado. Ver o próprio nascimento significa boa situação financeira, riqueza; de pessoa já falecida, melhoria de finanças. O nascimento de um animal pressagia progresso nos negócios.
G. 01, 18, 21. D. 01, 71, 84. C. 171, 484, 501. M. 9301.

NAUFRÁGIO Ver um naufrágio é um aviso de que os negócios estão em situação crítica, a saúde está precária ou pode haver a separação de um casal. Sonhar que se está em um navio naufragando pressagia grandes prejuízos ou questões judiciais por dinheiro.
G. 03, 08, 13. D. 10, 30, 51. C. 310, 330, 952. M. 5412.

NAVALHA Ver uma navalha denuncia a falsidade de alguém. Comprar uma anuncia desavenças e contrariedades. Cortar-se com

uma pressagia aborrecimentos. Entretanto, ver-se empunhando uma navalha prediz a chegada de notícias agradáveis; usar uma para fazer a barba simboliza atividades bem-sucedidas; ver uma exposta em uma vitrina indica realização de desejos.
G. 02, 10, 11. D. 06, 40, 43. C. 240, 406, 943. M. 7641.

NAVIO O significado desse sonho depende de suas características específicas. Se o navio estiver ancorado no cais, anuncia atraso nos negócios; se estiver no estaleiro, sendo construído, indica bons negócios. Se estiver navegando em um rio, anuncia novos amores; no mar, realização de desejos. Se estiver afundando, pressagia contrariedades por dinheiro; se estiver a seco na praia, tristezas. Ver-se a bordo de um navio prediz viagem próxima. Embarcar significa mudança; desembarcar, regresso de ausente. Ver outra pessoa desembarcando anuncia o regresso de pessoa amada. Um navio com grande carregamento simboliza prosperidade pessoal; em uma tempestade, sorte. Um navio a vela anuncia chegada de notícias de parente; um navio a vapor simboliza desejos recalcados.
G. 02, 13, 16. D. 06, 51, 64. C. 163, 405, 552. M. 8106.

NEBLINA Ver neblina em um sonho denuncia uma situação difícil, no que diz respeito a negócios, amores ou interesses gerais.
G. 10, 14, 21 D. 39, 55, 84. C. 455, 482, 839. M. 6938.

NEGRO A cor negra, que absorve energia, tem bom significado nos sonhos. É um presságio de boa sorte nos negócios e na vida social.
G. 01, 13, 17. D. 04, 49, 67. C. 066, 604, 850. M. 6267.

NEVE Ver cair neve no inverno anuncia prosperidade; se for primavera ou verão no sonho, é sinal de falta de dinheiro. Andar sobre a neve simboliza alegria; jogar com bolas de neve prediz melhoria financeira. Cair, patinando na neve, é um aviso de que a pessoa que sonha será alvo de calúnias. Ver toda a paisagem coberta de neve anuncia noivado ou casamento. Ver neve cair em dia de sol pressagia sorte.
G. 10, 11, 25. D. 38, 41, 99. C. 343, 540, 698. M. 7940.

NEVOEIRO Ver Neblina.

NINHO Ver um ninho em um galho alto anuncia o nascimento de uma criança. Um ninho com pássaros pressagia o recebimento de bastante dinheiro. Se for de cobras ou outros animais venenosos, denuncia atribulações e inimigos maldosos; se for de lagartos, doenças na família. Ver um ninho cair de um galho prediz falecimento de amigo ou de parente. Tirar um ninho do galho denuncia intrigas. Desmanchar um prediz separação. Um ninho de galinha simboliza ofensas; de urubu, indisposição gástrica.

G. 03, 18, 20. D. 09, 72, 78. C. 572, 779, 809. M. 4679.

NÓ Dar um nó (realizar algo) simboliza êxito social. Desmanchar um denuncia maledicência. Tentar desmanchar um, sem conseguir, previne contra a existência de muitos obstáculos.

G. 14, 19, 23. D. 53, 75, 92. C. 090, 175, 955. M. 9355.

NOBRE Nobreza simboliza ambição e arrogância. Sonhar que se é nobre alerta acerca de planos não realizados. Ver ou falar a um nobre denuncia vaidade. Discutir com um nobre pressagia embaraços.

G. 04, 09, 19. D. 13, 33, 76. C. 175, 813, 933. M. 1235.

NÓDOA Ver em sonho uma nódoa em nossa roupa ou na roupa alheia anuncia uma condição desfavorável para os negócios e a saúde.

G. 01, 10, 14. D. 04, 40, 53. C. 038, 153, 901. M. 3337.

NOITE Esse tipo de sonho tem simbolismo óbvio. Sonhar com uma noite clara pressagia felicidade; mas, se a noite for escura, significa vida difícil. Noite com luar anuncia alegria; chuvosa, inimizades.

G. 20, 24, 25. D. 78, 96, 97. C. 396, 479, 700. M. 1578.

NOIVA (O) Ver em sonho um noivo ou uma noiva simboliza alegria. Ver-se como noivo ou noiva anuncia a criação de projetos para a vida futura. Ver um noivo com a noiva pressagia a solução de dificuldades. Ver Casamento.

G. 02, 16, 25. D. 08, 61, 98. C. 199, 808, 862. M. 1399.

NORA Ver uma nora anuncia a chegada de uma boa notícia. Sonhar que é nora pressagia mudança de situação.

G. 09, 13, 15. D. 35, 52, 60. C. 052, 636, 960. M. 2949.

NOTÍCIAS Quando uma pessoa sonha que recebe notícias, pode estar sendo avisada sobre o perigo de um acidente. Se, no sonho, ela transmite notícias a outrem, isso significa que fará boas relações na sociedade.
G. 01, 09, 22. D. 01, 33, 86. C. 604, 936, 985. M. 9288.

NOZES As nozes são um antigo símbolo de fertilidade. Assim, ver-se em sonhos comendo nozes é um sinal de bons lucros. Colhê-las anuncia prosperidade. Vender e comprar nozes simbolizam negócios prósperos. Ver Fruta.
G. 02, 11, 24. D. 07, 43, 94. C. 194, 207, 344. M. 4394.

NU De acordo com a Psicanálise, ver-se nu em um sonho significa sentir-se desprotegido, exposto; por isso, esse sonho pode indicar falta de dinheiro, cansaço e abandono. Correr nu, entretanto, denuncia um procedimento que escandalizará os conhecidos; dançar nu simboliza vida difícil, embaraços por dinheiro; andar passeando nu, desarmonia familiar. Ver uma pessoa jovem e do sexo oposto nua simboliza desejos insatisfeitos ou ciúmes. Se a pessoa for madura, indica pretensão sem fundamento, engano; se for velha, pouca sorte nos negócios. Ver uma pessoa jovem e do mesmo sexo nua simboliza bons negócios; se for madura, denuncia hipocrisia de parentes. Ver muitas pessoas nuas é indício de doença; ver amigos nus sugere desavenças; ver crianças nuas anuncia o nascimento de um filho. Ver em sonho o namorado ou namorada nu prediz rompimento do namoro. Ver o noivo ou noiva nu avisa sobre brigas causadas por intrigas. Ver o cônjuge nu pressagia desavenças por ciúmes. Dormir com alguém nu previne contra dificuldades no exercício da profissão. Ver Despido.
G. 02, 12, 24. D. 05, 46, 96. C. 346, 396, 805. M. 8705.

NÚMERO Ver-se em sonho a escrever um número é presságio de bons lucros. Ver muitos números escritos anuncia negócios difíceis. Escrever e contar números é sinal de recebimento de dinheiro inesperado. Ver Algarismos.
G. 15, 17, 21. D. 58, 65, 83. C. 157, 665, 981. M. 5366.

NUVEM O significado desse sonho depende do aspecto das nuvens. Se forem claras anunciam felicidade; cor de ouro, boa sorte;

vermelhas, doença na família; escuras, perigos; amarelas, desânimo e abatimento por dificuldades. Ver-se envolto em nuvens simboliza aborrecimentos por dinheiro. Nuvens que se aglomeram umas sobre as outras anunciam discórdia na família. Nuvens levadas pela vento indicam embaraços, mudanças de situação, instabilidade financeira e incertezas. Nuvens em forma de torre, subindo para o alto, significam projetos que podem ser realizados com perseverança nos esforços. Nuvens por todo o céu simbolizam uma situação que necessitará do amparo de amigos ou parentes.

G. 03, 16, 19. D. 09, 61, 74. C. 109, 362, 976. M 8512.

O

Ver esta letra simboliza a expectativa de solução de um negócio.
G. 04, 07, 09. D. 13, 28, 35. C. 433, 513, 728. M. 5916.

OBELISCO Ver um obelisco em sonhos anuncia melhoria de finanças; ver a queda de um pressagia desemprego; subir ou descer por um indica dificuldades financeiras. Estar próximo de um obelisco denuncia desafetos desleais.
G. 09, 16, 20. D. 36, 62, 77. C. 336, 463, 479. M. 7079.

OCULTISTA Magos, cartomantes e outros profissionais do gênero são consultados geralmente por pessoas que buscam uma solução mágica para problemas íntimos. Assim, sonhar que se está consultando um ocultista denuncia desavenças no lar,
G. 09, 10, 13. D. 34, 40, 52. C. 436, 552, 837. M. 6839.

ÓCULOS Os óculos simbolizam visão acurada e saudável. Por extensão, representam qualidade de vida e capacidade de movimentação. Assim, usar óculos em sonhos anuncia uma viagem; perdê-los pressagia más notícias. Quebrar os óculos avisa sobre uma doença; achá-los anuncia a convalescença. Vender ou comprar óculos significa uma vida difícil.
G. 02, 14, 23. D. 07, 55, 91. C. 506, 855, 991. M. 6406.

ÓDIO Esse tipo de sonho tem simbolismo óbvio. Sentir ódio em sonhos anuncia embaraços na profissão e intrigas. Sentir que se é odiado pressagia êxito social.
G. 04, 15, 21. D. 15, 57, 82. C. 715, 882, 960. M. 7314.

OFENSA Esse tipo de sonho costuma ter simbolismo reverso. Ofender alguém significa uma reconciliação. Ser alvo de ofensa em sonhos anuncia uma boa amizade; se for pessoa do sexo oposto, prediz um novo amor. Ser ofendido por parente, entretanto, avisa sobre um abuso de confiança.
G. 11, 18, 19. D. 43, 70, 76. C. 570, 575, 844. M. 5473.

ÓLEO Tradicionalmente, o óleo simboliza riqueza e, quando é usado em lamparinas, o fogo do lar (a família) e da alma (a vida). Sonhar com uma lata de óleo anuncia um casamento. Se o óleo estiver em uma vasilha aberta, representa honestidade recompensada; se estiver derramado, lucros inesperados. Quebrar um recipiente de óleo anuncia a morte de um parente. Ver em sonhos o fim do óleo de uma lâmpada ou lamparina pressagia perigo de morte.
G. 01, 07, 21. D. 01, 28, 81. C. 181, 327, 901. M. 8225.

OLHO(S) O significado dos olhos vistos em sonhos depende de suas características. Se forem grandes, anunciam notícias sobre pessoa ausente; se estiverem brilhantes, as notícias são boas. Ver alguém com um olho só avisa sobre falecimento de pessoa conhecida. Ver alguém cujos olhos sofreram uma operação indica aborrecimentos por dinheiro. Ver alguém piscando os olhos previne contra malícia. Olhos vendados denunciam a falsidade de um suposto amigo; olhos fechados indicam indiferença amorosa. Olhos pretos simbolizam paixão amorosa; azuis, êxito nas amizades; castanhos, pessoa de boa conduta. Olhos com lágrimas significam situação normal da vida.
G. 02, 18, 23. D. 07, 71, 92. C. 171, 307, 390. M. 4705.

OLIVEIRA Desde a antigüidade, o ramo de oliveira simboliza a paz. Assim, ver em sonhos uma dessas árvores anuncia tranqüilidade.
G. 10, 12, 15. D. 39, 47, 57. C. 039, 047, 057. M. 9537.

ONÇA A onça, feroz e furtiva, mas domesticável, tem significados óbvios quando é vista em sonhos. Ser atacado por uma onça avisa que deve ser usada prudência nas relações com outras pessoas. Matar uma onça pressagia solução feliz para uma dificuldade. Ser ferido por uma onça prediz desavenças por dinheiro. Ver uma onça mansa perto de si anuncia casamento. Vê-la em um circo simboliza perda de emprego; mas, se ela estiver longe, na mata, significa melhoria nas finanças.
G. 04, 16, 24. D. 13, 63, 93. C. 293, 313, 663. M 3194.

ÓPERA O simbolismo desse sonho relaciona-se com a sofisticação desse tipo de música. Ouvir uma ópera no teatro representa que a pessoa terá boas relações na sociedade. Ser um cantor de ópera pressagia relevo social.
G. 01, 11, 15. D. 02, 44, 57. C. 144, 560, 602. M. 9801.

OPERÁRIO Sonhar com trabalhadores relaciona-se com produtividade e riqueza. Ver em sonhos um grupo de operários sugere prosperidade profissional. Vê-los trabalhando pressagia abundância. Empregá-los significa bom lucro nos negócios. Fazer-lhes o pagamento do salário indica boa situação financeira. Despedir operários denuncia prejuízos nas atividades profissionais.
G. 01, 18, 21. D. 03, 72, 84. C. 104, 184, 972. M. 2503.

ORADOR Falar em público é uma atividade que exige desembaraço. É comum que essa habilidade seja empregada por pessoas espertas para enganar os outros e fugir de problemas. Assim, ver-se em sonhos a pronunciar um discurso sugere que o sonhador está envolvido em complicações financeiras. Ouvir um discurso pode significar uma viagem (com despedidas formais) ou contato com pessoas astutas.
G. 11, 15, 17. D. 41, 57, 68. C. 359, 441, 965. M. 3167.

ORATÓRIO A presença de um oratório em uma casa é um indicador seguro da religiosidade de seus moradores, que recorrem aos santos nos momentos de necessidade e de penitência. Ver-se em sonhos rezando diante de um oratório simboliza um auxílio inesperado. Ver um oratório denuncia um sentimento de culpa (a necessidade de orar por perdão). Um oratório ornado de flores significa uma prova de amizade de outras pessoas. Ver Altar, Igreja.
G. 02, 17, 20. D. 06, 65, 80. C. 280, 507, 966. M. 2278.

ORELHA(S) Quando se sonha com orelhas, o significado do sonho depende do aspecto que elas apresentam. Se forem grandes, anunciam ganho de dinheiro inesperado; se forem pequenas, maledicência. Se estiverem cortadas, denunciam falsidades. Muitas orelhas juntas pressagiam sorte em loteria.
G. 11, 12, 14. D. 44, 48, 56. C. 042, 156, 548. M. 7155.

ÓRFÃO Ver em sonhos um órfão pode significar falecimento de pessoa da família ou rompimento de relações amorosas, de namoro ou de noivado.
G. 12, 13, 16. D. 45, 52, 62. C. 349, 362, 445. M. 1451.

ÓRGÃO *(Parte anatômica)* Ver o nome do órgão específico.

ÓRGÃO (Instrumento musical) O órgão é típico de música sacra, sendo assim associado, por muitos, com os rituais fúnebres. Por isso, ver em sonhos um órgão silencioso prediz o falecimento de pessoa conhecida ou de parente. Ouvir o som de um órgão na igreja anuncia uma herança.

G. 07, 16, 22. D. 26, 62, 87. C. 026, 062, 287. M. 3325.

ÓRGÃOS SEXUAIS Para um homem, ver em sonhos o órgão genital masculino, maior que o normal, denuncia inclinações desonestas. Se um homem vê em sonho o órgão genital feminino, isso prediz separação de compromisso amoroso; se for solteiro ou viúvo, o sonho pressagia nova ligação amorosa ou novo casamento. Se uma mulher casada vê em sonhos o órgão sexual masculino, ficará grávida; se for solteira, o sonho significa noivado e casamento; se for viúva, desejo sexual ou novo casamento. Se o órgão visto no sonho for maior que o normal e a mulher for casada, o sonho denuncia insatisfação com o marido ou intenção de cometer adultério; se for solteira, o sonho indica desejo de casamento. Ver Sexo.

G. 04, 11, 15. D. 13, 41, 57. C. 157, 515, 541. M. 0013.

OSSO(S) Ver em sonhos os ossos de outra pessoa prediz o falecimento de um inimigo. Ver os próprios ossos sugere enfermidade grave. Ossos de animais anunciam viagem. Ver-se a enterrar ou desenterrar ossos denuncia dificuldades na vida. Ver Esqueleto.

G. 04, 21, 22. D. 16, 83, 87. C. 113, 188, 283. M. 5388.

OSTRA(S) As ostras são difíceis de obter, mas trazem riquezas dentro de si. Assim, pescar ostras em um sonho simboliza felicidade. Comê-las anuncia bons lucros nos negócios. Comprar ou vender ostras alerta contra dificuldades financeiras.

G. 06, 07, 16. D. 22, 28, 61. C. 261, 422, 428. M. 8922.

OURIVES Esse sonho tem um simbolismo óbvio. Quando uma pessoa sonha que é ourives, está recebendo uma advertência, para que não faça gastos excessivos.

G. 01, 06, 13. D. 01, 23, 49. C. 003, 050, 123. M. 6221.

OURO O ouro, nos sonhos simboliza riqueza, sorte e tudo que é valioso, inclusive no campo dos sentimentos. Achar ouro anuncia uma surpresa proveitosa; mas vê-lo somente à distância prediz prejuízos e falta de sorte. Possuir ouro em moedas significa sorte. Derreter ouro denuncia sentimentos inamistosos; atirá-lo fora pressagia desgostos. Trocar ouro por papel ou outro objeto sugere a necessidade de conter seus atos; perder objetos ou moedas de ouro avisa sobre questões judiciais por dinheiro. Ver-se preocupado em juntar ouro alerta contra risco de prejuízos; ver-se a fabricar ouro falso denuncia falsidade e amores infiéis.
G. 02, 06, 24. D. 06, 23, 95. C. 195, 206, 523. M. 8394.

OVELHA O sonho com ovelha ou carneiro simboliza sexualidade saudável e normal, tanto para a mulher quanto para o homem; mas esses animais também costumam representar multidões obedientes a líderes e prosperidade para seus criadores. Assim, ver uma ovelha em sonhos anuncia decepções; ver um rebanho de ovelhas pressagia algum tumulto ou agitação política. Matar uma ovelha avisa sobre falta de dinheiro; ver uma ovelha morta prediz desgostos.
G. 04, 10, 20. D. 13, 39, 79. C. 315, 438, 779. M. 4879.

OVO Ovos são antigos símbolos de fertilidade e sorte. Ver ovos em sonhos anunciam surpresas. Se estiverem frescos, predizem boas notícias; quebrados, desavenças; duros, notícia desagradável. Se eles forem brancos, indicam satisfação; vermelhos, contrariedades. Ovos em uma cesta significam lucros adquiridos em especulação; em uma bacia, discussão; servidos na mesa, prosperidade. Apanhar ovos de passarinhos pressagia boa sorte; tirar ovos postos por uma galinha, melhoria na profissão. Cozinhar um ou vários ovos anuncia mudança vantajosa; comê-los, aumento de renda pessoal. Se uma mulher casada vê um pinto sair de um ovo, isso é sinal de gravidez. Ver uma galinha chocar ovos prediz o nascimento de uma criança. Ver Peru, Pomba.
G. 09, 15, 25. D. 36, 60, 97. C. 035, 360, 797. M. 1298.

P

Ver essa letra em sonhos simboliza o interesse por pesquisas científicas. Escrevê-la sugere aplicação aos estudos.

G. 06, 20, 23. D. 23, 80, 92. C. 721, 880, 890. M. 2778.

PÁ Ver em sonhos uma pá pressagia paz doméstica. Ver-se trabalhando com uma anuncia o recebimento de uma herança.

G. 04, 07, 19. D. 15, 27, 75. C. 075, 227, 615. M. 2827.

PADEIRO Ver em sonhos um padeiro trabalhando pressagia harmonia familiar. Ver-se como um padeiro prediz mudança de emprego. Ver-se discutindo com um anuncia doenças.

G. 11, 15, 24. D. 44, 58, 94. C. 294, 543, 860. M. 0793.

PADRE Se um padre visto em sonho estiver próximo, pressagia um acidente. Se estiver distante, recomenda cautela nas ruas ou nos banhos de mar. Ver-se conversando com um padre pressagia a perda de um objeto. Ver Abade.

G. 10, 11, 14. D. 40, 43, 53. C. 042, 253, 740. M. 3840.

PADRINHO Ver em um sonho o próprio padrinho é um presságio de calma na família. Ver-se como padrinho de um casamento prenuncia uma alegria passageira.

G. 17, 23, 25. D. 65, 91, 00. C. 065, 700, 991. M. 8497.

PAGAMENTO Ver-se em um sonho recebendo um pagamento pressagia sorte no jogo. Ver-se pagando uma conta ou uma dívida é sinal de melhoria financeira.

G. 07, 12, 16. D. 25, 47, 63. C. 245, 763, 925. M. 5027.

PAI Ver em sonhos o pai simboliza proteção. Ver o pai falecido sugere dificuldades no lar. Ver o pai idoso pressagia vida longa. Vê-lo doente anuncia a chegada de notícias dele. Ver-se recebendo a sua visita prediz uma mudança. Ver-se discutindo com ele alerta contra negócios difíceis. Ver-se fazendo as pazes com ele pressagia a cura de

uma doença. Ver o pai triste prenuncia doença. Ver o pai com fisionomia jovem prediz felicidade no amor. Ver Parentes.
G. 01, 10, 23. D. 01, 39, 89. C. 589, 601, 937. M. 6838.

PAJEM Ver em sonhos um pajem alerta acerca de um projeto sem resultado. Ver-se como um pajem pressagia obstáculos no exercício da profissão. Utilizar-se dos serviços de um prediz um aumento no número de pessoas da família.
G. 09, 17, 22. D. 35, 67, 86. C. 467, 486, 833. M. 6187.

PALÁCIO Ver em sonhos um palácio simboliza a realização de um projeto. Ver-se dentro de um pressagia a proteção de pessoas influentes. Ver um palácio incendiado prediz prejuízo na profissão. Ver a demolição de um prenuncia separação da pessoa amada.
G. 12, 17, 22. D. 46, 66, 87. C. 546, 685, 768. M. 8746.

PALCO Ver-se como um ator representando em um palco pressagia desavença na família. Ver alguém em um palco anuncia a vinda de notícias inesperadas. Ver Tablado.
G. 19, 20, 24. D. 75, 78, 93. C. 676, 677, 793. M. 1276.

PALHA Se a palha vista em um sonho estiver presa em um feixe, pressagia abundância. Se estiver solta pelo chão, anuncia a perda de um objeto de valor. Se estiver queimada, prediz uma mudança. Ver-se carregando um feixe de palha simboliza dificuldades na vida.
G. 08, 11, 15. D. 30, 41, 57. C. 029, 441, 559. M. 6759.

PALHAÇO Ver em sonhos um palhaço no circo pressagia desgostos e aborrecimentos por causa da leviandade de outra pessoa. Ver-se como um palhaço anuncia rompimento de compromisso de amor.
G. 07, 13, 15. D. 28, 51, 59. C. 051, 326, 659. M. 5925.

PÁLIO Ver em sonhos um pálio aberto em uma procissão ou cortejo pressagia a cura de uma doença. Ver-se segurando na haste de um prenuncia felicidade. Ver-se andando sob um prediz a obtenção de uma posição de prestígio transitória. Ver um pálio isolado simboliza a existência de obstáculos que causam desânimo.
G. 11, 19, 25. D. 42, 76, 97. C. 642, 676, 699. M. 6800.

PALITO(S) Ver-se em um sonho servindo-se de palitos é presságio de doenças. Ver alguém palitando os dentes simboliza desinteresse em uma amizade.
G. 03, 07, 17. D. 10, 28, 66. C. 628, 666, 810. M. 4268.

PALMEIRA Ver em sonhos uma palmeira denuncia um sentimento de solidão. Ver muitas palmeiras pressagia o nascimento de uma criança. Ver-se subindo em uma anuncia melhoria na renda mensal. Descer de uma previne acerca de grandes prejuízos. Ver-se derrubando uma anuncia vitória sobre inimigos. Ver-se colhendo os frutos de uma prediz infelicidade no amor.
G. 04, 14, 23. D. 15, 53, 89. C. 213, 290, 553. M. 4615.

PALMITO Ver-se em um sonho comendo palmitos é presságio de melhoria financeira, bons negócios, felicidade no amor e sorte no jogo. Se uma viúva sonha que está comendo palmito, isso é prenúncio de um novo casamento.
G. 12, 20, 21. D. 48, 77, 84. C. 245, 284, 780. M. 7880.

PANCADA Sonhar que se agride alguém com pancadas é prenúncio de desgostos ou de uma questão judicial. Ver-se recebendo pancadas de outrem é um aviso contra negócios prejudiciais. Ver Tapa.
G. 11, 12, 14. D. 42, 45, 55. C. 043, 056, 748. M. 3055.

PANELA Se uma panela vista em um sonho estiver cheia, pressagia progresso nos negócios e vantagens. Se estiver vazia, anuncia vida difícil. Se for nova, prediz uma mudança. Se estiver furada, avisa sobre o risco de perder dinheiro. Se estiver suja, prediz sorte no jogo. Uma panela de barro no fogo prenuncia um esforço mal recompensado; fora do fogo, recebimento de dinheiro. Uma panela de alumínio simboliza prosperidade e vida longa. Uma panela no fogo, fervendo, denuncia uma situação instável. Ver-se comendo diretamente da panela pressagia melhoria financeira. Ver-se preparando comida em uma panela anuncia desunião familiar.
G. 02, 04, 20. D. 07, 16, 77. C. 808, 815, 879. M. 1214.

PANO Ver em sonhos um pano de cor clara pressagia êxito nos negócios e nos amores, boa saúde, vida sem tristezas. Sendo um pano

de cor escura, o presságio é de doenças, contrariedades, prejuízos, vida difícil, talvez falecimento na família.
G. 11, 14, 18. D. 44, 56, 71. C. 355, 671, 944. M. 8855.

PÃO Se o pão visto em um sonho for branco, pressagia felicidade passageira; se for escuro, vida difícil. Se estiver duro, anuncia perda de emprego; quente, melhoria financeira; torrado, doença; mofado, aborrecimentos familiares ou questão judicial. Se for de milho, prediz noivado ou casamento; de centeio, maledicência ou intrigas; pão-de-ló, atividade lucrativa. Ver-se fazendo pão pressagia o recebimento de um dinheiro inesperado. Tirar pão do forno sugere o nascimento de uma criança. Queimar pão prenuncia um acidente. Comer pão, namoro ou compromisso amoroso. Cortar pão, possível falecimento na família. Ver muitos pães prediz sorte no jogo. Comprar ou vender pães sugere negócios difíceis. Receber um pão de esmola simboliza uma herança. Dar pão aos pobres anuncia boas notícias. Ver pão na mesa simboliza abundância.
G. 04, 07, 13. D. 15, 25, 50. C. 050, 714, 826. M. 2416.

PAPA Ver em sonhos o papa pressagia satisfação. Ser abençoado por ele prediz tranqüilidade. Falar com ele anuncia o fim de tristezas. Sonhar que se é papa denuncia ambições sem fundamento.
G. 02, 20, 23. D. 05, 77, 91. C. 277, 305, 891. M. 9205.

PAPAGAIO Se o papagaio visto em um sonho estiver na gaiola, pressagia discórdia na família; se estiver voando, anuncia viagem. Se estiver falando ou cantando, denuncia intrigas e maledicência. Se estiver morto, prediz doença. Se estiver voando alto, sugere recebimento de dinheiro. Ver-se caçando um papagaio prenuncia reconciliação.
G. 06, 07, 09. D. 22, 26, 34. C. 225, 622, 935. M. 2022.

PAPEL Segundo a tradição, o sonho com papel não tem bom significado. Prognostica vida difícil, dívidas e obstáculos.
G. 08, 09, 10. D. 31, 36, 40. C. 329, 336, 640. M. 0439.

PARAÍSO Ver-se em sonhos no Paraíso pressagia discórdia familiar. Ver-se tentando entrar no Paraíso é prenúncio de dificuldades.
G. 01, 21, 22. D. 03, 82, 87. C, 287, 482, 703. M. 0486.

PARALÍTICO Ver-se como paralítico em um sonho simboliza uma vida difícil e complicada. Ver-se recuperando os movimentos, depois de ser paralítico, pressagia melhoria nos negócios ou uma viagem. Ver um paralítico andar denuncia falsas amizades e desavenças na família.
G. 01, 05, 11. D. 01, 17, 43. C. 043, 818, 902. M. 1342.

PARENTES Receber em sonhos a visita de parentes pressagia mudança. Visitá-los prediz viagem, mudança de vida ou de residência. Receber carta de parentes anuncia o nascimento de uma criança. Brigar com parentes representa rompimento de amizade. Ver Avô, Irmão, Pai, Primo.
G. 05, 20, 25. D. 18, 77, 00. C. 778, 800, 917. M. 8698.

PARTEIRA Exercer a profissão de parteira em sonhos pressagia contrariedades por dinheiro. Ver-se assistida por uma parteira prediz doença de parente.
G. 09, 18, 19. D. 34, 72, 73. C. 233, 469, 475. M. 2270.

PARTES SEXUAIS Ver Órgãos Sexuais.

PARTIDA Ver Viagem.

PARTO Assistir em sonhos a um parto pressagia o nascimento de uma criança na família. Se uma mulher casada, sem estar grávida, sonha que está dando à luz, o sonho é um presságio de êxito e de felicidade. Se a mulher for solteira e não estiver grávida, o sonho anuncia noivado ou casamento. Ver-se dando à luz gêmeos ou trigêmeos prenuncia negócios lucrativos para o marido. Ver o parto de um animal prediz o recebimento de quantia avultada.
G. 01, 17, 20. D. 04, 68, 78. C. 304, 368, 378. M. 7266

PÁSSARO(S) Ver em sonho um só pássaro simboliza a esperança de realizar um desejo. Ver muitos pássaros voando em redor de si mesmo prediz sorte em loteria. Ver pássaros lutando entre si denuncia intrigas e embaraços causados por terceiros. Se os pássaros estiverem voando sobre a casa de quem sonha, pressagiam bons negócios; se estiverem pousados nos galhos das árvores, felicidade; presos em gaiolas, sofrimento moral. Ver-se apanhando um pássaro é presságio de lucro. Atirar em pássaros denuncia a hostilidade de desafetos. Matar pássaros prediz grande prejuízo. Andar no mato à procura de pássaros é sinal de casamento. Ouvir o canto de um pássaro sugere felicidade, tranqüilidade, vida calma. Ver Águia, Andorinha, Aves, Canário, Colibri, Faisão, Melro, Rouxinol, Voar.

G. 06, 16, 18. D. 24, 62, 70. C. 223, 862, 870. M. 3363.

PASSEIO Ver-se em um sonho passeando com uma mulher pressagia o rompimento de relações amorosas ou de compromisso; com homem, desavença por causa de uma mulher; com uma criança, nascimento de uma criança; com o namorado ou a namorada, alegria transitória; com um parente ou amigo, falsidade. Ver-se passeando a cavalo prenuncia melhoria nos ganhos. Em veículo, carro ou ônibus, simboliza vida difícil.

G. 07, 19, 22. D. 25, 74, 86. C. 727, 786, 976. M. 5686.

PASTEL Ver-se em sonho fazendo pastéis pressagia uma mudança para melhor na situação financeira; comê-los anuncia dificuldades profissionais. Ver-se negociando com pastéis é um aviso sobre brigas por dinheiro. Muitos pastéis juntos pressagiam sorte no jogo.

G. OS, 19, 25. D. 18, 76, 97. C. 620, 797, 875. M. 5599.

PATINAÇÃO Ver em sonhos alguém patinando pressagia contrariedades. Ver-se patinando sugere dificuldades. Ver-se comprando patins prenuncia um acidente. Ver várias pessoas patinando prediz negócios difíceis, situação financeira pouco segura.

G. 08, 09, 16. D. 32, 35, 63. C. 435, 630, 963. M. 4534.

PATO Ver em sonhos um pato na água pressagia boas amizades. Ouvir um pato grasnar prediz a vinda de notícias satisfatórias. Caçar patos prenuncia bons negócios. Comê-los denuncia uma falsa amizade.

G. 13, 14, 18. D. 51, 55, 72. C. 254, 349, 972. M. 6855.

PATRULHA Ver em sonhos uma patrulha passar simboliza situação pessoal firme. Se a patrulha estiver correndo, pressagia um desastre público. Ver-se como soldado de uma patrulha pressagia aborrecimentos. Ver-se preso por uma prediz prestígio na sociedade.

G. 02, 11, 17. D. 06, 42, 68. C. 006, 442, 767. M. 3506.

PAVÃO Quando uma pessoa solteira ou viúva, seja homem ou mulher, sonha com um pavão, esse sonho prediz noivado ou casamento. Se a pessoa for uma mulher casada, o sonho significa que ela não está satisfeita com a vida. Se for um homem casado, significa ambição política.
G. 06, 08, 17. D. 22, 29, 65. C. 022, 129, 665. M. 7921.

PÉ(S) Se os pés vistos em um sonho forem grandes, pressagiam noivado; se forem pequenos, intrigas e falsidades. Se estiverem limpos, prenunciam um novo amor; sujos, uma doença venérea; inchados, notícias de uma pessoa ausente; cortados, aborrecimentos; amarrados, dificuldades financeiras. Ver-se em um sonho a lavar os pés prenuncia a derrota de inimigos. Ferir os pés anuncia um acidente; ser picado por uma cobra ou mordido por um animal em um dos pés, viagem; sentir dor em um ou nos dois pés, possibilidade de maus negócios; torcer um pé, parto difícil; queimar os pés, doença; sentir calor nos pés, doença; cortar um pé, viuvez; cortar os dois pés, falsidade de outra pessoa. Ver-se em sonhos com muitos pés prediz sorte em loteria. Ver-se com muitos dedos nos pés anuncia o nascimento de um filho. Ver-se em um sonho a beijar os pés de outrem pressagia mudança de emprego ou dificuldade financeira.
G. 10, 19, 23. D. 37, 73, 92. C. 039, 191, 876. M. 4537.

PEDRA Ver em um sonho um monte de pedras pressagia questões judiciais. Um caminho de pedras simboliza sofrimentos. Ver-se a atirar pedras sobre alguém anuncia ganho de causa na justiça. Ver Rochedo.
G. 11, 12, 21. D. 41, 48, 83. C. 041, 081, 947. M. 1848.

PEDRA PRECIOSA Ver em sonhos uma pedra preciosa pressagia discórdia em família. Ver-se recebendo uma de presente prenuncia casamento. Perder uma denuncia ciúmes sem motivo. Uma pedra falsa é sinal de traição. Ver Ágata, Ametista, Anel, Brilhante, Colar, Diadema, Diamante, Esmeralda, Jóias, Rubi.
G. 06, 07, 23. D. 23, 28, 91. C. 221, 791, 928. M. 9590.

PEDREIRO Ver em sonho um pedreiro é preságio de mudança. Ver um trabalhando prenuncia pouco dinheiro. Ver-se como pedreiro prediz o recebimento de uma herança.
G. 02, 03, 05. D. 06, 09, 19. C. 119, 207, 912. M. 9709.

PEITO Se um homem sonha com um peito peludo, o sonho anuncia a deslealdade de pessoa conhecida; se quem sonha for uma mulher, o presságio é de viuvez ou de rompimento de uma amizade. Um peito magro e ossudo pressagia paralização dos negócios; um peito robusto, doença na família. Ver Seio.
G. 03, 09, 13. D. 09, 34, 49. C. 033, 552, 611. M. 0410.

PEIXE Ver peixes em sonhos é um presságio de ausência de lucro nos negócios. Se os peixes estiverem dentro da água, predizem melhoria de finanças; se estiverem apodrecendo, doença; se estiverem fritos ou cozidos, boa saúde. Ver-se pescando pressagia felicidade. Ver-se comendo peixes anuncia a convalescença de uma doença. Ver Aquário, Pescaria, Salmão, Sardinha.
G. 17, 18, 20. D. 65, 69, 80. C. 069, 480, 965. M. 7279.

PELADA (Jogo de bola) Ver-se em um sonho a jogar pelada é um presságio de transtornos e dificuldades.
G. 02, 06, 12. D. 07, 23, 48. C. 023, 048, 708. M. 2307.

PELE Se uma pele (humana ou animal) vista em um sonho for muito clara, pressagia noivado ou casamento. Se for muito escura, prediz rompimento de compromisso e novo amor. Se for sardenta, anuncia o nascimento de uma criança. Se tiver ferimentos, prenuncia o restabelecimento de uma pessoa doente. Ver-se tirando a pele de um animal é presságio de contrariedades por dinheiro. Ver Couro.
G. 02, 03, 21. D. 08, 10, 83. C. 083, 105, 210. M. 5607.

PELIÇA Ver-se em um sonho usando uma peliça é presságio de boa situação financeira brevemente. Ver-se comprando uma simboliza demora na realização de desejos. Ver-se vendendo uma peliça anuncia uma desilusão.
G. 07, 08, 22. D. 25, 29, 88. C. 288, 325, 332. M. 4888.

PENA(S) Se as penas vistas em um sonho são brancas e estão soltas ao vento, pressagiam noivado ou casamento. Se forem pretas, anunciam infelicidade; se forem amarelas, intrigas. Se forem penas de pato, pressagiam vida tranquila; se forem de pavão, ociosidade. Ver-se a tirar penas de um pássaro ou ave é prenúncio de perda de dinheiro.
G. 05, 08, 09. D. 20, 31, 33. C. 536, 820, 831. M. 3917.

PENTE Ver-se a comprar ou vender pentes é presságio de mudança. Achar um anuncia alegrias. Ver-se a pentear alguém é um alerta contra intrigas. Pentear-se pressagia o nascimento de uma criança na família. Um pente quebrado prediz uma vida difícil.
G. 19, 23, 24. D. 74, 90, 96. C. 596, 790, 976. M 7094.

PEPINO(S) Ver pepinos em um sonho é presságio de prosperidade. Ver-se a plantar pepinos anuncia o nascimento de uma criança ou um casamento na família. Ver-se a colhê-los pressagia sorte no jogo. Ver-se a vender ou comprar pepinos é sinal de desavenças por motivo de dinheiro. Comer: se uma pessoa doente sonha que come pepinos, vai recuperar a saúde; se estiver sadia, vai adoecer.
G. 07, 20, 24. D. 25, 79, 94. C. 227, 577, 594. M. 1596.

PÊRA Ver em sonho uma pêra madura é presságio de melhoria financeira; grande quantidade de pêras pressagia embaraços. Ver-se a comer uma pêra é sinal de falsidade de uma pessoa conhecida. Ver-se a colher pêras anuncia o regresso de uma pessoa ausente. Ver-se a comprá-las ou vendê-las denuncia desavença por ciúmes. Ver Fruta.
G. 20, 21, 22. D. 78, 83, 86. C. 182, 485, 879. M. 9177.

PERCEVEJO Esse é um sonho que prediz dificuldades financeiras, dívidas e falsas amizades.
G. 06, 19, 23. D. 23, 76, 89. C. 224, 289, 375. M. 9690.

PERDIZ Ver em sonho uma perdiz voando é sinal de excesso de trabalho. Ver-se a caçar perdizes denuncia a ingratidão de uma pessoa conhecida.
G. 22, 23, 25. D. 85, 92, 98. C. 285, 399, 892. M. 9800.

PERFUME Sonhar que se usa um perfume é indício de rompimento de uma amizade. Sentir no sonho o cheiro de um perfume anuncia a reconciliação de namorados, noivos ou amantes. Ver-se a fabricar perfumes é presságio da chegada de notícias de uma pessoa ausente. Ver-se a negociar com perfumes pressagia desunião na família. Receber um frasco de perfume como presente é um aviso de que existem pessoas interessadas em quem teve o sonho. Ver-se a dar de presente um frasco de perfume simboliza boas relações na sociedade.
G. 17, 22, 25. D. 66, 87, 97. C. 297, 366, 587. M. 4267.

PERNA(S) Se as pernas vistas em um sonho são grossas, anunciam que uma alegria se aproxima. Se são bem feitas, pressagiam realização de desejos. Se são inchadas, prejuízos. Cabeludas, restabelecimento de saúde. Tortas, vida complicada e difícil. Curtas, perda de emprego. Muito compridas, nascimento de uma criança ou casamento. Muito grossas e disformes, noivado ou casamento. Com feridas, perigo. Cortadas, obstáculos. Inchadas, contrariedades. Com aparelho ortopédico, desentendimentos entre parentes. Artificiais, ameaça de falsidades. Pernas claramente femininas ou masculinas, sem nenhuma característica marcante, pressagiam falsidade. Ver-se em sonho com uma perna só prenuncia uma doença leve. Ver-se sendo operado em uma perna é sinal de falecimento de um parente ou amigo. Ver-se com várias pernas é prenúncio de sorte no jogo.

G. 10, 21, 25. D. 38, 82, 99. C. 382, 699, 738. M. 7838.

PÉROLA(S) Ver em sonhos pérolas em uma vitrina é presságio de contrariedades. Ver um colar de pérolas anuncia risco de prejuízos ou de dificuldades financeiras. Ver-se dando pérolas de presente denuncia a hipocrisia de outrem. Recebê-las de presente é indício de maledicência. Achar pérolas em um sonho prenuncia sorte no jogo. Perdê-las indica melhoria financeira. Ver-se como negociante de pérolas alerta para projetos que não se realizarão. Possuir pérolas pressagia falta de dinheiro. Pescá-las anuncia atrasos na vida.

G. 19, 20, 23. D. 73, 80, 89. C. 376, 691, 877. M. 2589.

PERU Ver em sonhos um peruzinho sair da casca do ovo é presságio de doença. Ver vários perus pressagia lucros. Ver-se a comprar ou vender perus anuncia a convalescença de uma doença. Matar ou depenar um prenuncia uma mudança. Ver um peru assado prediz o nascimento de uma criança. Ver um peru servido na mesa é prenúncio de casamento.

G. 20, 21, 24. D. 79, 81, 94. C. 580, 584, 994. M. 5993.

PERUCA Ver-se em um sonho a comprar uma peruca simboliza a existência de um desejo insatisfeito. Receber uma de presente pressagia namoro de uma pessoa idosa. Perder uma peruca prediz uma desilusão.

G. 19, 23, 25. D. 75, 90, 98. C. 597, 775, 890. M. 4497.

PESCARIA Ver-se em sonhos a pescar com anzol é presságio de falta de recursos. Pescar com rede anuncia boa situação financeira; com balaio, incertezas. Uma pesca abundante representa bons lucros. Ver alguém pescando presságia dificuldades. Ver Peixe.
G. 20, 22, 24. D. 80, 88, 96. C. 180, 585, 794. M. 6094.

PESCOÇO Ver em sonho um pescoço inchado anuncia o recebimento de uma herança. Um pescoço fino e comprido pressagia falta de dinheiro. Sentir em sonho dores no pescoço prenuncia preocupações transitórias.
G. 10, 24, 25. D. 38, 93, 99. C. 099, 494, 939. M. 2896.

PÊSSEGO Ver-se em um sonho a colher pêssegos na árvore pressagia recebimento de dinheiro. Ver um monte de pêssegos no mercado ou na feira prenuncia aborrecimentos. Ver-se a comer pêssegos prediz uma doença. Vendê-los ou comprá-los é sinal de desavenças. Ver Fruta.
G. 10, 22, 23. D. 37, 88, 90. C. 037, 488, 490. M. 7585.

PIANO Ouvir em sonho alguém tocar piano é presságio de casamento. Ver-se aprendendo a tocar piano prenuncia brigas. Ver-se a executar uma música no piano anuncia o rompimento de uma amizade. Ver Música.
G. 10, 21, 22. D. 37, 82, 85. C. 583, 585, 639. M. 0788.

PIMENTA Esse sonho prediz doença na família.
G. 20, 21, 25. D. 79, 81, 00. C. 282, 597, 980. M. 9277.

PINHA Ver em sonho pinhas no mercado pressagia a realização de projetos. Ver-se a comê-las sugere negócios normais. Ver Fruta.
G. 10, 20, 21. D. 38, 78, 81. C. 239, 480, 883. M. 0140.

PINHÃO Ver-se em sonho a comer pinhão pressagia a realização de desejo amoroso.
G. 09, 16, 18. D. 33, 64, 70. C. 835, 864, 970. M. 0163.

PINTO Ver em sonhos um pinto pressagia melhoria financeira. Muitos pintos denunciam situação insegura. Ver um pinto rompendo o ovo é sinal de bons lucros. Ver pintos morrerem significa instabilidade

financeira. Ver-se dando comida a pintos prenuncia uma viagem. Ver pintos com a galinha é presságio do nascimento de uma criança na família. Ver Ovo.
G. 02, 03, 11. D. 05, 11, 42. C. 109, 206, 944. M. 9606.

PINTURA Ver-se em um sonho como pintor simboliza um trabalho com mau rendimento. Ver um quadro sendo pintado representa uma esperança a ser satisfeita. Ver-se a pintar paredes prenuncia um esforço pouco remunerado. Para um homem, esse tipo de sonho diz que convém deixar de jogar durante uma semana.
G. 02, 03, 22. D. 08, 11, 85. C. 105, 811, 995. M. 1309.

PIOLHO Ver piolhos em um sonho pressagia o aumento do número de pessoas na família; se eles estiverem no corpo, prenunciam uma doença; na roupa, desastre. Ver-se a catar piolhos pressagia a derrota de inimigos. Matar piolhos é sinal de aborrecimentos.
G. 02, 03, 20. D. 08, 12, 78. C. 208, 212, 678. M. 8078.

PIRÂMIDE Ver em sonhos uma pirâmide é presságio de um bom futuro; mas, se ela estiver em ruínas, pressagia pobreza. Ver-se no vértice de uma pirâmide prenuncia um futuro promissor; ver-se a subir em uma na companhia de uma mulher alerta para o risco de uma aventura escandalosa.
G. 12, 18, 24. D. 46, 72, 93. C. 172, 193, 648. M. 2893.

PISAR Sonhar que se está pisando firme no chão simboliza ânimo decidido para resolver dificuldades. Pisar leve denuncia a intenção de realizar seus planos com sucesso.
G. 01, 07, 08. D. 04, 27, 30. C. 001, 726, 930. M. 7431.

PISTOLA Ver em sonhos uma pistola pressagia discussões. Ver-se a alvejar alguém com uma pistola denuncia preocupações; ser alvejado é sinal de traição. Ver alguém ser alvejado ou alvejar outrem com uma prenuncia obstáculos nos negócios. Ver Armas.
G. 14, 16, 18. D. 53, 61, 71. C. 453, 463, 670. M. 3872.

PITANGA Ver-se em sonhos a comer pitangas é presságio de um

vida tranqüila. Colher pitangas no pé prenuncia descanso após esforço no trabalho.
G. 05, 08, 14. D. 17, 32, 55. C. 717, 755, 932. M. 6453.

PLANÍCIE Ver em sonho uma planície extensa é presságio de êxito na vida social.
G. 07, 13, 17. D. 27, 50, 67. C. 268, 625, 952. M. 4751.

POBRE Ver Mendigo.

POÇO Se um poço visto em sonho tiver águas limpas pressagia felicidade próxima. Se estiver com águas barrentas ou sujas, anuncia tristezas. Se estiver transbordante, prediz êxito nas atividades. Ver-se alguém dentro do poço pressagia noivado ou casamento.
G. 10, 12, 19. D. 40, 46, 74. C. 046, 374, 640. M. 4939.

POLICIAL Ver em sonho um policial alerta para a necessidade de ter um bom procedimento. Ver um grupo de policiais pressagia perigo de desordem.
G. 15, 17, 19. D. 60, 67, 75. C. 059, 065, 374. M 6073.

POLTRONA Ver-se em sonho sentado em uma poltrona pressagia bom resultado para as iniciativas. Uma poltrona furada ou quebrada anuncia rixas em casa. Poltronas em redor de uma mesa sugerem atividades sociais intensas. Ver-se a fabricar poltronas indicam negócios lucrativos; vendê-las denuncia intrigas. Poltronas vistas em uma loja prenunciam aborrecimentos.
G. 13, 16, 20. D. 51, 64, 79. C. 179, 261, 852. M. 3564.

POMAR Se um pomar visto em sonho estiver com as frutas verdes, pressagia uma vida difícil. Se estiver com frutas maduras, anuncia progresso na situação financeira; se estiver abandonado, prediz desavenças. Ver Fruta.
G. 04, 05, 12. D. 13, 20, 47. C. 147, 417, 815. M. 2216.

POMBA Se uma pomba vista em sonho estiver voando, pressagia um amor feliz; se estiver comendo, o nascimento de uma criança na família. Se for preta, anuncia a morte de um parente; se for branca um casamento. Se estiver pousada no ombro de quem sonha, prediz sorte no jogo; se estiver morta, doença. Muitas pombas em um pombal pressagiam felicidade. Se estiverem voando para longe do pombal, sugerem mudança de situação ou de residência; se estiverem voejando em torno de quem sonha, novas amizades. Ver-se a comer pombas prenuncia o rompimento de uma amizade. Atirar em pombas anuncia brigas. Ver uma pomba sair do ovo prediz gravidez.

G. 01, 21, 24. D. 03, 82, 95. C. 003, 395, 783. M, 0093.

PONTE Ver em sonho uma ponte ao longe pressagia a chegada de notícias sobre alguém ausente. Se ela for de pedra, pressagia convalescença de uma doença; se for de ferro, dinheiro ganho em jogo; de madeira, desastre. Se estiver em ruínas, alerta contra inimizades. Ver-se a passar por uma ponte pressagia uma vida difícil. Cair de uma anuncia contrariedades. Atirar-se de uma ponte simboliza a derrota de inimigos. Deitar-se debaixo de uma, imprudências. Ver Rio, Viaduto.

G. 03, 04, 21. D. 10, 13, 82. C. 410, 514, 682. M. 9982.

PONTO Ver-se em um sonho a marcar pontos em uma folha de papel simboliza um esforço pouco proveitoso. Ver pontos marcados em uma superfície qualquer pressagia preocupações.

G. 07, 13, 22. D. 26, 50, 88. C. 388, 428, 550. M. 1950.

PORCO Ver em sonhos um porco doméstico dormindo é presságio de prejuízos. Se ele estiver fuçando o chão, pressagia sorte no jogo; se estiver na lama, embaraços. Se for preto, anuncia luto; se for cinzento, falsas amizades. Ouvir o grunhindo de um porco prenuncia discórdia familiar. Ver-se a matar um, anuncia um ganho de dinheiro inesperado. Ver em sonho um porco-do-mato denuncia a existência de invejas; se estiver morto, significa lucros comerciais. Ver-se a matar um pressagia vitória em questões complicadas. Ver-se atacado por um predíz contrariedades.

G. 06, 13, 25. D. 21, 49, 99. C. 523, 699, 950. M. 7199.

PORTA Se uma porta vista em sonho estiver aberta, pressagia separação; se estiver fechada, reconciliação; se estiver arrombada, morte de um parente. Uma porta aberta que não se pode fechar pressagia más notícias; uma porta fechada que não se pode abrir anuncia uma

vida difícil. Uma porta grande prediz ganho de dinheiro; uma estreita, problemas difíceis de resolver; uma baixa, prejuízos depois de lucros. Uma porta clara denuncia uma situação falsa nos negócios. Uma escura ou negra pressagia luto familiar. Uma de ferro, questões com a justiça. Uma branca, o nascimento de uma menina. Muitas portas pressagiam o nascimento de uma criança.
G. 13, 19, 21. D. 51, 74, 84. C. 174, 551, 584. M. 3351.

PORTO Ver em sonhos um porto de mar pressagia a chegada de boas notícias. Se houver navios nele, o presságio é de bons negócios. Se não houver nenhum navio, significa atraso na vida.
G. 05, 14, 15. D. 20, 54, 58. C. 360, 419, 754. M. 5155.

PRADO Ver em sonhos um prado verdejante é presságio de boa saúde; um prado de corridas denuncia um procedimento leviano. Ver uma corrida em um prado prediz negócios difíceis.
G. 02, 04, 10. D. 05, 14, 38. C. 038, 107, 414. M. 4713.

PRAIA Ver-se em sonhos em uma praia, em dia de sol, é presságio de alegrias. Uma praia com muitos banhistas anuncia satisfações. Se estiver deserta, simboliza tranqüilidade de espírito. Se o dia estiver nublado, pressagia aborrecimentos.
G. 03, 07, 18. D. 11, 27, 71. C. 071, 310, 625. M. 3912.

PRATA Ver em sonhos algum tipo de objeto de prata pressagia lentidão nos negócios. Prata lavrada representa prestígio social. Ver-se como possuidor de prata anuncia desgostos. Vender prata alerta contra tentativas de especuladores. Achar prata sob a forma de moedas anuncia vida longa.
G. 15, 23, 24. D. 60, 89, 96. C. 095, 792, 960. M. 7396.

PRATO Se um prato visto em sonho estiver cheio de comida, pressagia casamento. Se estiver limpo, anuncia um bom futuro; se estiver sujo, dinheiro ganho no jogo; se estiver rachado, doença grave. Se for um prato novo, prenuncia uma boa notícia; se estiver quebrado, uma doença; se for dourado, pressagia prosperidade; se for de metal, boa situação econômica. Pratos empilhados anunciam o nascimento de uma

criança na família. Ouvir barulho de pratos que se chocam denuncia maledicência. Ver-se a quebrar pratos denuncia mau comportamento.
G. 03, 08, 09. D. 12, 29, 33. C. 336, 612, 929. M. 2234.

PRECIPÍCIO Ver em sonho um precipício simboliza complicações na vida. Ver-se caindo em um precipício é indício de doença nervosa. Ver alguém cair em um precipício anuncia a morte de uma pessoa conhecida. Ver-se saindo de um prenuncia melhoria de rendimentos.
G. 03, 13, 25. D. 11, 49, 00. C. 049, 099, 409. M. 8149.

PREGO Ver pregos em sonhos pressagia um problema de difícil solução. Muitos pregos são um sinal de intrigas. Ver-se a bater pregos sugere uma vida difícil. Arrancar um prego indica um esforço com feliz resultado. Para os noivos, o sonho com pregos não é favorável. Na maioria das vezes, quando não prediz dificuldades, significa atraso na data do casamento.
G. 05, 07, 14. D. 18, 27, 54. C. 418, 427, 454. M. 9053.

PRESENTE Ver-se em um sonho dando um presente pressagia uma vida cheia de obstáculos. Receber um presente denuncia a deslealdade de uma pessoa conhecida.
G. 05, 06, 19. D. 17, 21, 75. C. 475, 521, 920. M. 0622.

PRESÍDIO Ver-se em sonho dentro de um presídio é presságio de felicidade. Se ele estiver cheio de presos, alerta contra intrigas. Ver presos fugindo prediz uma perturbação da ordem. Ver Cadeia, Prisão.
G. 05, 15, 19. D. 17, 58, 73. C. 073, 918, 958. M. 0917.

PRESUNTO Ver em sonho um presunto pressagia um trabalho lucrativo. Ver-se a comer presunto simboliza tranqüilidade. Negociar com presunto prenuncia um negócio complicado.
G. 01, 12, 21. D. 02, 46, 81. C. 103, 381, 648. M. 8645.

PRIMO(A) Segundo a tradição, sonhar com primo ou prima carece de significado oniromântico. Apesar disso, valem os palpites numéricos. Ver Parentes.
G. 03, 06, 19. D. 12, 22, 75. C. 612, 622, 775. M. 2212.

PRÍNCIPE Ver-se em sonhos como um príncipe alerta para uma atividade que acarretará aborrecimentos. Ver em sonho um príncipe denuncia amizades inúteis. Falar a um simboliza perda de tempo.
G. 06, 10, 12. D. 21, 39, 47. C. 339, 345, 924. M. 6737.

PRISÃO Ver-se em sonhos em uma prisão pressagia uma situação favorável para os negócios. Ver-se saindo de uma prediz êxito em questões judiciais. Ver alguém preso anuncia vitória judicial. Receber ordem de prisão de uma autoridade pressagia doença. Mandar prender alguém anuncia discórdia familiar.
G. 10, 13, 22. D. 37, 52, 85. C. 338, 486, 549. M. 3938.

PROCESSO Ver-se em sonhos como autor de um processo pressagia o recebimento de dinheiro.
G. 06, 09, 25. D. 21, 35, 98. C. 021, 099, 534. M. 6200.

PROCISSÃO Ver em sonho passar uma procissão é presságio de uma boa solução para dificuldades. Ver-se acompanhando uma procissão pressagia a cura de uma doença.
G. 08, 15, 25. D. 30, 60, 97. C. 530, 957, 997. M. 6198.

PULGA(S) O sonho com pulgas tem significado pouco favorável. Está relacionado quase sempre com pessoas de vida agitada.
G. 03, 13, 23. D. 10, 50, 91. C. 052, 191, 912. M. 4990.

PÚLPITO Para os homens, sonhar com um púlpito ou com um orador no púlpito significa uma solução favorável às suas dificuldades.
G. 12, 19, 20. D. 47, 73, 80. C. 473, 478, 547. M. 7773.

PUNHAL Ver Armas, Faca.

PUNHO (De camisa) Se os punhos de uma camisa vista em sonhos estiverem limpos, pressagiam o recebimento de uma herança. Se estiverem rasgados, anunciam perda de posição profissional; se estiverem sujos, predizem dinheiro ganho no jogo.
G. 07, 19, 22. D. 26, 74, 88. C. 125, 173, 685. M. 3727.

PUNIÇÃO Sonhar que se está sendo punido por alguma falta pressagia um futuro livre de aborrecimentos. Ver-se a punir alguém alerta contra inimizades.
G. 01, 21, 25. D. 04, 81, 00. C. 000, 304, 581. M. 8001.

Q Ver ou escrever essa letra em sonhos significa inteligência ativa, bom resultado nos exames e nos estudos.
G. 03, 14, 20. D. 09, 53, 77. C. 909, 956, 979. M. 5877.

QUADRA Sonhar que se está em uma quadra de esportes anuncia contrariedades domésticas. Sonhar que se faz ou escuta uma quadra poética (uma seqüência de quatro versos) simboliza esperanças que não se realizam. Ver uma quadra de rua (em uma planta de cidade) significa futuro incerto.
G. 01, 10, 13. D. 02, 40, 49. C. 140, 149, 602. M. 8149.

QUADRADO O quadrado representa organização. Traçar um quadrado em um papel simboliza um projeto que pode ser realizado. Ver um quadrado indica que os esforços serão recompensados.
G. 23, 24, 25. D. 90, 95, 99. C. 100, 390, 995. M. 0199.

QUADRO Pintar quadros simboliza ter uma vida difícil, como é vista tradicionalmente a vida do pintor. Ver pintar um quadro anuncia mudança de emprego; estar pintando um, lucro profissional transitório. Negociar com quadros indica que seus planos não se realizarão. Possuir um quadro (uma duplicação de algo) anuncia o nascimento de uma criança. Ver quadros em leilão alerta para questões com a justiça. Um quadro sem moldura avisa sobre perda de emprego; um quadro mal pintado representa aborrecimentos.
G. 01, 04, 08. D. 04, 13, 30. C. 413, 431, 504. M 5530.

QUARTO Sonhar que se está em um quarto grande simboliza um bom futuro. Se o quarto for pequeno, o sonho pressagia dificuldades; se for escuro, falecimento na família; se estiver desarrumado, complicações na vida profissional. Estar no quarto à noite representa aborrecimentos; durante o dia, doença passageira. Estar fechado em um quarto, impossibilitado de sair, simboliza angústia.
G. 04, 11, 19. D. 13, 42, 76. C. 313, 642, 676. M. 0714.

QUEBRA Ver Falência.

QUEDA Sonhar com uma queda simboliza, em geral, dificuldade para lidar com alguma situação. Ver-se caindo indica trabalho sem resultado. Ver alguém cair pressagia prejuízos.
G. 14, 16, 23. D. 53, 64, 92. C. 153, 562, 692. M. 4464.

QUEIJO Cortar queijo em sonhos simboliza dificuldades a enfrentar. Comê-lo, anuncia a chegada de dinheiro.
G. 06, 10, 18. D. 22, 38, 70. C. 122, 469, 740. M. 2769.

QUEIMAR Ver Incêndio.

QUEIXO Ver em sonhos alguém de queixo grande anuncia recebimento de dinheiro.
G. 01, 09, 20. D. 03, 33, 79. C. 201, 233, 879. M. 4104.

QUERMESSE Ver uma ou estar participando de uma quermesse sugere tranqüilidade doméstica, bons lucros nos negócios. Também pode anunciar o nascimento de uma criança.
G. 01, 20, 21. D. 02, 77, 84. C. 202, 577, 584. M. 2903.

QUESTÕES Sonhar com desavenças com pessoas da família indica aborrecimentos que podem ser prolongados. Desavenças judiciais sugerem cautela com compromissos. Desavenças com um amigo denunciam falsidades; com pessoa desconhecida, situação complicada.
G. 10, 14, 16. D. 37, 55, 61. C. 661, 740, 853. M. 2739.

QUIABO(S) Comer quiabos pressagiam contrariedades em casa ou na rua.
G. 11, 18, 23. D. 43, 72, 89. C. 743, 769, 789. M. 4172.

QUINTAL O estado de um quintal visto em sonhos simboliza o estado em que está a vida do sonhador. Se estiver limpo, anuncia progresso nos negócios; se estiver sujo, problemas ou doença em casa. Um quintal com aves domésticas (uma criação) sugere progresso nas finanças.
G. 13, 22, 23. D. 50, 86, 92. C. 288, 292, 650. M. 9989.

QUISTO O quisto é um corpo estranho que, mesmo sem ser nocivo, é incômodo. Assim, quando uma pessoa sonha que está com um quisto, está sendo alertada sobre a necessidade de cautela com amizades. Extrair um quisto simboliza uma pessoa importuna que se afasta.
G. 14, 20, 25. D. 54, 78, 98. C. 177, 197, 554. M. 5253.

R

Ver ou escrever essa letra, que lembra o rosnar de uma fera, indica a necessidade de calma nas decisões. Ver essa letra em uma fórmula matemática sugere trabalho demorado.

G. 11, 21, 24. D. 41, 83, 94. C. 141, 294, 584. M. 8744.

RÃ Ver uma rã simboliza desconfiança. Ver muitas sugere cautela com amigos e desafetos. Agarrar uma anuncia viuvez; comê-la, parto, se quem sonha é mulher casada; noivado, se é solteira; novos amores, se for homem. Uma rã saltando anuncia infidelidade; ouvir rãs coaxando, intrigas. Ver Sapo.

G. 03, 15, 17. D. 11, 58, 66. C. 266, 411, 657. M. 6260.

RABANETE Comer essa hortaliça tão amarga simboliza discórdia doméstica. Vê-la no mercado, onde é bem cara, sugere negócio lucrativo. Cultivar rabanetes simboliza melhoria de emprego; colhê-los, amores novos.

G. 18, 22, 24. D. 72, 87, 96. C. 172, 287, 694. M. 6488.

RAIA Esse sonho tem significados óbvios. Correr dentro de uma raia simboliza êxito profissional. Ver alguém correndo, projetos de difícil realização. Ver alguém sair dela, prejuízo. Ver Arena, Corrida.

G. 03, 07, 14. D. 11, 27, 56. C. 111, 627, 756. M. 8356.

RAINHA A rainha, na maioria das tradições monárquicas, vive no luxo e tem prestígio, mas não tem poder real. Sonhar com uma rainha no trono simboliza bom lucro em algum negócio. Falar-lhe sugere prestígio na sociedade. Uma rainha morta simboliza tristeza; seguida por um séquito, falsas amizades. Ser rainha em sonhos significa planos sem resultado.

G. 07, 17, 24. D. 26, 67, 93. C. 128, 196, 868. M. 4295.

RAIO O raio é um símbolo universal da justiça dos deuses. Ver um raio cruzar o espaço significa conflitos jurídicos. Vê-lo cair em um local próximo anuncia saída do país; se cair longe, alerta sobre cansaço físico.

G. 13, 22, 24. D. 51, 88, 94. C. 187, 451, 494. M. 0493.

RAÍZES Embora possam simbolizar a base ou a origem de alguma coisa, é mais comum que, nos sonhos, as raízes representem aquilo que obstrui um terreno, que o impede de ser produtivo. Assim, extrair raízes do solo em sonhos sugere dificuldades, disputas com pessoas conhecidas ou desconhecidas, ou um processo judicial. Comer raízes denuncia desarmonia no meio em que a pessoa convive. Ver Árvore.
G. 07, 09, 13. D. 25, 36, 52. C. 527, 533, 551. M. 2825.

RAMALHETE Ramos de flores variadas são sempre relacionados com o mundo afetivo; dependendo do aspecto das flores, entretanto, seu significado pode variar. Ver um ramalhete bonito simboliza boa esperança. Oferecê-lo a alguém sugere amizade promissora; recebê-lo, felicidade no amor. Se o ramalhete estiver murcho ou se estiver dentro de um jarro, no entanto, anuncia enfermidade. Ver Flores.
G. 14, 17, 23. D. 53, 67, 89. C. 156, 267, 789. M. 3368.

RAMO(S) Os ramos das árvores são seu potencial de criação e de crescimento. Dessa forma, sonhar com ramos verdes simboliza um futuro promissor mas, se eles estiverem secos, avisam a respeito de um esforço inútil. Ramos com muitas folhas sugerem progresso na profissão; com flores anunciam um presente de amor. Empunhar um ramo representa uma tentativa de reconciliação. Ver árvore.
G. 09, 18, 20. D. 36, 71, 80. C. 136, 171, 278. M. 0834.

RANCHO O rancho é a típica propriedade do pequeno produtor agrícola, capaz de prover ao próprio sustento e vivendo a saudável vida campestre. Um rancho isolado no campo, visto em sonhos, representa boa saúde. Ver-se morando em um sugere boa situação econômica próxima; sonhar que está construindo um anuncia que o esforço atual será bem remunerado no futuro. Sonhar com um incêndio em um rancho avisa sobre prejuízos; um rancho em ruínas previne sobre possível pobreza.
G. 14, 17, 20. D. 55, 66, 77. C. 167, 255, 877. M 5767.

RAPOSA Nas fábulas, a raposa é o símbolo da esperteza e da trapaça. Assim, ver uma raposa em sonhos anuncia uma surpresa desagradável ou um aborrecimento. Matar uma raposa sugere dificuldades,

questões com desconhecidos; tirar sua pele avisa sobre doença; caçá-la diz que seu trabalho será mal recompensado.
G. 10, 11, 24. D. 39, 43, 95. C. 495, 840, 844. M. 8493.

RAPTO Em muitas sociedades antigas, os homens capturavam as mulheres de tribos vizinhas para terem esposas. Essa prática é lembrada até hoje em rituais tradicionais de fuga de casais de noivos e, inclusive, na prática da lua-de-mel. Por isso, ver o rapto de alguém ou ser raptado em sonhos simboliza sempre casamento.
G. 10, 12, 20. D. 38, 45, 79. C. 545, 638, 679. M. 7980.

RATOEIRA A ratoeira pode ser entendida como uma armadilha que ajuda a capturar algo difícil de ser obtido ou a desmascarar algo que estava oculto. Assim, sonhar com uma ratoeira vazia denuncia uma amizade falsa, um inimigo oculto. Se ela estiver com um rato, anuncia casamento. Sonhar que está armando uma ratoeira (tentando pegar algo) prediz prejuízos.
G. 10, 21, 25. D. 37, 82, 00. C. 437, 500, 781. M. 5885.

RATO O rato é um animal nocivo e perigoso; também é um bichinho ágil e difícil de ser agarrado. Sonhar com um rato é um aviso sobre um inimigo desconhecido; se forem muitos, denunciam várias inimizades. Ser mordido por um rato anuncia desavença por dinheiro; ver um rato roendo queijo, pão ou outra comida pressagia prejuízos. Um rato morto prediz luto na família; mas matá-lo indica cura de doença. Um rato na ratoeira é sinal de casamento; um rato grande, de sorte no jogo.
G. 07, 09, 23. D. 26, 33, 91. C. 426, 734, 789. M. 9726.

REALEJO Ouvir música de realejo simboliza felicidade doméstica; tocá-lo sugere satisfação familiar.
G. 09, 21, 22. D. 35, 81, 86. C. 735, 881, 886. M. 3086.

RECIBO O sonho com recibos tem significado especial para os negociantes, mas também é importante para outras pessoas. Ver, assinar ou receber um recibo significa normalidade nas transações comerciais, nos negócios e na situação financeira.
G. 20, 22, 24. D. 78, 87, 96. C. 087, 195, 778. M. 3079.

REDE Se o sonho for com uma rede de dormir, estará relacionado com o repouso e o lar; se for com uma rede de pesca, referir-se-á ao rendimento do trabalho e ao mundo afetivo das águas. Estar deitado em uma rede (dormindo em condições improvisadas) anuncia uma viagem; se a rede estiver armada à sombra de duas árvores, simboliza futura vida tranqüila. Sonhar com uma rede de pesca sugere um passeio em outras terras. Se ela estiver cheia de peixes, avisa sobre dinheiro a receber. Remendar uma rede em sonhos anuncia complicações sentimentais.
G. 10, 14, 25. D. 40, 55, 97. C. 100, 155, 637. M. 9797.

REGATA(S) Barcos navegando simbolizam, em geral, a variação da situação financeira, que vai ao sabor das correntes. Assistir em sonhos a uma regata sugere um aumento na renda mensal. Participar da equipe de uma das canoas previne acerca do risco de prejuízos. Ser vencedor de um páreo anuncia uma herança.
G. 07, 09, 14. D. 28, 33, 56. C. 156, 826, 833. M. 4835.

REGATO Águas correntes simbolizam a correnteza da vida. Sonhar com um regato de águas claras simboliza um emprego lucrativo; mas se as águas estiverem barrentas, ocorrerão embaraços na profissão. Ver Água.
G. 07, 09, 25. D. 25, 35, 99. C. 100, 128, 835. M. 7098.

REGIMENTO Ver em sonhos um grupo de soldados evoca a idéia de ser arrancado das atividades comuns e ser enviado para uma situação desconhecida e perigosa. Se, no sonho, o regimento estiver em forma, prediz um futuro incerto; se estiver em movimento, avisa sobre obstáculos no exercício da profissão.
G. 10, 12, 22. D. 39, 46, 85. C. 748, 786, 937. M. 7285.

REI Mesmo em sociedades onde não mais existe essa forma de governo, a realeza simboliza o poder absoluto conquistado pelo próprio mérito e direito, além da posse do máximo de bens que é possível a um indivíduo ter. Dessa forma, ver um rei em sonhos anuncia um bom futuro; falar-lhe pressagia recebimento de dinheiro. Se ele estiver sentado no trono, prediz realização de projetos; se estiver montado a cavalo, uma viagem; se estiver morto, perigo de desastre.
G. 09, 10, 12. D. 36, 37, 46. C. 236, 346, 937. M. 4748.

RELÓGIO Além de marcar o tempo, o relógio é um presente tradicional e um indicador de eventos importantes. Um relógio de ponto na parede representa trabalho em empresa industrial. Um relógio de pulso, esperança realizável. Se o relógio estiver parado, pressagia falta de dinheiro; em movimento, mudança de atividades para melhor. Receber um relógio de presente anuncia um novo amor; dar um de presente denuncia a existência de várias namoradas ou amantes. Ouvir um relógio dar horas prediz o nascimento de uma criança. Um relógio atrasado simboliza obstáculos na vida; adiantado, progresso na profissão. Comprar ou vender relógios representa bom casamento ou comércio lucrativo.
G. 12, 17, 24. D. 47, 65, 96. C. 095, 146, 966. M. 8745.

REMÉDIO O sonho com remédios está relacionado com a saúde física e também financeira. Assim, dar em sonhos um remédio a um doente simboliza aumento de vencimentos; tomar um remédio anuncia a cura de pessoa doente na família. Negociar com remédios previne contra perigo de desastre.
G. 04, 16, 21. D. 13, 63, 84. C. 415, 482, 662. M. 3714.

REMENDO(S) Os remendos simbolizam coisas novas que melhoram o que estava velho. Assim, ter remendos na roupa pressagia sorte no jogo. Se forem nas calças, anunciam recebimento de dinheiro; em roupa de mulher, casamento ou novo amor. Remendar roupa de outrem anuncia melhoria no emprego. Vender ou comprar roupa remendada prediz felicidade passageira.
G. 02, 09, 25. D. 05, 33, 00. C. 436, 797, 806. M. 0135.

REPOLHO Nas tradições populares, o repolho está relacionado com a fertilidade, além de simbolizar tudo que se relacione com alimentos baratos e desagradáveis. Assim, plantar repolhos em sonhos anuncia o nascimento de um filho. Colher repolhos (preparar uma reserva de alimentos) prediz uma viagem. Cozinhar repolhos (que soltam um cheiro ruim) sugere desavenças; comê-los anuncia doença. Vender ou comprar essa hortaliça rústica representa falta de dinheiro.
G. 05, 17, 18. D. 20, 65, 71. C. 420, 768, 970. M. 0969.

REPUXO Ver em sonho um repuxo de água em jardim ou praça pública significa indecisão na atividade profissional (dispersão de recursos).
G. 13, 18, 20. D. 50, 72, 79. C. 277, 349, 470. M. 1577.

RETRATO O retrato representa a pessoa e, em especial, sua alma. Ver em sonhos o próprio retrato pressagia uma vida longa; tirar o retrato indica boa saúde. Oferecer o retrato a alguém sugere reconciliação; receber o retrato de alguém denuncia uma amizade insegura. Um retrato a óleo simboliza promessas para o futuro. Ver o retrato de um desconhecido do sexo oposto simboliza desejos insatisfeitos; o retrato de alguém do mesmo sexo representa inquietação, vontade de realização.
G. 02, 04, 17. D. 05, 14, 65. C. 367, 708, 713. M. 9905.

REUNIÃO Participar em sonhos de uma reunião simboliza prejuízos nos negócios, perda de tempo e dinheiro com coisas inúteis. Ver Sessão.
G. 08, 19, 23. D. 31, 74, 90. C. 032, 473, 792. M. 2231.

REVOLTA Esse sonho representa tensão, perigos, atividades difíceis. Ver em sonhos uma revolta sugere nervosismo passageiro. Tomar parte nela indica dificuldades na profissão. Ser ferido pressagia a cura de uma doença. Ser preso em uma revolta aconselha a ter cautela com inimigos. Ver Revolução.
G. 08, 23, 24. D. 29, 89, 93. C. 091, 232, 695. M. 8096.

REVOLUÇÃO Esse sonho tem significados óbvios, relacionados com mudança, instabilidade e sangue. Ver uma multidão revolucionária na rua simboliza preocupações quanto ao futuro. Tomar parte em uma revolução indica vontade de mudar de vida. Ver mortos e feridos na rua em uma revolução anuncia uma operação cirúrgica. Ver soldados atirando em uma revolução sugere necessidade de controlar os negócios. Ver Revolta.
G. 15, 18, 25. D. 57, 70, 97. C. 059, 497, 671. M. 4498.

REVÓLVER Ver Armas, Pistola.

RICO Sonhar que se é rico simboliza disposição para o trabalho lucrativo. Falar em sonhos com um homem rico anuncia negócios difíceis. Ver Dinheiro.
G. 12, 19, 24. D. 46, 74, 93. C. 273, 545, 893. M. 5996.

RIO O rio simboliza a vida; seu significado em um sonho depende de seu aspecto e do que ocorre nele. Um rio de águas calmas sugere felicidade doméstica; com correnteza forte, incertezas na vida profissional; cheio e transbordando, desavenças por motivos financeiros. Um rio de águas claras indica progresso material; de águas escuras e barrentas, discórdia com parentes. Um rio largo denuncia ambições de difícil realização; com uma ponte, realização de projetos. Nadar em um rio anuncia recebimento de dinheiro; estar a bordo de uma embarcação, bons negócios; remar, bom emprego. Ver alguém se afogando prediz doença na família; ver um cadáver boiando, dificuldades com a justiça. Tomar banho em um rio denuncia desejo sexual insatisfeito. Ver Água.
G. 08, 11, 17. D. 30, 43, 67. C. 444, 567, 932. M. 5766.

RISO Segundo a tradição, o sonho com riso é pouco favorável. Sonhar que se está rindo pressagia obstáculos. Ouvir o riso de alguém indica contrariedades.
G. 03, 08, 15. D. 11, 31, 59. C. 710, 759, 929. M. 5612.

RIVAL Esse sonho tem simbolismo óbvio. Ver um rival pressagia separação; falar ou discutir com ele, reconciliação; brigar com ele, novos amores; reconciliar-se, noivado ou casamento. Lutar com urrrival, ferindo-o ou matando-o, denuncia intrigas. Ser ferido por ele avisa contra falsidade.
G. 02, 12, 21, D. 08, 46, 83, C. 408, 683, 845. M. 7247.

RIXA(S) Sonhar que se discute com o cônjuge simboliza alegria Discussão com amigos previne contra luta corporal; entre chefe e empregado, prediz mudança de emprego; entre namorados ou amantes, perigo. Presenciar uma rixa entre outras pessoas avisa sobre hostilidade de inimigos. Acalmar uma rixa representa paz e reconciliação Ver Altercação.
G. 03, 16, 23. D. 12, 63, 92. C. 012, 561, 889. M. 4563.

ROCHEDO Ver em sonhos um rochedo simboliza vida difícil. Subir em um, negócios difíceis mas proveitosos. Cair de um, trabalho cansativo. Ver Pedra.
G. 02, 13, 15. D. 06, 51, 58. C. 250, 559, 908. M. 8060.

RODA Os sonhos com rodas são favoráveis, especialmente no que se relaciona com dinheiro. Simbolizam uma mudança de vida par; melhor.
G. 11, 17, 21. D. 43, 66, 82. C. 367, 583, 744. M. 3066.

ROLA (Rolinha) A rolinha, como todos os pombos, simboliza ternura e afeto. Ver em sonhos uma rolinha pressagia amor feliz e concórdia conjugal. Apanhar uma simboliza fidelidade. Uma rolinha morta denuncia gastos insensatos.
G. 02, 06, 08. D. 07, 23, 30. C. 321, 508, 631. M 8522.

ROLETA Jogar na roleta pressagia dinheiro perdido em maus negócios. Por simbolismo reverso, ganhar no jogo em sonhos indica contrariedades; e perder, sorte no jogo.
G. 19, 21, 23. D. 75, 81, 92. C. 089, 383, 676. M. 0389.

ROMÃ A romã é um antigo símbolo de fertilidade. Comer em sonhos uma romã representa ambição. Colher romãs na árvore anuncia saúde.
G. 10, 15, 22. D. 40, 57, 87. C. 386, 460, 538. M. 0439.

ROMANCE Ler em sonhos um romance pressagia uma vida futura tranqüila. Escrever um, ambição de progredir na profissão ou na carreira. Comprar ou vender romances prediz um imprevisto desagradável, Ver o volume de um indica que seu projeto é realizável; ver alguém lendo, indica boa situação.
G. 06, 21, 23. D. 22, 82, 92. C. 324, 691, 981. M. 8484.

ROSA A rosa simboliza amor em todas as suas formas. Ver em sonhos uma rosa pressagia boa sorte. Ver muitas sugere realização de desejos, boas amizades, situação vantajosa. Uma rosa vermelha anuncia amor feliz; branca, tranqüilidade; amarela, bom futuro. Um botão de rosa prediz um possível casamento. Receber rosas indica amizades sinceras. Ver Flores.
G. 05, 17, 23. D. 19, 67, 90. C. 019, 066, 992. M. 1220.

ROSÁRIO Sonhar que se segura um rosário anuncia surpresa no amor; rezar um rosário ostensivamente denuncia falta de sinceridade. Dar um rosário de presente a alguém anuncia o nascimento de uma criança; receber um de presente prediz noivado ou casamento.
G. 04, 10, 15. D. 14, 39, 60. C. 359, 616, 939. M. 7540.

ROSEIRA Ver em sonhos uma roseira pressagia casamento com pessoa madura. Se ela estiver com rosas, prediz felicidade; sem rosas, casamento com viúva ou viúvo. Tirar rosas de uma roseira anuncia sorte no jogo. Arrancar em sonhos uma roseira avisa sobre morte de parente ou amigo.
G. 05, 08, 15. D. 19, 32, 57. C. 817, 857, 929. M. 3429.

ROSTO Um rosto corado visto em sonhos anuncia êxito profissional; se for pálido, prediz falta de sorte. Um rosto de pessoa jovem pressagia amor feliz; de pessoa idosa, aborrecimentos.
G. 06, 17, 20. D. 24, 65, 80. C. 424, 480, 766. M. 6124.

ROUBO Ver em sonhos alguém cometer roubo pressagia morte de parente. Se a pessoa sonha que foi roubada, sofrerá derrota de adversário em questão judicial. Sonhar que está cometendo um roubo avisa sobre doença, acidente. Roubar comida ou mantimentos prediz contrariedades.
G. 05, 21, 22. D. 19, 83, 88. C. 284, 888, 920. M. 5119.

ROUPA O aspecto das roupas vistas em sonhos simboliza o estado da vida da pessoa ou algum acontecimento especial. Roupa nova anuncia nascimento de criança; velha, vida difícil e pouco dinheiro. Roupa rasgada prediz doença; suja, sorte na loteria. Roupa branca pressagia casamento; com mancha de sangue, desastre na família. Lavar roupa simboliza maledicência e intrigas; costurar, reconciliação. Passar roupas a ferro anuncia novo amor; roupa estendida na corda, melhoria na profissão. Comprar ou vender roupa nova é sinal de felicidade; dar roupas a alguém, de desavença e separação.
G. 04, 10, 16. D. 13, 37, 62. C. 214, 337, 362. M. 4039.

ROUXINOL Ouvir o canto de um rouxinol denuncia falsa amizade. Um rouxinol engaiolado simboliza vida nova, liberdade; se estiver voando, pressagia desilusão.
G. 16, 23, 24. D. 64, 90, 96. C. 063, 091, 096. M. 7793.

RUA Uma rua deserta vista em sonhos pressagia uma viagem. Se estiver cheia de gente, avisa sobre recebimento de dinheiro. Uma rua larga anuncia êxito na profissão; se for estreita, pobreza. Uma rua pavimentada indica uma carreira bem-sucedida; esburacada, dificuldades. Ver Estrada.
G. 06, 19, 21. D. 21, 74, 84. C. 022, 582, 674. M. 1982.

RUBI O vermelho do rubi simboliza energia e coragem. Ver em sonhos um rubi prevê que um plano será bem sucedido. Se estiver engastado em um anel anuncia boa posição social. Ver Pedra Preciosa.
G. 04, 13, 17. D. 14, 50, 66. C. 049, 314, 968. M. 9215.

RUGA(S) Esse sonho tem simbolismo óbvio. Ver um rosto enrugado anuncia preocupações e dificuldades financeiras.
G. 02, 04, 24. D. 07, 15, 95. C. 006, 516, 596. M. 9308.

RUÍNAS Ver ruínas em sonhos anuncia uma boa solução para os negócios.
G. 02, 16, 21. D. 06, 64, 83. C. 263, 606, 884. M. 2383.

RUSGA(S) Ver Discussão, Rixas.

S

Ver essa letra em sonhos anuncia alegrias. Escrevê-la simboliza trabalho proveitoso.

G. 09, 14, 16. D. 35, 56, 61. C. 062, 453, 834. M. 7164.

SABÃO "Lavar a roupa suja" significa trazer à tona o lado sujo de uma situação; por isso, sonhar que se lavam roupas com sabão simboliza discórdia na família. Lavar o rosto ou as mãos, expulsando os restos de uma situação anterior, anuncia separação. Fabricar esse produto que limpa os lugares onde é passado representa prudência nas relações com outras pessoas; já comprá-lo ou vendê-lo anuncia contrariedades. Fazer espuma simboliza ter planos irrealizáveis, que se desmancharão no ar.

G. 08, 10, 17. D. 29, 38, 66. C. 038, 332, 968. M. 4929.

SABIÁ O sabiá é um pássaro silvestre de canto alegre. Ver em sonhos muitos sabiás voando significa alegria. Se eles estiverem cantando, anunciam felicidade. Entretanto, se estiverem sobre a sua cabeça, indicam mudança e, se estiverem pousados em ramos, decepção amorosa. Um sabiá preso em uma gaiola simboliza preocupações. Apanhar vivo uma dessas aves sugere desafetos incorrigíveis; matar uma delas, obstáculos.

G. 05, 17, 18. D. 20, 68, 71. C. 018, 068, 369. M. 5520.

SABONETE O sabonete é um produto mais refinado que o sabão; por isso, está relacionado com situações que envolvam riqueza e luxo. Assim, lavar as mãos com sabonete anuncia negócios resolvidos. Sonhar com uma caixa de sabonetes indica que receberá auxílio de parentes ou amigos ricos. Comprar e vender sabonetes sugere normalidade nas operações mercantis ou financeiras.

G. 08, 13, 16. D. 30, 52, 62. C. 451, 532, 964. M. 7363.

SABRE Ver Armas, Espada.

SACADA Ver Janela.

SACERDOTE A figura do sacerdote, de qualquer religião, lembra a vida espiritual e as provações da vida terrena. Ver em sonhos um sacerdote ao longe anuncia perigo; encontrá-lo na rua, dificuldades na vida. Confessar-se com um simboliza tranqüilidade. Ver Abade, Bispo, Cardeal, Frade, Padre.
    G. 05, 08, 12. D. 19, 31, 45. C. 331, 520, 746. M 3048.

SACO O saco tem o mesmo significado de todos os tipos de recipientes. Sonhar com um saco cheio de dinheiro anuncia prejuízo; com sacos vazios, vida difícil. Encher um indica a chegada de uma herança; esvaziá-lo, perda de bens. Sacos rasgados avisam sobre morte de parente ou conhecido; costurar um saco representa melhoria de vida. Encher um saco com cereais simboliza nascimento de criança na família. Negociar com sacos indica prosperidade em negócios.
    G. 08, 18, 21. D. 29, 71, 82. C. 072, 532, 681. M. 8971.

SACRAMENTO Ver Comunhão.

SAFIRA Ver Pedra Preciosa.

SAIA A saia é uma peça de vestuário essencialmente feminina; assim, uma saia representa sempre algo relacionado com mulheres e seu aspecto simboliza sentimentos específicos. Dessa forma, vestir em sonhos uma saia nova anuncia novos amores. Sonhar com uma saia preta indica luto familiar. Se ela for branca, significa nascimento de criança; se for comprida, noivado ou casamento; se for curta, desavença entre amantes ou namorados; se for de pano colorido, sedução. Manchar uma saia avisa sobre desavença com uma mulher; dar uma de presente, nova amizade com mulher.
    G. 04, 06, 21. D. 16, 21, 83. C. 124, 213, 684. M. 0183.

SAL O sal já foi um material precioso, sendo utilizado como dinheiro; é essencial para a saúde. Assim, ver em sonhos sal em uma salina simboliza boa sorte. Vê-lo no saleiro anuncia comportamento prudente de quem possui experiência; mas derramá-lo avisa sobre obstáculos. Comer sal representa boa saúde. Vendê-lo, riqueza no futuro. Vê-lo em sacos, bons lucros.
    G. 02, 05, 11. D. 05, 19, 41. C. 506, 520, 541. M. 0807.

SALMÃO O peixe, em geral, simboliza fertilidade material e espiritual; o salmão, em especial, enfrenta grandes obstáculos para atingir o local onde nasceu e onde terá seus filhos. Assim, sonhar com salmões nadando anuncia aborrecimentos e tristezas; sonhar que os come, saúde; que os pesca, lucros nos negócios. Em conserva, o salmão representa amor feliz; salgado, paz no lar. Ver Peixe.
G. 03, 18, 20. D. 11, 70, 80. C. 370, 410, 477. M. 9010.

SALMO O Livro dos Salmos é uma das mais importantes escrituras da espiritualidade judaico-cristã; a prática da sua leitura está sempre vinculada à vida contemplativa e religiosa. Assim, ver em sonhos um livro de salmos sugere que a pessoa tem uma profissão pouco proveitosa do ponto de vista financeiro; ler os Salmos indica pensamento inclinado ao idealismo. Ouvir alguém ler salmos avisa sobre maledicência ou sobre a exposição pública de segredos e falhas pessoais.
G. 01, 14, 21. D. 01, 54, 83. C. 155, 601, 984. M. 3683.

SALTEADOR Esse tipo de sonho tem um simbolismo óbvio. Perseguir um salteador, o que pode resultar em uma recompensa, anuncia bom negócio no futuro. Matar salteadores, uma atividade lucrativa. Quem sonha que é um salteador, está sendo avisado sobre uma possível demissão do emprego. Salteadores perseguidos pela polícia simbolizam intranquilidade pública. Ver Ladrão.
G. 11, 16, 17. D. 44, 63, 68. C. 464, 542, 967. M. 7266.

SALTO Esse sonho tem um simbolismo óbvio. Saltar uma barreira ou cerca representa uma vida complicada, com muitos obstáculos. Ver alguém aos saltos (pulando, agitando-se de forma excessiva) indica saúde comprometida por excessos de mesa ou de cama. Dar saltos ou pular como um artista de circo anuncia incertezas para o futuro, que exigirá acrobacias. Ver saltos de animais sugere contrariedades.
G. 05, 06, 22. D. 20, 23, 86. C. 286, 823, 917. M. 4322.

SALVA A salva é uma bandeja de luxo, não usada no quotidiano. Assim, sonhar com uma salva de prata denuncia despesas inúteis. Se ela for de ouro, indica projetos irrealizáveis; se for de metal barato, pretensões sem fundamento.
G. 16, 17, 21. D. 63, 65, 84. C. 268, 562, 883. M. 4867.

SALVA DE ARTILHARIA Tiros representam perigo, conflito coletivos. Ouvir em sonhos uma salva de tiros indica interesse em contecimentos políticos. Se for somente um canhão que dispara um seqüência de tiros, é uma advertência do inconsciente em relação atividades da pessoa que sonha, uma espécie de aviso quanto a perigos possíveis.
G. 04, 17, 18. D. 13, 67, 72. C. 613, 872, 968. M. 6165.

SALVAMENTO Esse sonho tem significados óbvios. Ver-se salvo de um desastre ou naufrágio anuncia tranqüilidade, boa saúde. Salve alguém de uma dessas situações (ser um herói) indica êxito em negócios e atividades culturais. Ver alguém ser salvo, sem participar, denuncia timidez, insegurança quanto aos méritos pessoais.
G. 09, 14, 23. D. 33, 53, 92. C. 234, 690, 954. M. 4054.

SANFONA Ver Harmônica.

SANGRAR O derramamento de sangue simboliza perda de força vital; na linguagem popular, sangrar alguém significa explorar além da medidas. Dessa forma, ver em sonhos alguém sangrando anuncia perigo mortal ou desastre. Sangrar pelo nariz sugere perda de consideração social, queda. Sangrar um animal indica bons negócios; sangrar uma pessoa, atividade perigosa.
G. 04, 22, 24. D. 16, 88, 95. C. 496, 585, 813. M. 7215.

SANGUE Esse sonho tem significados óbvios. Perder sangue por golpe ou ferida sugere vida dificultada por falta de dinheiro (ser sangrado por alguém). Ver sangue derramado anuncia más notícias. Ver roupa ensangüentada indica falecimento de pessoa conhecida.
G. 13, 15, 16. D. 49, 60, 61. C. 362, 659, 852. M. 2960.

SANGUESSUGA Esse sonho tem simbolismo óbvio. Sentir sanguessugas na pele denuncia pequenos aborrecimentos; vê-las em outra pessoa, contrariedades.
G. 03, 05, 10. D. 11, 20, 37. C. 212, 720, 938. M. 7310.

SANTO (Imagem) O santo é o grande auxiliar e protetor no dia-a-dia. Assim, ver em sonhos a imagem de um santo simboliza uma

esperança que se realizará; ajoelhar-se diante dele diz que aproxima-se um período de vida feliz; Ver em sonhos a pessoa do santo, como se ele estivesse vivo, e falar-lhe, anuncia tranqüilidade; vê-lo sorrindo, restabelecimento de saúde; acompanhá-lo em seus passos, alegria próxima; vê-lo triste, período de dificuldades que serão solucionadas. Ver Imagem.
G. 02, 03, 15. D. 08, 12, 57. C. 209, 408, 560. M. 0857.

SAPATARIA Sonhar que se é dono de uma sapataria (uma grande loja que venda calçados industrializados) simboliza situação financeira boa e estável.
G. 03, 07, 22. D. 11, 26, 87. C. 187, 726, 909. M. 7712.

SAPATEIRO O sapateiro é um exemplo clássico das profissões mais inferiores e mal remuneradas. Assim, exercer em sonhos o ofício de sapateiro simboliza dinheiro ganho aos poucos; ver um sapateiro trabalhando anuncia pobreza.
G. 03, 04, 10. D. 12, 15, 37. C. 712, 813, 838. M. 0115.

SAPATO(S) Sonhar com sapatos novos anuncia sorte no jogo, herança, dinheiro ganho com facilidade; sapatos velhos indicam embaraços. Comprar ou vender sapatos simboliza esperanças a se realizarem. Ver Calçados.
G. 04, 16, 24. D. 15, 63, 93. C. 493, 716, 863. M. 8214.

SAPO Desde tempos muito antigos, o sapo é um símbolo de maldade e uma forma de insulto. Dessa forma, ver sapos em sonhos anuncia desavença entre amigos; ver um pular na água, desavenças na família. Um sapo morto avisa contra deslealdades; matar um sapo indica contrariedades. Pegar um sapo representa a busca de uma solução para dificuldades. Ver Rã.
G. 04, 06, 14. D. 15, 22, 53. C. 424, 653, 913. M. 9513.

SAPOTI O sapoti é grosseiro e áspero por fora, mas tem a polpa doce e macia. Ver em sonhos um sapoti maduro, prestes a romper-se e mostrar o interior, simboliza maledicência; mas, se a fruta estiver verde e dura para se abrir, indica dificuldades no exercício da profis-

são. Colher sapotis no alto da árvore sugere embaraços transitórios. Ver Fruta.
G. 06, 12, 17. D. 23, 45, 65. C. 247, 265, 521. M. 9647.

SAPUCAIA A sapucaia é uma árvore da Amazônia cujo fruto, em forma de cuia lenhosa, contém sementes comestíveis. Ver esse fruto duro, que pode machucar se cair sobre alguém, anuncia aborrecimentos. Derrubar sapucaias simboliza um trabalho mal remunerado (como toda atividade de coleta nas matas). Colher as sementes de dentro dos frutos, um trabalho difícil e maçante, indica nervosismo.
G. 04, 10, 22. D. 14, 38, 88. C. 137, 288, 915. M. 8237.

SARDINHA(S) As sardinhas são alimento de pobre; para os pescadores, são o trabalho da entressafra, quando não existem peixes mais rendosos. Assim, pescar sardinhas em sonhos indica negócios difíceis; ver alguém pescando, contrariedades; vendê-las, preocupações; comprá-las, embaraços. Comê-las, com todas as suas espinhas, anuncia desarmonia entre parentes. Ver Peixe.
G. 03,04, 10. D. 11, 16, 38. C. 811, 814, 839. M. 0613.

SARNA A sarna é uma doença muito incômoda, mas de fácil tratamento. Dessa forma, sonhar que se está com sarna simboliza preocupações que não duram.
G. 03, 12, 15. D. 09, 45, 58. C. 612, 859, 947. M. 6709.

SAUDAÇÕES (Cumprimentos) Uma saudação pode simbolizar aproximação, afastamento (despedida) ou reverência, dependendo da situação em que ocorre no sonho. Saudar uma pessoa desconhecida anuncia tristezas; se for uma senhora, decepção sentimental. Saudar um amigo representa casamento ou união; ser saudado por ele, reconciliação. Saudar alguém importante, diante de quem o sonhador se sente menor, sugere falta de dinheiro.
G. 13, 19, 24. D. 50, 73, 93. C. 096, 752, 875. M. 2993.

SAUDADE Ter em sonhos um sentimento de saudade sugere uma mudança de vida, por denunciar por antecipação o abandono de uma situação antiga.
G. 20, 21, 25. D. 79, 83, 98. C. 177, 800, 881. M. 4477.

SAÚDE Esse sonho tem significado óbvio. Se um doente sonhar que está sadio, sua convalescença está próxima. Se uma pessoa sadia sonhar que adoeceu, ela tem necessidade de fazer um exame médico. Ver Doença.
G. 07, 13, 17. D. 28, 49, 67. C. 267, 649, 828. M. 3950.

SEDA A seda é um artigo de luxo. Assim, ver em sonhos um tecido de seda indica recebimento de dinheiro. Comprar ou vender sedas anuncia uma herança. Ver fios de seda soltos simboliza uma mudança próxima.
G. 05, 21, 25. D. 19, 82, 99. C. 019, 384, 697. M. 2683.

SEDE Além de ser desconfortável, a sede é mais imediatamente perigosa à vida que a fome. Dessa forma, sentir sede em sonhos indica a existência de obstáculos e dificuldades na vida.
G. 06, 18, 23. D. 24, 69, 90. C. 391, 723, 969. M. 5071.

SEGREDO Desvendar segredos significa muitas vezes saber de coisas desagradáveis, que criarão conflitos. Assim, sonhar que se descobriu um segredo sugere desavenças com amigos. Ouvir alguém confidenciar um segredo avisa contra inimizades. Contar um segredo a outrem anuncia separação.
G. 03, 12, 17. D. 12, 46, 67. C. 112, 646, 668. M. 0368.

SEIO(S) A visão em sonhos de seios femininos pode simbolizar maternidade ou sensualidade. Ver o seio de uma jovem denuncia desejo sexual; de uma mulher mais madura que expõe o corpo, deslealdade; de uma mulher idosa, situação penosa para quem sonha. Ver uma mulher com um único seio significa desavença e separação. Seios grandes e rijos indicam saúde e proteção; murchos, viuvez ou perda; manchados de sangue, doença ou desastre. Se uma mulher casada sonha com seios cheios de leite, isso é sinal de gravidez; se a sonhadora for solteira, de casamento; se for viúva, de nova ligação amorosa. Ver em sonhos o seio de uma parturiente significa tranqüilidade. Ver Peito.
G. 06, 15, 22. D. 22, 60, 88. C. 023, 959, 987. M. 6758.

SEMENTE(S) Esse sonho tem simbolismo óbvio. Atirar sementes em um campo anuncia trabalho que dará bom resultado. Ter sementes

na mão sugere situação financeira promissora. Ver alguém semeando em um campo indica convalescença ou melhoria de situação.
G. 09, 14, 18. D. 36, 53, 69. C. 169, 236, 353. M. 7855.

SENTINELA Ver uma sentinela (um guardião de seus interesses) anuncia recebimento de dinheiro que foi emprestado. Ser uma sentinela avisa sobre a necessidade de tomar providências para o futuro. Ver Militar.
G. 02, 07, 20. D. 06, 27, 79. C. 128, 607, 377. M. 7707.

SEPULTURA Como recipiente de mistérios, a sepultura vista em sonhos tem significados óbvios. Se estiver fechada, representa segredo não descoberto; se estiver aberta, escândalos. Estar dentro de uma sepultura simboliza vida longa.
G. 15, 19, 24. D. 58, 76, 96. C. 673, 960, 996. M. 7096.

SERENATA Participar de uma serenata (cantar ou tocar para alguém) simboliza felicidade no amor. Ouvir uma (receber uma serenata) representa boas relações na sociedade.
G. 02, 18, 19. D. 07, 71, 75. C. 076, 606, 469. M. 8406.

SERMÃO Esse sonho tem significado óbvio: ouvir um sermão anuncia contrariedades.
G. 07, 13, 22. D. 28, 50, 88. C. 188, 326, 350. M. 5328.

SERPENTE Esse sonho tem simbolismo óbvio, geralmente ligado a perigos e inimigos. Ver uma serpente denuncia perigo; se ela estiver se movendo no solo, traição. Matar uma serpente representa um inimigo derrotado; ser picado por uma, processo judicial. Ver Cobra.
G. 09, 15, 19. D. 35, 60, 76. C. 074, 159, 333. M. 0658.

SERRA *(Serrania)* Ver em sonhos uma serra extensa, que vai até bem longe no horizonte, simboliza vida longa. Uma serra longínqua, de cor azul, diz que suas ambições serão satisfeitas no decurso dos anos. Já uma serra muito alta e próxima fala de obstáculos que fazem demorar a realização de projetos. Ver Montanha.
G. 12, 15, 23. D. 45, 58, 92. C. 446, 657, 791. M. 3892.

SERRA (Instrumento de carpintaria) Esse tipo de sonho tem simbolismo óbvio. Trabalhar com serra indica boa sorte; ver alguém usando uma, anuncia melhoria de emprego ou de negócios. Serrar ferro significa vida difícil; serrar pedra, inimigos derrotados; árvores, prejuízo no jogo. Quebrar uma serra em sonhos avisa sobre desemprego. Usar uma serra sem conseguir cortar denuncia planos ou desejos irrealizáveis.
G. 11, 12, 24. D. 42, 46, 94. C. 393, 447, 644. M. 3194.

SERROTE Ver Serra (Instrumento de carpintaria).

SERTÃO Esse sonho tem simbolismo óbvio. Viver no sertão representa sossego, tranqüilidade futura. Mudar-se do sertão para a cidade anuncia boas notícias; sair da cidade para morar no sertão, reconciliação com antiga amizade. Ver o sertão seco denuncia preocupações, negócios complicados. Ver o sertão com a vegetação verde indica esperança de futuro melhor.
G. 19, 22, 25. D. 75, 88, 00. C. 475, 499, 687. M. 1474.

SESSÃO Participar de uma sessão de dicussão simboliza a existência de negócios difíceis; sair de uma, embaraços. Estar em uma sessão de espiritismo simboliza falecimento de amigo ou parente. Ver Reunião.
G. 09, 11, 13. D. 35, 44, 51. C. 135, 249, 944. M. 4450.

SETA A seta pode simbolizar algo que fere ou a indicação de uma direção. Ver uma seta em sonhos denuncia indecisão para resolver um assunto qualquer. Ser ferido por uma, indica a necessidade de consultar médico. Ser ferido no coração por uma seta avisa que alguém o ama secretamente. Ver Arco para flechas, Flecha.
G. 19, 21, 25. D. 73, 82, 97. C. 298, 374, 482. M. 8884.

SETE (Algarismo) O sete é tradicionalmente um número mágico. Ver ou escrever esse algarismo anuncia um futuro promissor, viagens em países estrangeiros. Ver Algarismos.
G. 15, 22, 23. D. 59, 86, 91. C. 159, 190, 685. M. 7259.

SEXO O sonho com sexo tem significados óbvios. O ato sexual normal, não vicioso, é uma exigência da natureza, nada tendo de pe-

caminoso ou de mau. Sonhar que se está fazendo sexo com o cônjuge sugere vida conjugal normal, felicidade recíproca para o esposo e a esposa. Se a pessoa que sonha for solteira, o sonho indica desejo de casamento. Sonhar que está praticando a união sexual com alguém desconhecido anuncia negócios lucrativos, amizade amorosa feliz, boa saúde. Sonhar que mudou de sexo diz que os filhos serão, em sua maioria, do sexo oposto. Ver órgãos sexuais.
G. 04, 22, 23 D. 14, 86, 91. C. 315, 786, 992. M. 7716.

SIGILO (Carimbo, Sinete) Esse sonho tem significado óbvio. Pôr um sigilo no envelope de uma carta simboliza segredo de família que não foi revelado a quem sonha.
G. 07, 09, 18. D. 28, 36, 72. C. 027, 069, 335. M. 8834.

SINO Esse sonho tem significados óbvios. Ouvir o bimbalhar de sinos alegres sugere festa em família, por aniversário ou nascimento de criança. Ouvir o som triste de um sino avisa sobre falecimento e ouvir o dobre de finados indica doença grave na família. Tocar um sino é sinal de casamento; tocar um carrilhão de sinos significa êxito no amor, casamento com pessoa rica. Ver um sino sem badalo é sinal de boa sorte.
G. 01, 05, 23. D. 02, 20, 89. C. 091, 301, 717. M. 6520.

SISO (Dente) A queda do dente do siso, em sonhos, simboliza uma velhice calma. Se uma mulher sonha com a queda do dente de siso, isso anuncia a chegada da menopausa.
G. 06, 18, 23. D. 21, 70, 92. C. 390, 722, 771. M. 1591.

SÓ Esse sonho tem significado óbvio. Sonhar que se está só anuncia o afastamento de amigos, a ausência de pessoas da família.
G. 19, 23, 25. D. 73, 89, 97. C. 189, 498, 775. M. 3775.

SOBRANCELHAS As sobrancelhas são essenciais para a expressão do rosto; seu aspecto em um sonho pode ter muitos significados. Sobrancelhas grandes denunciam falsas amizades; se forem pequenas, avisam sobre timidez ante obstáculos que podem ser afastados. Sobrancelhas brancas significam falecimento na família. Não ter sobrancelhas

no sonho fala sobre a necessidade de consultar médico. Sobrancelhas bem feitas e bem arqueadas simbolizam êxito nas amizades amorosas.
G. 11, 22, 24. D. 41, 87, 95. C. 293, 544, 888. M. 4041.

SOBRINHO(S) Ver os sobrinhos em sonhos simboliza uma boa situação social.
G. 16, 20, 23. D. 64, 79, 91. C. 261, 490, 578. M. 9389.

SÓCIO(S) Sonhar com situações ligadas a um sócio pode ter significados na vida profissional ou afetiva. Separar-se amigavelmente de um sócio anuncia um amor novo; romper com um sócio, dificuldades financeiras. Admitir um novo sócio na sua empresa simboliza confiança no futuro.
G. 02, 23, 25. D. 06, 89, 00. C. 492, 705, 000. M. 5905.

SOFRIMENTO Ver Doença, Dor.

SOGRA Ver em sonhos sua sogra simboliza futura solução de uma dificuldade. Se uma mulher casada sonha que está vivendo com a sogra, isso é sinal de gravidez.
G. 11, 19, 24. D. 43, 76, 95. C. 174, 493, 743. M. 6176.

SOGRO Ver em sonhos o sogro anuncia a solução de um caso difícil. Falar-lhe simboliza tranqüilidade doméstica. Morar em sua companhia indica progresso nos negócios. Sonhar com o sogro já falecido avisa sobre perda de dinheiro.
G. 02, 13, 18. D. 08, 51, 72. C. 208, 572, 752. M. 8251.

SOL Os sonhos com o Sol têm simbolismo óbvio. Ver o nascimento do sol anuncia melhoria financeira; vê-lo no ocaso, más notícias; vê-lo vermelho, desastre; vê-lo à noite, felicidade no amor; vê-lo escurecido, acidente. Ver o Sol e a Lua juntos indica desavença na família, separação. Ver o Sol quando chove indica vitória em processo judicial. O Sol no alto do céu anuncia êxito nas atividades, prestígio social, posição de relevo. Sol muito quente significa preocupações por motivo de dinheiro.
G. 03, 20, 25. D. 12, 79, 00. C. 577, 709, 997. M 2078.

SOLDADO Esse tipo de sonho está ligado a situações agressivas e lutas. Sonhar que é um soldado anuncia desgostos, hostilidade de pessoas da família aos planos de quem está sonhando. Ver um soldado

de sentinela avisa sobre cansaço por muito trabalho. Um soldado embriagado simboliza rixas com pessoas mal-intencionadas. Soldados em desfile indicam viagem. Falar com um soldado denuncia má direção nos negócios. Ver um soldado fazendo exercícios significa desejos irrealizáveis, demora na melhoria de ordenado. Ver Militar.
G. 01, 17, 23. D. 03, 67, 89. C. 167, 303, 789. M. 1467.

SOLENIDADE Ver Cerimônia.

SOLTEIRO Se uma pessoa casada sonha que está solteira, esse é um aviso de viuvez ou separação. Se uma viúva sonha que é solteira, fará um novo casamento com homem rico.
G. 13, 20, 22. D. 49, 80, 86. C. 149, 180, 287. M. 8477.

SOMBRA Dependendo da origem, uma sombra pode simbolizar proteção ou ameaça. Ver em sonhos a própria sombra anuncia viagem e fala do sentimento da dignidade pessoal. Ver a sombra de outrem denuncia rivalidade na vida profissional. Ver a sombra de alguém falecido indica preocupações pelo futuro. Várias sombras sugerem má sorte. Estar à sombra de uma árvore indica um futuro promissor.
G. 14, 15, 19. D. 55, 60, 74. C. 054, 873, 960. M. 5076.

SONHO Sonhar que está sonhando significa que, brevemente, terminarão os obstáculos e as dificuldades atuais. Lembrar-se em sonho de um sonho passado anuncia êxito nas atividades.
G. 04, 07, 19. D. 13, 28, 75. C. 016, 025, 776. M. 5928.

SORVETE O sorvete é uma guloseima, inútil porém gostosa, apropriada para as férias de verão. Assim, tomar sorvete em sonhos simboliza uma vida tranqüila e descanso.
G. 07, 11, 23. D. 25, 42, 91. C. 043, 326, 889. M. 7144.

SUAR Se uma pessoa saudável sonhar que está suando, o sonho prediz doença; se estiver doente, o sonho vaticina saúde.
G. 03, 09, 11. D. 09, 33,44. C. 212, 235, 544. M. 4811.

SUBMARINO O submarino simboliza uma proteção frágil e desconfortável quando se está imerso em uma situação difícil. Ver um submarino na superfície da água sugere que existe conforto em casa. Entre-

tanto, se ele estiver submergindo, indica intranqüilidade de espírito. Estar a bordo de um submarino simboliza posição financeira pouco segura.
G. 18, 22, 24. D. 72, 85, 93. C. 369, 388, 396. M. 9785.

SUBTERRÂNEO O subterrâneo tem significados óbvios. Estar dentro de um subterrâneo avisa sobre um processo penal. Entrar em um significa perigo; sair dele fala de sorte e solução de problemas.
G. 10, 14, 22. D. 37, 56, 88. C. 140, 154, 287. M. 1485.

SUICÍDIO O suicídio é uma forma de auto-agressão ligada ao desespero. Sonhar que está se suicidando denuncia prejuízos evitáveis, como os provocados pelo jogo. Ver alguém suicidar-se simboliza uma vida difícil.
G. 05, 19, 23. D. 18, 76, 90. C. 118, 376, 392. M. 2219.

SULTÃO Na imaginação popular, o sultão é um símbolo de riqueza e poder absolutos, inclusive na vida amorosa. Ser um sultão em sonho denuncia desejo de exercer autoridade e de insatisfação sexual. Ver um sultão no salão do seu palácio indica ambições políticas ou desejo de vida livre de princípios morais. Falar a um sultão avisa sobre uma imprudência malsucedida.
G. 02, 17, 21. D. 05, 67, 81. C. 268, 283, 807. M. 9706.

SURDEZ A surdez está associada a coisas que devem ou não ser ouvidas. Sonhar que se está surdo denuncia inimigos persistentes nas intrigas. Falar a um surdo indica complicações sentimentais. Ver um surdo voltar a ouvir sugere sorte e mudança para melhor.
G. 01, 10, 24. D. 02, 40, 96. C. 039, 796, 804. M. 4738.

SUSPIRO O suspiro é uma expressão clássica dos sentimentos; pode significar um flagrante em algo que a pessoa não queria demonstrar ou algo não percebido. Assim, sonhar que se está suspirando pode indicar que a pessoa amada é infiel. Ver alguém suspirar anuncia mudança de vida.
G. 19, 20, 22. D. 76, 77, 85. C. 086, 375, 880. M. 7079.

SUSTO Sonhar que se passa por um susto significa que inimigos serão confundidos em suas maledicências. Assustar alguém em sonhos anuncia a visita de algum novo amigo.
G. 10, 24, 25. D. 40, 93, 97. C. 537, 700, 793. M. 6637.

T

Ver ou escrever essa letra indica que será encontrada uma forma para resolver uma dificuldade.
G. 06, 18, 22. D. 22, 72, 87. C. 821, 871, 885. M. 6021.

TABACO Ver Fumo, Fumar.

TABELIÃO Sonhar com um tabelião sugere possibilidade de enfrentar questões judiciais. Para uma mulher, esse sonho prognostica ação de pessoas intrigantes.
G. 01, 09, 19. D. 02, 35, 75. C. 034, 076, 403. M. 7001.

TABERNA Entrar em uma taberna (ou em um bar), um lugar de consumo inútil ou prejudicial, simboliza que a pessoa está fazendo ou fará gastos excessivos. Ver Beber.
G. 04, 12, 16. D. 16, 46, 61. C. 161, 648, 915. M. 4563.

TABLADO Diferente do palco de teatro, o tablado lembra os espetáculos simples de circo e de feira; mas também simboliza a exposição as outras pessoas. Por isso, sonhar que se vê alguém em um tablado sugere disposição para a vida social; entretanto, ver a si mesmo exibindo-se nele prenuncia pouco dinheiro. Ver Palco.
G. 01, 06, 17. D. 04, 22, 67. C. 202, 522, 665. M. 8022.

TABULEIRO O tabuleiro é um instrumento doméstico, ligado às atividades mais simples da cozinha. Assim, ver um tabuleiro em sonhos simboliza uma posição subalterna na vida profissional, que exigirá esforço para ser superada. Se o tabuleiro estiver cheio de doces, indicará felicidade, progresso profissional e boas relações na sociedade; entretanto, se estiver vazio, anunciará desavenças na atividade profissional.
G. 10, 18, 24. D. 37, 72, 95. C. 371, 593, 640. M. 1639.

TABULETA A tabuleta é o anúncio público de uma novidade. Ver uma tabuleta em sonhos prenuncia o nascimento de uma criança.
G. 12, 13, 24. D. 47, 50, 95. C. 295, 551, 947. M. 8945.

TAÇA A taça é símbolo do mundo emocional, como todos os recipientes para líquidos. Também pode representar um reservatório de bens e, conforme a situação em que apareça, refinamento e luxo. Assim, ver uma taça em sonhos indica boa situação financeira; empunhar uma em um banquete, representa prestígio político, financeiro e social.
G. 03, 05, 12. D. 12, 17. 48. C. 509, 618, 946. M. 1520.

TALHER Talheres sugerem ter o que comer. Por isso, sonhar com talheres prenuncia um bom futuro. Se eles forem de prata, indicam prosperidade; se estiverem arrumados na mesa de refeições, anunciam a recompensa de esforços.
G. 13, 14, 16. D. 49, 54, 64. C. 049, 154, 662. M. 0453.

TAMANCO(S) Tamancos são calçados rústicos, apropriados para os trabalhos domésticos e para situações informais; por serem baratos, representam também simplicidade. Sonhar que se está usando tamancos sugere tranqüilidade doméstica. Se forem novos, anunciam uma reconciliação entre amigos; se forem velhos, uma doença; se estiverem estragados, um amor infeliz. Perder um tamanco simboliza deslealdade; perder os dois, a volta de uma pessoa amada. Consertar tamancos sugere vida difícil; Comprá-los ou vendê-los, contrariedades. Dar tamancos de presente simboliza perda, separação de amantes ou viuvez. Ver Calçados.
G. 10, 17, 22. D. 39, 65, 88. C. 366, 737, 885. M. 9566.

TÂMARAS(S) Tâmaras são frutas caras e sofisticadas; por isso, comê-las em sonhos simboliza progresso material e tranqüilidade. Ver Fruta.
G. 12, 17, 20. D. 45, 66, 78. C. 245, 465, 779. M. 2847.

TAMBOR O som do tambor é usado para atrair a atenção e avisar que novidades estão chegando. Assim, ouvir o rufo de um tambor em sonhos anuncia notícias de pessoa ausente. Tocar tambor, por ser uma forma de fazer muito barulho, simboliza desavenças na família.
G. 10, 20, 25. D. 40, 79, 98. C. 297, 637, 680. M. 6098.

TAMBORETE No tempo das grandes Cortes, o tamborete colocado perto do trono do rei era uma posição de honra. Como essas ima-

gens são preservadas no inconsciente, estar sentado em um tamborete, em sonhos, simboliza honrarias e prestígio na sociedade.
G. 02, 06, 18. D. 05, 24, 69. C. 305, 470, 522. M. 4021.

TAMPA A tampa esconde, organiza e conserva o que está dentro de um recipiente. Assim, sonhar com uma vasilha sem tampa sugere aborrecimentos; colocar uma tampa em um recipiente indica que a pessoa está seguindo um procedimento correto; tirar a tampa de uma vasilha representa leviandade.
G. 05, 10, 21. D. 19, 39, 83. C. 320, 337, 383. M. 3639.

TANGERINA As frutas douradas estão associadas ao Sol e à sua imagem de riqueza e saúde. Assim, chupar uma tangerina em sonhos simboliza boa saúde. Colher uma delas pode anunciar um bom futuro; entretanto, se ela estiver podre, haverá falta de dinheiro. Comerciar com tangerinas representa prosperidade. Ver Fruta.
G. 15, 17, 22. D. 57, 68, 86. C. 086, 166, 258. M. 6767.

TANQUE Como toda área com água, um tanque simboliza o mundo dos sentimentos. Assim, sonhar com um tanque de águas claras prenuncia vida sossegada mas, se suas águas estiverem sujas, indicarão dificuldades financeiras. Lavar roupa em um tanque, um símbolo da vida doméstica, anuncia um casamento.
G. 01, 21, 22. D. 04, 81, 86. C. 086, 204, 282. M. 2602.

TAPA Esse sonho tem um simbolismo óbvio de agressão e descontrole. Dar um tapa em alguém representa obstáculos na profissão, contrariedades. Ver alguém receber um tapa sugere ligação com negócios confusos. Ver dois indivíduos se esbofetearem simboliza brigas sem fundamento. Ver Bofetada, Pancada.
G. 09, 13, 16. D. 35, 50, 61. C. 163, 352, 733. M. 8963.

TAPERA Esse é um sonho com significado óbvio. Ver uma tapera no campo anuncia contrariedades; sonhar que mora em uma, dificuldades na vida. Ver Casa, Choupana, Cabana, Habitação, Aposento.
G. 01, 02, 10. D. 01, 05, 40. C. 106, 238, 904. M. 1501.

TAPETE Tapetes são artigos de luxo, que simbolizam conforto e prosperidade. Assim, andar sobre tapetes em sonhos significa boa po-

sição política ou bem-estar financeiro. Comprar tapetes sugere situação vantajosa na sociedade; vendê-los, entretanto, prenuncia decadência nos negócios.
G. 12, 16, 24. D. 48, 61, 94. C. 394, 446, 763. M. 2063.

TAPIR O tapir é o maior mamífero brasileiro; vive nas matas fechadas e é pesado e forte. Como caça ou criação, é um bom negócio, mas exige cuidados. Por isso, sonhar que se vê um tapir simboliza negócios difíceis e atribulações. Caçar ou matar um deles anuncia uma empresa que vai exigir coragem; vender sua pele, bons lucros comerciais. Comer carne de tapir indica saúde.
G. 05, 17, 21. D. 17, 65, 81. C. 265, 319, 981. M. 8682.

TAPUME O tapume representa uma separação, um obstáculo à comunicação. Assim, construir um tapume em sonhos anuncia rixas e desavenças.
G. 01, 07, 25. D. 03, 26, 99. C. 104, 128, 400. M. 4104.

TAQUIGRAFIA A taquigrafia é uma técnica utilizada basicamente em atividades formais, para as quais gera velocidade de comunicação. Ditar uma mensagem a um taquígrafo prenuncia bons negócios; sonhar que é um taquígrafo sugere progresso financeiro.
G. 10, 13, 19. D. 39, 51, 76. C. 076, 252, 438. M. 5373.

TARTARUGA A tartaruga simboliza sabedoria, longevidade e persistência. Ver uma delas andando em sonhos prenuncia um bom futuro; se ela estiver nadando, indica uma viagem; muitas juntas indicam sorte no jogo. Comer carne de tartaruga sugere pequenos lucros nos negócios; mas caçá-la anuncia desavenças. Ver uma tartaruga virada na margem de um rio simboliza embaraços financeiros.
G. 10, 16, 18. D. 39, 64, 71. C. 040, 364, 972. M. 7938.

TATU O tatu, com sua carapaça dura, simboliza o acesso difícil a alguma situação. Caçar um tatu em sonhos anuncia desarmonia entre esposos ou amantes. Ver um tatu significa falta de dinheiro. Comer um deles simboliza vida difícil.
G. 03, 05, 10. D. 12, 17, 40. C. 010, 117, 740. M. 2019.

TAXA(S) Esse sonho tem um simbolismo óbvio. Pagar taxas sugere que o rendimento do trabalho é pequeno. Sonhar que é coletor de taxas avisa sobre negócios difíceis. Calcular taxas representa contrariedades.
G. 07, 13, 17. D. 25, 50, 66. C. 067, 651, 825. M. 0725.

TEATRO O sonho com o teatro tem significado especial para os atores e empresários teatrais; mas também vale para outras pessoas. Se o teatro estiver fechado, suas ambições não se realizarão. Se estiver aberto e iluminado, a pessoa fará uma carreira bem remunerada. Estar representando no palco de um teatro simboliza tranqüilidade e sucesso.
G. 06, 09, 24. D. 21, 36, 93. C. 736, 821, 895. M. 9521.

TEIA DE ARANHA A teia de aranha simboliza a confusão de um labirinto e a prisão de problemas. Assim, sonhar que se vê uma delas anuncia dificuldades e contrariedades no exercício da profissão.
G. 17, 19, 22. D. 66, 76, 86. C. 288, 466, 675. M. 5286.

TELEGRAMA O telegrama está sempre associado a mensagens de emergência e surpresas. Expedir um, anuncia dificuldades financeiras; recebê-lo, contrariedades. Ver alguém expedir um, previne contra intrigas; ver alguém recebê-lo indica más notícias.
G. 05, 07, 13. D. 11, 27, 52. C. 019, 250, 927. M. 6750.

TELETIPO Ver um desses aparelhos de comunicação especializados ser manipulado anuncia uma notícia inesperada. Manipular um deles indica progresso profissional.
G. 09, 14, 15. D. 34, 53, 58. C. 254, 636, 858. M. 8433.

TELHADO O telhado é a proteção, a segurança e o arremate dos empreendimentos. Sonhar com um telhado novo anuncia um bom futuro; quem sonha que conserta o telhado, deverá recuperar-se de prejuízos nos negócios. Um telhado de vidro simboliza inimizades. Sonhar com o desabamento de um telhado avisa sobre embaraços, dificuldades por falta de dinheiro; se no sonho aparece uma casa sem telhado, o aviso é de mudança.
G. 03, 06, 08. D. 09, 24, 29. C. 123, 130, 411. M. 4223.

TEMPESTADE Esse sonho tem um simbolismo óbvio em relação aos problemas da vida. Uma tempestade com chuva significa desemprego; com vento, discórdia na família; com trovões e relâmpagos, rixas por dinheiro. Tempestade no mar indica falta de segurança na profissão ou uma viagem; na floresta, prenuncia luto familiar. Sobre um rio ou um lago, avisa sobre despesas judiciais. Tempestade de neve simboliza inimizade. Ver Aguaceiro, Vento.
G. 08, 11, 21. D. 31, 41, 84. C. 331, 584, 743. M. 0942.

TEMPO Esse é um sonho de fácil interpretação. O tempo claro anuncia sorte; o escuro indica falsidade. Tempo chuvoso significa uma carreira difícil. Ver Tempestade.
G. 01, 12, 16. D. 04, 48, 63. C. 704, 845, 963. M. 2204.

TEMPORAL Sonhar com um temporal anuncia más notícias. Se ele for de pouca duração, pode indicar uma viagem sem resultados.
G. 07, 10, 16. D. 26, 39, 61. C. 125, 740, 862. M. 2940.

TENDA A tenda é o abrigo temporário do nômade; simboliza proteção instável e situação temporária. Se sua cor for escura, indica preocupações; se for branca, satisfação e bem-estar. Armar uma tenda avisa que as dificuldades serão afastadas. Desarmar uma anuncia mudança.
G. 02, 07, 19. D. 06, 27, 74. C. 508, 725, 874. M. 8774.

TERMÔMETRO Sonhar que se vê um termômetro indica doença na família. Tomar a temperatura de alguém sugere contrariedades com a família ou com parentes. Ver alguém tomar a temperatura de quem sonha com um termômetro anuncia doença passageira. Sacudir um termômetro simboliza a necessidade de tomar uma decisão para resolver uma questão.
G. 15, 19, 20. D. 58, 73, 78. C. 076, 159, 178. M. 7579.

TERRA (Solo) Sonhar com solo árido e seco anuncia contratempos. Se ele for fértil, sugere ganhos em jogo; pedregoso, contrariedades financeiras; revolvido e com sulcos ou montículos de areia ou barro, amizade falsa. Se estiver coberto de flores, anuncia um novo amor; com hortaliças, melhoria nos vencimentos; com árvores frutíferas, gravidez.

Solo de barro vermelho sugere desastre, acidente; de barro escuro ou cinzento, ciúmes. Enlameado, falsidade em amores. Com poças de água, infidelidade. Semear cereais anuncia casamento rico. Transportar barro de um lugar para outro simboliza ambições insatisfeitas. Comer barro, embaraços para resolver dificuldades. Vender terrenos, falecimento na família. Ver do espaço o nosso planeta, esperança irrealizável.
G. 08, 19, 21. D. 29, 75, 83. C. 084, 129, 874. M. 4783.

TESOURA Esse sonho tem significados óbvios: agressão, divisão, trabalho, vida doméstica; também é um instrumento de proteção mágica. Sonhar que se possui uma tesoura indica que a pessoa receberá consolo para algum problema. Se ela for grande, haverá lucro apreciável; se for pequena, anuncia autoridade. Cortar com ela pano ou papel simboliza união conjugal e tranqüilidade doméstica. Receber uma de presente denuncia amizade interesseira. Dar de presente a alguém indica recebimento de dinheiro. Comprar uma é sinal de boa sorte. Vender ou comprar tesouras sugere vida longa, atividades lucrativas. Ferir-se com uma anuncia um acidente. Quebrar uma avisa sobre inimigos derrotados. Ferir alguém com uma representa rompimento de compromisso de amor.
G. 05, 06, 22. D. 17, 24, 86. C. 185, 318, 824. M. 1285.

TESTA Sonhar com a testa expressa o modo como a pessoa está se sentindo no momento. Ver em sonhos a sua testa alta e larga é uma demonstração de inteligência. Se ela aparecer estreita, indica timidez.
G. 12, 19, 20. D. 46, 73, 77. C. 347, 474, 579. M. 2680.

TESTAMENTO O testamento lembra morte e legados. Escrever seu testamento em sonhos anuncia a chegada de uma herança. Ver alguém escrever um denuncia abatimento moral. Rasgar um testamento indica rixas por dinheiro.
G. 02, 05, 17. D. 05, 19, 66. C. 105, 665, 918. M. 2220.

TEZ Ver Pele.

TIGRE Ver em sonhos um tigre solto avisa sobre falta de dinheiro por desemprego; se ele estiver na jaula, anuncia separação de pessoa amada. Se for feroz, representa inimizade de pessoa odienta; se for manso, denuncia pessoa de caráter fraco, em posição duvidosa. Ver-se atacado por um tigre denuncia rixas por motivo de bens materiais; mas um tigre próximo, sem agredir, anuncia sorte no jogo. Se o tigre estiver em luta com outra fera, anuncia rompimento de amizade. Lutar com um tigre avisa sobre calúnias; matá-lo indica êxito profissional ou ganho de causa judicial. Domá-lo diz que um rival será vencido. Diversos tigres em um circo anunciam uma viagem. Um casal de tigres avisa sobre a necessidade de prudência nos negócios.

G. 05, 07, 22. D. 18, 26, 85. C. 019, 085, 626. M. 9727.

TINA Como outros recipientes, a tina simboliza o conjunto de nossas realizações. Se aparecer em sonhos cheia de água, indica um bom destino; se estiver vazia, desemprego. Com roupas dentro, avisa sobre prejuízos.

G. 12, 18, 25. D. 47, 69, 97. C. 370, 748, 999. M. 5769.

TINTA Com o significado geral de algo que mancha, sonhar que se derrama tinta simboliza desavença prolongada; já a tinta no tinteiro indica reconciliação. Sujar os dedos com tinta significa acordo com uma pessoa; sujar alguém de tinta avisa sobre desavenças. Quando, em um sonho, aparece tinta para pintura de parede, o significado é dado por sua cor. A azul-escura indica preocupações; a clara, esperança no futuro. Tinta amarela sugere incertezas quanto ao resultado de negócios; vermelha, disposição para a realização de um ideal; verde, atividade lucrativa; cinza, obstáculos; negra, dificuldades que exigem esforço para serem afastadas.

G. 03, 08, 24. D. 11, 30, 93. C. 332, 393, 812. M. 8532.

TIO(A) Ver Parentes.

TIRO Usar uma arma de fogo em sonhos pode significar lutas ou a perseguição do alvo de suas atividades. Disparar um tiro anuncia melhoria de finanças; mas, se ele for desfechado contra alguém, simboliza vida difícil. Atirar em um animal indica desafetos derrotados. Errar um tiro, obstáculos. Ser alvejado por um tiro, doença. Ouvir um tiro de canhão, inimizades ativas. Ouvir um tiro de revólver, espingarda ou pistola, rixas por motivo de dinheiro.

G. 11, 19, 20. D. 44, 74, 80. C. 143, 175, 978. M. 7743.

TOCA-DISCOS O toca-discos, com suas versões antigas representadas pela vitrola e pelo gramofone, simboliza o prazer oferecido pela música, a vida social e o prazer. Ouvir um desses aparelhos em sonhos sugere divertimentos noturnos; comprar um anuncia novas amizades.
G. 03, 06, 09. D. 11, 21, 36. C. 135, 511, 924. M. 5112.

TORRE Esse sonho tem simbolismo óbvio. Ver em sonhos uma torre alta denuncia ambições imprudentes. Subir em uma anuncia bom resultado nas iniciativas. Cair de uma, desastre. Ver uma torre desabar, negócios prejudiciais e pobreza.
G. 01, 08, 20. D. 03, 32, 77. C. 332, 704, 880. M. 4578.

TOSSE Sonhar que se está tossindo avisa sobre necessidade de auxílio. Ver Acesso.
G. 02, 06, 18. D. 08, 21, 71. C. 423, 607, 971. M. 4005.

TOURO O touro é um símbolo de masculinidade e de fertilidade. Ver em sonhos um touro no pasto simboliza tranqüilidade doméstica; mas, se ele estiver furioso, avisa sobre superior hierárquico descontente. Laçar um touro representa noivado ou casamento; um touro morto, casamento. Muitos touros anunciam o nascimento de uma criança.
G. 05, 14, 25. D. 20, 53, 00. C. 156, 419, 898. M. 9718.

TREVAS Esse sonho tem um significado negativo óbvio. Ver-se envolto em trevas denuncia carreira incerta ou doença.
G. 01, 02, 07. D. 04, 06, 25. C. 302, 307, 727. M. 2806.

TRIBUNAL A imagem de um tribunal expressa preocupações com a justiça. Ver-se julgado por um tribunal denuncia atribulações. Ser jurado em um, surgimento de questões. Ser advogado perante um tribunal, ingratidão de amigo. Ser juiz, bom futuro. Ver Julgamento.
G. 01, 15, 24. D. 02, 57, 94. C. 003, 460, 494. M. 1260.

TRIGO O trigo simboliza riqueza, sorte e saúde. Ver em sonhos grãos de trigo na espiga anuncia prosperidade; se eles estiverem debulhados, indicam lucro no comércio. Colher trigo anuncia bons negócios;

semeá-lo, melhoria nos negócios. Moer trigo avisa sobre doença. Negociar com trigo anuncia vinda de dinheiro.
G. 11, 21, 22. D. 41, 84, 85. C. 082, 441, 888. M. 0643.

TROCO Esse sonho tem simbolismo óbvio. Trocar dinheiro indica dificuldades. Pedir troco a alguém, embaraços financeiros.
G. 03, 10, 20. D. 09, 38, 77. C. 137, 277, 611. M. 4137.

TRONO Um trono simboliza ascensão à posição mais alta em todos os sentidos. Ver em sonhos um rei sentado no trono anuncia realização de planos; mas, se o trono estiver vazio, indica felicidade passageira. Estar sentado em um trono denuncia presunção que acarretará contrariedades.
G. 09, 11, 25. D. 35, 44, 00. C. 243, 533, 598. M. 8236.

TUMOR Sonhar que tem um tumor ou ver alguém com um é sempre um sonho desfavorável à saúde de quem sonha ou de pessoa da família.
G. 12, 18, 22. D. 46, 70, 87. C. 186, 772, 845. M. 7485.

TÚMULO Ver Sepultura.

TÚNICA Essa roupa simples, quando aparece em sonhos, tem seu significado dado pela cor. A branca simboliza hipocrisia; a preta, falta de sorte; a verde, um bom futuro; a azul, desânimo; a vermelha, rixas.
G. 05, 08, 22. D. 20, 31, 85. C. 017, 730, 787. M. 5732.

TURCO Na imaginação popular, o povo turco está associado às riquezas lendárias e ao poder dos monarcas absolutos dos Contos das Mil-e-Uma Noites; os imigrantes da Ásia Menor, chamados indistintamente de "turcos", têm a fama de serem comerciantes e financistas. Assim, ver em sonhos um turco, sugere presunção sem fundamento; falar-lhe avisa sobre recebimento de dinheiro.
G. 08, 11, 24. D. 30, 42, 96. C. 595, 643, 730. M. 0344.

U

Ver ou escrever essa letra simboliza prática da beneficência.
G. 8, 13, 17. D. 31, 52, 66. C. 066, 929, 951. M. 2529.

ÚLCERA Úlceras podem ser o resultado de ferimentos repentinos ou de enfermidades prolongadas. Sonhar com úlceras nas pernas anuncia desgostos; nos braços, sofrimentos. Em qualquer outra parte do corpo, simbolizam lutas com inimigos.
G. 03, 12, 20. D. 10, 47, 77. C. 410, 448, 978. M. 5079.

UMBIGO Por ser o ponto de conexão com o corpo da mãe, o umbigo simboliza a ligação com o mundo e com outras pessoas; representa também a gestação e o parto. Ver o próprio umbigo (torná-lo visível ao mundo) anuncia o nascimento de uma criança; ver o umbigo de outra pessoa representa uma separação.
G. 02, 07, 12. D. 07, 26, 45. C. 005, 146, 928. M. 8845.

UNGÜENTO O ungüento é uma forma antiga de uso de perfumes; representa prazer e luxo. Por isso, quem sonha que faz ungüentos terá satisfações; sonhar que os usa anuncia lucros e riqueza.
G. 05, 18, 20. D. 20, 70, 78. C. 170, 678, 918. M. 8570.

UNÇÃO Untar o corpo com óleo ou outra essência perfumada simboliza vida longa e saúde. Entretanto, usar uma pomada medicinal é sinal de doença.
G. 03, 13, 20. D. 12, 51, 78. C. 111, 150, 679. M. 3478.

UNHAS O estado como as unhas aparecem em sonhos tem significados diversos. Se elas estão limpas, anunciam felicidade, especialmente no amor; se estiverem sujas, desavenças e separação. Unhas curtas representam contrariedades; compridas, negócios prósperos. Cortar as unhas sugere desemprego; arrancar as unhas, aborrecimentos por motivo de dinheiro. Unhas pintadas simbolizam conquistas amorosas; queda de unhas, surpresas desagradáveis.
G. 03, 05, 21. D. 10, 20, 82. C. 110, 620, 781. M. 2619.

URINA Ver a própria urina simboliza tristeza. Urinar na cama anuncia negócio prejudicial; mas fazê-lo na parede representa sorte no jogo.
G. 07, 19, 25. D. 25, 76, 99. C. 427, 699, 873. M. 6499.

URNA Uma urna simboliza o lar, o recipiente de todas as coisas que formam a vida da pessoa. Sonhar com uma urna cheia anuncia casamento; com uma vazia, continuação da vida de solteiro. Uma urna funerária, que simboliza um corpo tendo no interior as cinzas que potencialmente tornar-se-ão outro ser, anuncia o nascimento de uma criança.
G. 09, 12, 20. D. 35, 48, 78. C. 278, 435, 948. M. 6547.

URSO O urso pode ser amestrado mas, por ser muito irritável, é um amigo perigoso e traiçoeiro: o "abraço de urso", que começa como um carinho, pode matar. Sonhar com um urso preso na jaula sugere desonestidade de uma pessoa amiga; com vários ursos, oposição de inimigos. Ser atacado por um, anuncia traição de pessoa conhecida. O urso no circo, domesticado, representa noivado ou casamento; dançando, maledicência. Matar um urso (vencer uma dificuldade) anuncia ganho de causa judicial.
G. 03, 13, 23. D. 11, 49, 91. C. 090, 211, 251. M. 2591.

URTIGA A urtiga é um símbolo clássico de perigo e malignidade; dessa forma, sonhar que se é espetado por urtigas anuncia tormentos morais. Já sonhar que se cortam urtigas representa repulsa a uma inimizade.
G. 09, 12, 23. D. 34, 47, 89. C. 147, 189, 434. M. 0935.

URUBU Como toda ave de rapina, o urubu é um animal de mau agouro. Ver em sonhos um urubu voando anuncia dissabores. Se ele estiver voando sobre a casa de quem sonha, indica falecimento na família; sobre um terreno baldio, epidemia. Se estiver pousado no telhado, previne sobre notícias desagradáveis.
G. 01, 07, 13. D. 04, 28, 49. C. 250, 261, 426. M. 6049.

USURA A usura é um símbolo tradicional de má fé de quem a pratica e de irresponsabilidade de quem a usa. É uma atividade ilícita e

instável; por isso, se uma pessoa sonha que é usurário, sofrerá perda de bens. Ver um usurário anuncia rixas com pessoas desafetas; ter negócios com um, simboliza uma situação desagradável.
G. 02, 03, 15. D. 08, 09, 60. C. 209, 607, 757. M. 4011.

UVA(S) As uvas, como as frutas em geral, são símbolos eróticos. Oferecer uvas a alguém simboliza conquistas amorosas; comê-las, satisfação. Mas essas frutas podem ter outros significados quando aparecem nos sonhos. Colher uvas anuncia felicidade no jogo; negociar com elas, melhoria no emprego. Uvas verdes anunciam contrariedades passageiras; secas, preocupações; pretas, discussões em casa ou na rua; brancas, boa reputação; doces, tranqüilidade no lar; azedas, ambição insatisfeita. Sonhar com muitas uvas anuncia uma herança. Ver Fruta.
G. 06, 16, 18. D. 22, 63, 70. C. 222, 272, 761. M. 2624.

V

A letra V é o símbolo da vitória; pode assim representar o repouso merecido. Nesse sentido, quem sonha que vê ou escreve essa letra deverá gozar de férias.
G. 16, 19, 23. D. 61, 73, 90. C. 073, 261, 990. M. 8890.

VACA O gado é símbolo de riqueza e fartura, principalmente para os criadores de gado e agricultores. Sonhar que se vêem vacas no campo indica prosperidade; quem sonha que possui muitas vacas terá uma boa colheita em seus negócios; sonhar com um bezerro anuncia aumento dos bens. Sonhar com vacas pastando sugere vida tranqüila; mas uma vaca brava alerta contra inimizade de mulher. Se a vaca é magra, sua profissão é pouco rendosa; se é gorda, o rendimento será abundante. Possuir muitas vacas simboliza progresso comercial. Vacas sem chifres indicam trabalho compensador; vacas e bois juntos simbolizam boas amizades.
G. 10, 24, 25. D. 31, 96, 98. C. 239, 496, 500. M. 5598.

VACINA A vacina é um meio de proteção. Quem sonha que aplica uma vacina em alguém, deverá ter amizades sinceras. Ser vacinado anuncia restabelecimento de moléstia.
G. 08, 12, 20. D. 29, 47, 77. C. 245, 279, 430. M. 4578.

VAGABUNDO O vagabundo simboliza o marginal, o lado perigoso e mais pobre da sociedade. Sonhar que se vê um anuncia perigo de pobreza; quem sonha que é um deles, deverá ter aborrecimentos e inimizades.
G. 10, 13, 19. D. 39, 52, 75. C. 639, 752, 975. M. 0374.

VAGALUME O vagalume é a luz que brilha na escuridão, resolvendo um problema. Sonhar que se vê um deles na escuridão representa a promessa de bom emprego; já matar um deles anuncia prejuízos. Muitos vagalumes voando ao acaso sugerem imprevidência prejudicial.
G. 13, 15, 25. D. 51, 58, 00. C. 758, 599, 851. M. 1697.

VAGÃO Um vagão de trem carrega mercadorias e, em última análise, a riqueza. O sonho com um vagão carregado anuncia bons negócios mas, se estiver vazio, há risco de decadência comercial. Muitos vagões sugerem ambição difícil de realizar-se. Vagões puxados por uma locomotiva potente simbolizam mudança, melhoria financeira.
G. 10, 12, 21. D. 37, 48, 84. C. 638, 681, 948. M. 6540.

VAGAS (Ondas) A água é símbolo do mundo das emoções; as ondas carregam a pessoa, também representam perda de controle. Sonhar com ondas altas e largas simboliza tormentos morais; ser levado por uma, dificuldades financeiras; nadar sobre uma avisa sobre riscos que exigem cuidado. Ondas com espumas anunciam uma situação embaraçosa. Vagas que vêm rebentar na praia representam complicações nos negócios e na vida social. Ver Mar, Nadar.
G. 01, 02, 25. D. 02, 08, 99. C. 099, 402, 505. M. 5104.

VAIDADE A vaidade implica uma falsa imagem que pode ser desmascarada. Sonhar que se vê alguém vaidoso avisa sobre uma falsa amizade. Sentir-se vaidoso alerta sobre futuras desilusões.
G. 07, 20, 23. D. 26, 78, 91. C. 326, 478, 992. M. 0377.

VAMPIRO O vampiro é um ser que tira a força vital da pessoa, deixando-a enferma. Assim, sonhar que se vê um vampiro sugere a existência de uma doença nervosa que exigirá tratamento; ser atacado por um anuncia uma doença grave.
G. 04, 13, 19. D. 16, 49, 73. C. 450, 773, 814. M. 0874.

VAQUEIRO Esse trabalhador simboliza os valores tradicionais da vida campestre e a riqueza que vem da terra. Dessa forma, quem sonha que é um vaqueiro, terá tranqüilidade futura; quem vê um, fará negócios lucrativos com a terra, o gado ou a agricultura.
G. 10, 24, 25. D. 38, 96, 97. C. 439, 698, 994. M. 4739.

VASO O vaso pode representar o mundo emocional da água; a vida doméstica com seus adornos; e o reservatório dos bens. O sonho com um vaso vazio anuncia negócios pouco lucrativos; sonhar que se quebra um vaso, um acidente. Um vaso com flores simboliza felicidade

familiar; com plantas, tranqüilidade doméstica. Dar um vaso de presente alerta contra inimizade feminina.
G. 02, 03, 14. D. 06, 10, 56. C. 510, 707, 956. M. 3411.

VASSOURA A vassoura é um objeto que limpa e ajuda a resolver uma situação difícil. Quem sonha que varre a casa ou o quintal, é alertado sobre o afastamento de falsas amizades. Para uma mulher grávida, sonhar que usa uma vassoura anuncia parto feliz.
G. 02, 06, 13. D. 07, 24, 51. C. 305, 321, 451. M. 2621.

VEADO O veado é um animal muito veloz e que anda por lugares distantes. Assim sonhar que se vê um anuncia uma viagem. Caçar um deles simboliza um esforço recompensado.
G. 15, 20, 24. D. 59, 77, 96. C. 358, 980, 996. M. 9578.

VEIA(S) As veias simbolizam o sangue correndo; sonhar com veias grossas, com muito sangue, anuncia convalescença de pessoa doente na família. A sangria é uma antiga forma de purificar e dar saúde; tirar sangue de uma pessoa, em sonhos, sugere melhoria de situação social.
G. 01, 03, 23. D. 03, 10, 90. C. 590, 603, 711. M. 8191.

VELA A vela representa o mundo religioso, a vida, o calor dos sentimentos. É uma oferenda aos mortos; assim, acender uma vela em sonhos anuncia doença em casa. Apagar uma vela (um sentimento) sugere falsidade em amor. Uma vela acesa no altar simboliza bom comportamento; se estiver quase apagando, anuncia morte de pessoa conhecida.
G. 15, 18, 25. D. 59, 71, 00. C. 300, 857, 971. M. 4172.

VELHICE Esse tipo de sonho tem um simbolismo óbvio. Ver um velho anuncia doença; sentir-se velho: ameaça de doença. Sonhar com muitos velhos simboliza obstáculos na profissão; com uma mulher velha, aborrecimentos. Ver Homem, Mulher.
G. 03, 12, 18. D. 09, 48, 70. C. 370, 409, 747. M. 3609.

VELUDO O veludo é um tecido caro, reservado aos trajes de luxo. Quem sonha que usa roupa de veludo, fará gastos inúteis. Quem sonha que compra veludo, ficará em boa situação financeira.
G. 01, 02, 08. D. 03, 07, 31. C. 002, 007, 031. M. 6406.

VENENO Esse sonho tem um simbolismo óbvio. Beber veneno anuncia contrariedades; ver alguém beber, o fim de um problema. Dar veneno para outrem beber sugere desavenças por dinheiro.
G. 02, 13, 18. D. 07, 52, 69. C. 306, 852, 969. M. 0806.

VENTO Sonhar com um vento fraco, uma brisa suave e agradável, anuncia felicidade. Entretanto, um vento forte indica dificuldades e um vento frio, notícias desagradáveis. Levantando poeira, o vento sugere embaraços no exercício da profissão, inimizades. Ver Tempestade.
G. 09, 20, 24. D. 33, 78, 96. C. 779, 833, 995. M. 0335.

VENTRE O ventre é um dos pontos do corpo que mais fortemente indicam, nos sonhos, o estado de saúde; por extensão, simboliza o estado geral da vida. Um ventre muito magro sugere doença; gordo, contrariedades; inchado, boas notícias. O ventre também é a sede da sexualidade. Assim, um ventre de homem sugere separação; de mulher, desejo que não será satisfeito.
G. 01, 12, 18. D. 03, 45, 69. C. 301, 445, 571. M. 9601.

VERME(S) O sonho com vermes tem simbolismo óbvio: denuncia doenças.
G. 06, 12, 15. D. 22, 48, 60. C. 758, 922, 946. M. 4346.

VESTIDO O aspecto da roupa vista em sonhos simboliza o status social, a auto-imagem e o estado emocional. Assim, sonhar com um vestido bordado simboliza prestígio na sociedade; um vestido rasgado, maledicência; sujo, desprestígio e falsas amizades. Costurar um vestido novo sugere proveito financeiro. Mudar de vestido anuncia longa estadia fora do lugar onde mora. Um vestido de várias cores misturadas sugere aborrecimentos. Se for azul, indica pensamentos religiosos; vermelho, desejo de posição e de prestígio; branco, alegria; preto, insatisfação.
G. 03, 10, 15. D. 10, 38, 59. C. 810, 838, 957. M. 5058

VÉU O véu oculta e protege; é um adereço tradicional em cerimônias religiosas. Um véu branco simboliza amor feliz; preto, viuvez. Um véu de noiva anuncia desavença. Rasgar um véu simboliza ofensa ou amor sem tranqüilidade.
G. 08, 12, 16. D. 32, 47, 64. C. 064, 747, 930. M. 6461.

VIADUTO O viaduto, como a ponte, facilita a passagem sobre obstáculos e abismos. Quem sonha que passa por um, encontrará obstáculos na profissão que precisará superar. Cair de um viaduto diz que a vida está em perigo. Atirar-se de um viaduto simboliza tormento moral. Um viaduto de ferro representa segurança pessoal; se for de cimento armado, simboliza projetos para o futuro. Ver Ponte.
G. 09, 10, 24. D. 34, 39, 93. C. 393, 534, 539. M. 3135.

VIAGEM Ao sonhar que se viaja, é necessário observar como é feita essa viagem para entender seu significado. Se o sonhador vai a pé e sozinho, simboliza um trabalho difícil e mal pago; se vai em companhia de alguém, anuncia uma vida despreocupada. Se viaja de automóvel, ficará em boa situação financeira. Viajar para um país estrangeiro representa bons rendimentos. Viajar de trem anuncia bom êxito nos negócios e nos amores. Preparar-se para uma viagem indica o regresso de uma pessoa conhecida.
G. 13, 16, 24. D. 52, 63, 95. C. 061, 350, 494. M. 8951.

VÍBORA Ver Cobra, Serpente.

VIDRO Ver um vidro simboliza uma situação difícil e falta de dinheiro. Quebrar vidro representa azar: em sonhos, indica dinheiro perdido no jogo. Ver-se em sonhos refletido em uma vidraça simboliza um projeto de difícil realização. Ver Espelho.
G. 01, 06, 11. D. 03, 22, 42. C. 523, 642, 903. M. 0941.

VINAGRE O vinagre simboliza amargura e sofrimento; assim, sonhar que se derrama vinagre anuncia pobreza e aborrecimentos. Ver um frasco de vinagre denuncia insultos à pessoa que sonha. Beber vinagre representa problemas e obstáculos.
G. 03, 07, 10. D. 09, 28, 38. C. 240, 709, 728. M. 1425.

VINHO O vinho representa a fertilidade da terra, a fartura, a riqueza; simboliza também o sangue e a vida. O vinho branco, mais sofisticado, sugere prestígio na sociedade; o tinto, boa saúde. Quem sonha que produz vinho tem dinheiro a receber; já engarrafar vinho simboliza uma operação cirúrgica (conter o sangue). Negociar com vinho anuncia

melhoria de situação financeira; mas se o vinho for falsificado, indica relações com indivíduos desonestos, perigo de grande prejuízo. Derramar a bebida indica falta de dinheiro; bebê-la, prosperidade nos negócios; embriagar-se, desavenças por motivo de dinheiro. Ver Bebidas, Cerveja.
G. 07, 13, 20. D. 25, 52, 80. C. 649, 780, 925. M. 8326.

VIOLÃO O violão é o instrumento das serestas e das serenatas. Nos sonhos, tocar violão anuncia novos amores e paixões. Comprar um violão representa sorte; mas receber um de presente, com seu som forte, indica maledicência. Um violão quebrado simboliza aborrecimentos; sem cordas, boas notícias. Ver Música.
G. 03, 10, 15. D. 10, 40, 59. C. 140, 157, 711. M. 2511.

VIOLINO Com seu som suave e fluido, o violino é o instrumento ideal para expressar bons sentimentos; por isso, ouvir o som de um violino em sonhos simboliza desejo de felicidade, enquanto que o instrumento guardado dentro da caixa sugere desamparo. Tocar esse instrumento sofisticado sugere prestígio na vida social; receber um de presente anuncia um bom futuro, um ideal realizado. Ver Música.
G. 03, 09, 20. D. 09, 36, 79. C. 036, 609, 679. M. 6710.

VISITA Sonhar com uma visita simboliza contatos com outras pessoas, que podem ser bons ou maus. Sonhar que faz uma visita (ir atrás de outra pessoa) significa uma rixa sem razão. Receber visitas anuncia alegria no lar. Visita de médico representa lucro a receber.
G. 14, 24, 25. D. 56, 94, 99. C. 255, 794, 799. M. 5954.

VISÕES Ter uma visão em sonho nada prognostica de bom, significando morte na família ou doença prolongada. Ver Fantasmas.
G. 07, 20, 24. D. 26, 80, 94. C. 127, 777, 893. M. 9896.

VITROLA Ver Toca-discos.

VIUVEZ O sonho com a perda de uma pessoa próxima simboliza sempre o desejo de promover uma mudança radical na própria vida; também pode representar o afastamento das idéias de morte, por simbolismo reverso. Se uma mulher sonha que é viúva, poderá ocorrer uma gravidez; se é um homem que sonha estar viúvo, terá uma vida longa. Ver uma viúva simboliza boa saúde. Falar com viúvo ou viúva anuncia prejuízos; mas casar com um deles indica o recebimento de uma herança. Ver Mulher e Homem.

G. 08, 10, 16. D. 30, 40, 62. C. 339, 731, 764. M. 0662.

VOAR Nos sonhos, o vôo representa uma forma de libertação dos problemas. Sonhar que se está voando anuncia boa saúde; entretanto, voar, ora depressa, ora devagar, indica que a saúde necessita de cuidados. Voar alto fala de ambições que exigem esforço para se realizarem. Ver outros voarem anuncia um período de distrações. Ver Pássaros.

G. 18, 24, 25. D. 69, 94, 97. C. 096, 272, 897. M. 3696.

VÔMITO(S) O vômito é sintoma de muitas doenças; em um nível mais simbólico, representa o desperdício de algo que deveria ficar guardado, ou a expulsão de algo prejudicial. Dessa forma, sonhar que se está vomitando anuncia prejuízos. Ver alguém vomitar indica doença na família; vômito de sangue sugere enfermidade grave.

G. 04, 06, 20. D. 16, 21, 80. C. 121, 378, 516. M. 4121.

VULCÃO O vulcão tem um simbolismo rico: pode falar da sexualidade, da vida de uma comunidade, da vida emocional. Ver um vulcão em erupção, expelindo lava, sugere facilidade em obter amizades ou amores femininos. Se é uma mulher que sonha, sendo casada, está sexualmente insatisfeita; se é solteira, terá um casamento feliz. Um vulcão extinto ou apagado anuncia rompimento de compromisso amoroso ou indiferença conjugal. Fugir das lavas de um vulcão representa doença nervosa. Ver as lavas de um vulcão destruindo a vida no campo ou cidades sugere uma situação política perigosa.

G. 01, 11, 24. D. 04, 43, 95. C. 042, 095, 101. M. 9802.

VOZ Uma voz ouvida em sonhos simboliza a voz da consciência, da sabedoria interior. De modo geral, é uma advertência para corrigir o comportamento pessoal. Se for uma voz de menino, anuncia mudança de profissão; se for de mulher, um esforço profissional que será recompensado; se for de homem, uma surpresa feliz, recebimento de dinheiro.

C. 14, 16, 21. D. 56, 62, 84. C. 456, 564, 582. M. 9082.

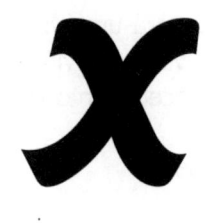

A letra X é usada em álgebra para indicar um dado desconhecido de um problema. Quem sonha que vê ou escreve esta letra está preocupado com o próprio futuro ou com o de alguém da sua família. Se, no sonho, a pessoa vê o X em uma fórmula algébrica ou matemática, isto indica um problema que exige paciência, uma situação financeira ou familiar complicada.
G. 10, 14, 20. D. 38, 53, 80. C. 280, 538, 555. M. 5053.

XADREZ O xadrez é um jogo que exige habilidade, muito raciocínio e o domínio de regras e técnicas minuciosas; envolve combates E negociações, e a vitória simboliza obtenção de poder. Quem sonha que está jogando xadrez, está envolvido em negócios e comércio, que podem estar caminhando bem ou mal, conforme seja o resultado de jogo; a situação também pode anunciar boas ou más notícias. Quem apenas vê um tabuleiro de xadrez, com seu labirinto de casas pretas E brancas, está fazendo maus negócios. Ver alguém jogar significa risco de contrariedades por motivo de dinheiro. Ganhar um jogo, dando e "xeque-mate" no outro, simboliza rompimento de amizade amorosa Com o significado de prisão, o xadrez sugere dificuldades e obstáculos. Assim, sonhar que se está em um xadrez policial indica rixas por ciúme; já sonhar que se sai do xadrez anuncia que uma dificuldade sere resolvida com o tempo. Ver Prisão.
G. 09, 12, 24. D. 36, 47, 95. C. 146, 535, 595. M. 5946.

XAROPE A principal característica do xarope é ser enjoativo; sonhar com ele indica que alguém está enjoado de alguma coisa. Assim quem sonha que toma xarope pode estar sendo alertado acerca de indiferença da pessoa amada; quem dá xarope a alguém doente, E avisado sobre o afastamento de amigos. O xarope também é o remédio caseiro clássico, o recurso dos pobres; sonhar que se fabrica xarope é sinal de pobreza.
G. 08, 16, 21. D. 30, 64, 82. C. 363, 629, 682. M. 0930.

XÍCARA O uso correto de uma xícara é um símbolo usual de educação e refinamento. Assim, quem sonha que vê uma xícara, tem

possibilidade de fazer boas relações na sociedade. A xícara, como todo tipo de recipiente para água, também simboliza o mundo emocional. Nesse sentido, sonhar que se serve de uma xícara anuncia união feliz; receber uma de presente, amizade sincera; quebrar uma xícara previne contra desavenças com uma mulher.
    G. 12, 16, 24. D. 45, 64, 93. C. 093, 461, 845. M. 4361.

Z

A letra Z é a última que se aprende ao estudar o alfabeto; por isso, sugere dificuldades a serem vencidas. Sonhar que se vê ou escreve essa letra anuncia trabalhos difíceis.

G. 04, 06, 25. D. 14, 24, 98. C. 024, 114, 598. M. 6000.

ZEBRA A zebra é um animal que confunde a visão com suas listas intrincadas. Por isso, representa situações confusas, com que se deve ter cuidado. Sonhar que se vê uma sugere necessidade de cuidado nas relações femininas. Se ela estiver na jaula, anuncia rixas em casa; se estiver correndo, alerta contra procedimento insensato.

G. 04, 07, 08. D. 13, 27, 32. C. 331, 815, 928. M. 5527.

ZEBU Como o touro, o zebu é um símbolo de sexualismo exaltado. Por isso, sonhar que se vê um deles no pasto denuncia desejos eróticos insatisfeitos. Sonhar que se é perseguido por um anuncia relação com pessoa perigosa. Ver Boi, Touro.

G. 01, 03, 24. D. 01, 10, 94. C. 211, 302, 694. M. 2003.

ZERO Sonhar que se escreve um zero anuncia sorte no jogo. Ver Algarismos.

G. 01, 07, 12. D. 01, 27, 48. C. 048, 601, 725. M. 9803.

ZINCO Os sonhos com esse metal vaticinam ruína nos negócios.

G. 08, 11, 16. D. 32, 42, 62. C. 041, 064, 130. M. 7431.

ZODÍACO Ver um desenho do zodíaco em sonhos anuncia um futuro promissor.

G. 01, 06, 08. D. 01, 21, 32. C. 102, 621, 929. M. 5122.

ZULU Os zulus são membros de um povo africano que conserva suas tradições tribais. Sonhar que vê um zulu anuncia um negócio lucrativo; falar-lhe é sinal de boa sorte.

G. 01, 04, 24. D. 01, 13, 94. C. 003, 016, 496. M. 4716.

ZURRO O burro cria problemas quando empaca. Por isso, sonhar que se ouve o zurrar de um burro anuncia aborrecimentos passageiros.

G. 06, 11, 18. D. 21, 43, 70. C. 041, 169, 922. M. 8542.

Este livro foi impresso em setembro de 2019,
na Imos Gráfica no Rio de Janeiro.
O papel de miolo é o offset $75g^2$,
e o de capa o cartão supremo $250g^2$.